nian Oil Rush"

30. 8. 1860
Ignaz Semmelweis'
Abschluss der „Ätiologie"

24. 7. 1895
Sigmund Freuds erste
Traumdeutung

6. 12. 1905
Verleihung des Friedensnobelpreises an Bertha von Suttner

5   6   7

1814 1914 2014

14 Ereignisse, die die Welt verändert haben

Herausgegeben von
Hannes Androsch
Bernhard Ecker
Manfred Matzka

1814 1914 2014
14 Ereignisse, die die Welt verändert haben

Mit Beiträgen von

Trautl Brandstaller, Alexandra Föderl-Schmid, Martin Kugler,
Karl-Heinz Leitner, Natalie Lettner, Rainer Metzger,
Anton Pelinka, Wolfgang Pell, Manfried Rauchensteiner,
Gerald Reischl, Käthe Springer-Dissmann, Rudolf Taschner
und den Herausgebern

Brandstätter

Hannes Androsch

•

200 Jahre Beschleunigung, Umwälzungen und Umbrüche
Prolog

•

Die Idee für dieses Buch, in dem der Bogen vom Beginn des Wiener Kongresses 1814 bis in die Zukunft gespannt wird, geht auf ein Gespräch mit Horst Grabert in Altaussee zurück, dem 2011 verstorbenen ehemaligen Kanzleramtsminister von Willy Brandt, von 1974 bis 1979 auch deutscher Botschafter in Österreich. Dabei ging es uns darum, die langen Entwicklungsstränge der europäischen Geschichte erkennbar zu machen und nicht bloß an Gedenkjahren festzuhaken.

Deshalb soll es kein weiteres Buch sein, in dem die Lupe über das Jahr 1914 gehalten wird. Die unmittelbare Vorgeschichte zum Attentat in Sarajevo und dessen Folgen sind gerade zum hundertjährigen Gedenkjahr ausreichend ausgeleuchtet worden, beispielsweise von Heinrich August Winklers *Geschichte des Westens* über Margaret MacMillans *The War That Ended Peace* und Manfried Rauchensteiners *Der Erste Weltkrieg* bis hin zu Christopher Clarks *Die Schlafwandler*, Herfried Münklers *Der Große Krieg* und Jörg Friedrichs *14/18 – Der Weg nach Versailles*. Die in den Memoiren des damaligen britischen Schatzkanzlers David Lloyd George formulierte These vom „Hineinschlittern in den Krieg" wurde inzwischen eindeutig widerlegt.

Dennoch wird 1914 in der Betrachtung dieser 200 Jahre, einer an Beschleunigungen reichen Geschichte, eine Rolle spielen. Das Jahr markiert die Mitte der Wegstrecke vom Ende der Napoleonischen Kriege bis zur aktuellen Krim- und Ukrainekrise sowie jenen im Nahen Osten oder Nordafrika. Das Erinnerungsjahr 2014 ist der Auftakt zu einer Reihe weiterer „Jubiläen": die russische Oktoberrevolution, ein Jahr später das Ende des Ersten Weltkriegs und die Erste Republik, die aus den Resten Österreichs entstand.

Wien, wie schon früher bei den beiden Türkenbelagerungen 1529 und 1683, ist dabei ein entscheidender Ort des Geschehens und der Diplomatie und zugleich in Kunst und Wissenschaft ein Spiegelbild der Zeiten: vom Ancien Régime zur Belle Époque und dem Fin de Siècle – eine neue Zeit der Veränderungen, der Umbrüche und Umwälzungen bricht an. Schon 1873, kurz nachdem Paris unter Baron Haussmann fundamental neu geplant worden war, wird die Hauptstadt der Donaumonarchie unter dem liberalen Bürgermeister Cajetan Felder nach den neuesten architektonischen Erkenntnissen der damaligen Zeit umgestaltet und modernisiert. Felder nahm bei der Durchsetzung der Errichtung des neuen Rathauses an der Ringstraße, der Ersten Hochquellenwasserleitung, der Donauregulierung, dem Zentralfriedhof und der Ausrichtung der Wiener Weltausstellung 1873 eine Schlüsselstellung ein. Bei allem globalhistorischen Anspruch dieser Publikation wird deshalb der Blick auf Österreich unverzichtbar sein.

Insgesamt wurden 14 Knotenpunkte aus den verschiedensten Bereichen ausgewählt, um die Inhalte entlang der definierten Zeitachse anzuordnen. Diese Knotenpunkte sind nicht isolierte Meilensteine. Es sind vielmehr Kulminationen, auf die hin eine längere Entwicklung zugelaufen ist, oder Momente, in denen Entscheidendes in Bewegung gesetzt wurde – selten sind es Sternstunden, die ihren Glanz sofort entfaltet haben.

Oft handelt es sich um kleine, zuweilen nebensächliche Geschehnisse, in denen Großes sichtbar wird. Keine einzige Schlacht ist dabei, keine Thronbesteigung und auch keine Abdankung. Viele dieser Ereignisse gewinnen erst im Gesamtzusammenhang und im Rückblick jene Bedeutung, die wir ihnen heute zuschreiben: die Eintragung einer Firma ins Handelsregister, eine Filmvorführung in New York, ein wissenschaftlicher Vortrag.

Die Weltordnung im Wandel

Im Zentrum steht Europa. Die Vorgeschichte beginnt mit dem Konzil von Konstanz, dem Buchdruck, der Wiederentdeckung Amerikas, der Umsegelung Afrikas. So wird dem Zeitalter gewaltiger Beschleunigungen, Veränderungen und Umbrüche der Boden bereitet. Aufklärung, Humanismus, von Rationalität und Empirismus getragene Wissenschaften, dann die Französische Revolution und die industrielle Revolution – die Motoren des Wandels sind schon in der zweiten Hälfte des 18. Jahrhunderts in Frankreich und England gestartet worden. Auch James Watt erfindet seine Dampfmaschine nicht aus dem Nichts, sondern baut auf bestehende Entwicklungen auf, zum Beispiel auf jene seines britischen Landsmanns Thomas Newcomen aus dem Jahr 1712.

Der ungeheure Schub der geistigen, politischen und ökonomischen Entfesselung kommt in Wellen und erst mit Zeitverzögerung in den folgenden Dekaden auch auf den anderen Erdteilen an. Die USA nabeln sich schon davor mit der Unabhängigkeitserklärung 1776 vom alten Kontinent ab, um einen eigenen Weg einzuschlagen.

Der Beginn der Moderne geht mit einer signifikanten ökonomischen Gewichtsverschiebung einher: Obwohl China um 1820 noch ein Drittel der weltweiten Wirtschaftsleistung erbringt, ist das Reich der Mitte im Abstieg befindlich. Bis Mitte des 19. Jahrhunderts haben auch die anderen agrarischen Monarchien Asiens, das indische Mogulreich und das Japan der Tokugawa, den Anschluss an den Westen verloren.

Die europäische Dynamik, deren Kolonialismus und Imperialismus sich über den ganzen Erdball ausbreitet, entfaltet sich vorerst unter dem Dach einer restaurativen Pentarchie, die der Wiener Kongress (siehe den Beitrag ab Seite 27) etabliert hat: Österreich, Preußen, Russland, Großbritannien und die wiederhergestellte französische Monarchie, die ab 1818 in dieses „Entscheidungskartell" (Heinz Duchhardt) aufgenommen wird. Nach den Revolutionskriegen und der napoleonischen Vorherrschaft ist es oberstes Ziel des Quintetts, durch die Heilige Allianz eine solche Dominanz einzelner Mächte zu verhindern.

Während sich in der Wirtschaft die Produktivkräfte fast ungebremst entfesseln, bleibt die Gesellschaftsordnung zunächst konservativ-restriktiv. Doch im Klima des polizeistaatlichen Vormärz erblühen Wiener Klassik, Operette, Romantik und Biedermeier als künstlerische und lebenspraktische Gegenentwürfe. An den Universitäten und in den Salons beginnt es zu gären. Liberale Bewegungen formieren sich. Der griechische Befreiungskrieg und die belgische Revolution sind der Auftakt dessen, was sich 1848 dann in fast ganz Europa manifestiert.

In diesem Jahr gerät die alte Ordnung ins Wanken (siehe den Beitrag ab Seite 55). Von der französischen Februarrevolution bis zum Wiener Oktoberaufstand – in ganz Europa fordert das Bürgertum mehr politische Mitspracherechte. Auch der „vierte Stand" begehrt auf: Nicht zufällig ist 1848 auch das Jahr, in dem Karl Marx und Friedrich Engels ihr *Kommunistisches Manifest* veröffentlichen. Im Unterschied zu 1789 und 1830 trägt der Aufstand in Paris von 1848 bereits den Charakter einer Arbeiterrevolution. Zu Nationalismus und Liberalismus gesellt sich der Sozialismus als prägende Kraft des Jahrhunderts.

Weil viele der gescheiterten Revolutionäre und Aktivisten verfolgt werden, streben sie in der Ferne nach der Verwirklichung ihrer Ideale. Nach 1848 kommt es zur ersten großen Emigrationswelle von Europa nach Übersee, vor allem nach Nordamerika, Argentinien und Australien. Sie wird durch die große Auswanderung aus Irland im Zuge der „Großen Hungersnot" nach Kartoffelmissernten zwischen 1845 und 1852 verstärkt.

Viele der „Forty-Eighters" machen in den USA Karriere und nehmen im Unabhängigkeitskrieg zwischen 1861 und 1865 an der fortschrittlichen Seite teil. Dagegen folgt in Kontinentaleuropa, wo im Revolutionsjahr noch ein Völkerfrühling proklamiert worden war, ein langer, blutiger Völkerwinter, eine zweite restaurative Welle. Die fünf Mächte betrachten sich weiterhin als Hüter der Ordnung in Europa. Die Angst vor revolutionären Bewegungen hält sie zusammen. Noch.

Dieses europäische Konzert zerbricht am Krimkrieg, der 1853 als zehnter Russisch-Türkischer Krieg beginnt, ebenso wie am Sardinischen Krieg ab 1859, bei dem Napoleon III. das Königreich Sardinien-Piemont gegen Österreich unterstützt. In Solferino und Magenta, den beiden großen Schlachtenorten dieser Kriege, läuten die Todesglocken für die Pentarchie und wohl auch für die Habsburgermonarchie. Die Unabhängigkeit Italiens 1861, die Niederlage Österreichs gegen Preußen in Königgrätz fünf Jahre später und die Errichtung des Bismarck'schen Deutschen Reichs 1871 beenden das europäische Konzert. Es entsteht eine neue Allianz-Architektur. Nach dem Berliner Kongress 1878 wird ein Netzwerk von innerkontinentalen Garantieverträgen gesponnen, die nicht mehr dem Konzept des Wiener Kongresses entsprechen. Selbst Russland hat schließlich massive Interessen am Krieg: Es will alle Slawen integrieren und über den Balkan zu den Dardanellen und damit ans Mittelmeer vorstoßen.

In dieser unruhigen und umstrittenen Region zwischen Schwarzem Meer und Mittelmeer, in das Zarenreich um mehr Einfluss, die Donaumonarchie um die Existenz des Vielvölkerreichs und das Osmanische Reich (der „kranke Mann am Bosporus") ums Überleben kämpfen, genügt es Lunte zu legen. Nach zwei Marokkokrisen 1905 und 1911, der bosnischen Annexionskrise 1908 und den beiden Balkankriegen 1912/13 wird sie in Sarajevo am 28. Juni 1914 gezündet – mit verheerenden Folgen für die ganze Welt (siehe den Beitrag ab Seite 27). Es mag als reverses Paradox gelten, dass die untergegangene Donaumonarchie, in Musils literarischer Umschreibung seiner Eigenschaften zu „Kakanien" verdichtet, im historischen Rückblick in vielem besser erscheint als der Ruf glauben lässt. Aus Anlass des 100. Gedenktages des Ausbruchs des Ersten Weltkriegs haben dies unter anderem das *Wall Street Journal* und die *New York Times* festgestellt.

Wenn der Begriff Weltmacht im 19. Jahrhundert auf einen einzelnen Staat zutrifft, dann ist es Großbritannien, das den Welthandel auf den Meeren und die Industrialisierung vorantreibt wie kein anderes Land: „Britannia rules the waves"

Die britische Ostindien-Kompanie dominiert Asien und provoziert im Ersten Opiumkrieg das chinesische Kaiserreich. Mit dem Kauf der Suezkanalgesellschaft 1875 sichert sich die damalige Regierung unter Premierminister Benjamin Disraeli auch den Handelsweg nach Indien. Im geopolitischen „Great Game" um Zentralasien verhindern die Briten, dass ihnen das russische Zarenreich via Afghanistan den indischen Subkontinent streitig macht und sich so Zutritt zu warmen Meereszonen verschafft.

Selbst nach dem Vertrag von Versailles umfasst das Britische Empire immer noch 33 Millionen Quadratkilometer, mehr als die französischen, spanischen und portugiesischen Kolonialreiche zusammen. Doch spätestens nach dem Ersten Weltkrieg zeigt sich, dass das europäische Jahrhundert und mit ihm die Pax Britannica zu Ende gehen. Dem kolonialen Imperialismus folgt eine Zeit der Deglobalisierung. Herrscherhäuser verschwinden, Imperien zerfallen: das Zarenreich, das Osmanische Reich, die Donaumonarchie, mit zeitlicher Verzögerung schließlich auch das britische Empire und die anderen europäischen Kolonialreiche. Das Freiheitsstreben der europäischen Völker nach den Napoleonischen Kriegen mündet in blinden Nationalismus. Kommunismus, Faschismus und Nationalsozialismus paralysieren den alten Kontinent.

Auf der anderen Seite hat das amerikanische Jahrhundert längst begonnen. 1870 noch etwa auf einer Höhe mit Großbritannien, ist die US-Wirtschaftskraft um 1913 bereits doppelt so groß wie jene des Vereinigten Königreichs, und das Schuldner-Gläubiger-Verhältnis hat sich bis Kriegsende umgekehrt. Der Kriegseintritt der USA gegen die Mittelmächte im Jahr 1917 hat mehr als nur Symbolcharakter. Es ist der Beginn des „amerikanischen Jahrhunderts". Dieses ist bestimmt von ökonomischer, politischer und militärischer Stärke, dem Spirit eines „american exceptionalism" sowie dem Selbstverständnis einer „indispensable nation".

Die antikolonialistischen USA profitieren von der modernsten politischen Verfassung ihrer Zeit. Sie haben Glück mit zwei territorialen Erweiterungen: dem Kauf Louisianas von Napoleon 1803, und 1867 jenen Alaskas vom russischen Zarenreich, das sich in einer prekären finanziellen Situation befindet. Sie kämpfen erfolgreich im Mexikanisch-Amerikanischen Krieg, an dessen Ende 1848 Mexiko mehr als die Hälfte seines Staatsgebietes abtritt, darunter Kalifornien, Arizona, Utah und Texas. Im Spanisch-Amerikanischen Krieg 1898 verliert Spanien schließlich seine letzten bedeutsamen Kolonien. Ein Teil des „Going West" ist aber auch der Genozid an den Indianern Nordamerikas.

Durch ihr Selbstverständnis als Nation von Einwanderern besitzen die USA das Geschick, die stets nachströmenden Millionen zum Nutzen von Wissenschaft und Wirtschaft zu integrieren und sich entfalten zu lassen. Nach dem Muster der „pilgrim fathers", die auf der Mayflower am Beginn des 17. Jahrhunderts, noch vor der Zeit des Dreißigjährigen Krieges, nach Amerika gekommen sind, verlassen vom Beginn des 19. Jahrhunderts bis Anfang der 1930er Jahre fast 60 Millionen Europäer ihre Heimatländer in Richtung Amerika und tragen so dazu bei, dass die USA zum neuen Machtzentrum der Welt werden.

1814 steht das höchste Gebäude der Welt noch in Europa: 142 Meter ist der Turm des Münsters im elsässischen Straßburg hoch, der 230 Jahre konkurrenzlos ist und erst in den 1870ern von der Kathedrale von Rouen und dann vom Kölner Dom übertroffen wird. Doch am Vorabend des Ersten Weltkriegs sind die Kathedralen längst weltlich – und die größten von ihnen werden in Amerika gebaut. 1914 befindet sich das höchste Bauwerk, sieht man vom Eiffelturm in Paris ab, in New York: das 241 Meter hohe Woolworth Building, das auch für den triumphalen Aufstieg des Einzelhandels steht. Ab 1930 wird es abgelöst vom Bank of Manhattan Company Building, dann vom Chrysler Building und vom Empire State Building, noch später durch die Wolkenkratzer von Chicago und die beiden Türme des World Trade Center in New York. Die Skyline von Manhattan wird zum Sinnbild für Ingenieurskunst, Selbstbewusstsein, Finanzkraft – und für das Zeitalter der Elektrizität, ohne die weder Aufzüge noch moderne Beleuchtung denkbar sind.

Selbst nach dem Abebben der großen Einwanderungswellen zieht das „Land der unbegrenzten Möglichkeiten" Vertriebene und Verfolgte magnetisch an. Die ab den 1930ern aus Nazi-Deutschland geflohenen Wissenschaftler wie Albert Einstein oder Edward Teller tragen mit J. Robert Oppenheimer, Sohn eines Einwanderers, maßgeblich dazu bei, die Atom- und die Wasserstoffbombe zu entwickeln, die entscheidenden Waffen, um im Machtkonzert nach dem Zweiten Weltkrieg den Ton angeben zu können. Wernher von Braun bringt nach 1945 zudem maßgebendes Know-how in der Raketentechnik in die USA mit.

Auf der anderen Seite formiert sich Sowjetrussland mit seinen Satellitenstaaten zum zweiten großen Block, der die USA herausfordert. Der Niedergang des Zarenreichs, beginnend mit der Niederlage gegen Japan 1905, der Bürgerkrieg nach der Revolution 1917, die „Säuberungen" unter Stalin und die durch ihn organisierte Hungersnot des „Holodomor" mit rund 3,5 Millionen Toten in den 30er Jahren in der Ukraine (Grenzland und „Bloodlands") – die sichtbaren Krisenerscheinungen und offenkundigen Rückständigkeiten lassen oft vergessen, dass das riesige Land über die gesamten zwei Jahrhunderte erstaunliche Regenerationskraft besitzt. Schon 1812 hat das Zarenreich, obwohl Moskau dabei niederbrennt, auf eigenem Boden 400.000 Mann der Grande Armée besiegt, von denen nur rund 20.000 nach Paris zurückkehren. Es ist unter Alexander II. im Kaukasus enorm expansiv und stellt auch im Ersten Weltkrieg die dominierende europäische Kontinentalmacht dar. Am Ende des Zweiten Weltkriegs gehört Russland zu den Siegermächten, wenn auch mit den bei weitem größten Verlusten. Stalin nutzt diesen „Großen Vaterländischen Krieg" propagandistisch geschickt.

Der Wettbewerb der Systeme nach 1945 währt bis 1989. Man kann sogar sagen, dass erst in diesem Jahr der Erste Weltkrieg endet. Denn in den Jahrzehnten davor ist Europa durch den Eisernen Vorhang und ab 1961 durch die Berliner Mauer gespalten. Unter dem Aufrüstungsmantra eines „Gleichgewichts des Schreckens" führt die Rivalität in vielen anderen Weltgegenden zu Kriegen und gefährlichen Spannungen, vom Koreakrieg in den 1950ern über den Vietnamkrieg und die Kubakrise bis hin zu Afghanistan in den achtziger Jahren, das immer schon ein „Friedhof der Großmächte" war und bis heute bleibt. Auch die zahlreichen kriegerischen Konflikte auf dem afrikanischen Kontinent sowie im Nahen Osten sind in diesem Zusammenhang zu nennen, die die Welt mit seit Menschengedenken noch nie dagewesenen Flüchtlingsströmen konfrontieren.

Parallel zur Entwicklung des Welthandels und des ersten goldenen Zeitalters der Globalisierung hat sich ein neues Weltwährungssystem herausgebildet. Regierte im 19. Jahrhundert noch der Goldstandard, etablieren sich nach dem Zweiten Weltkrieg der US-Dollar und in Europa zunehmend die D-Mark als neue Leitwährungen.

Der „Nixon-Schock" am 15. August 1971 markiert das Ende des Bretton-Woods-Systems fester Wechselkurse eines Dollar-Goldstandards und den Beginn des Petrodollar-Systems. Nicht die Deckung der Währung durch Gold, sondern durch Öl, mit dem Dollar als Handelswährung – und damit dem „exorbitant privilege", sich das Geld selbst drucken zu können – ist nun spielentscheidend. Die von ihrem Erdöl und ihren Rohstoffen sowie Goldreserven abhängige Sowjetunion gerät, verstärkt durch überzogene Rüstungsausgaben, in wirtschaftliche Schieflage.

Am Ende unterliegt die Sowjetunion zwar klar gegen die USA. Es fallen der Eiserne Vorhang und die Berliner Mauer, das Sowjetimperium zerfällt und die SU implodiert. Schon zuvor endet die sowjetische Intervention in Afghanistan, und die Ereignisse am Tiananmen-Platz überschatten das von vielen als „annus mirabilis" gesehene Jahr. Kurzfristig entsteht amerikanische Unipolarität, aber wie sich inzwischen gezeigt hat, kein „Ende der Geschichte". Seither sind beträchtliche Bedeutungs- und Machtverschiebungen sowie damit verbunden Ungewissheiten und Unwägbarkeiten eingetreten. Die Bellifizierung mit Drohnen und Daten kann dies offensichtlich nicht ändern. Doch trotz des Wegbröckelns der osteuropäischen Staaten, die ab 2004 an die Europäische Union und an das westliche Verteidigungsbündnis NATO andocken, bleibt Russland mit seinen 17 Millionen Quadratkilometern, seinem Energie- und Rohstoffreichtum sowie seinem Staatskapitalismus nunmehr Putin'scher Prägung auch als Atommacht ein entscheidender Mitspieler, der weiterhin seine Rolle als Weltmacht reklamiert. Das haben uns die Krim- und Ukrainekrise ebenso wie die Georgien-, Syrien- und Irakkrise deutlich vor Augen geführt. Wladimir Putin nutzt sie, um verloren gegangene „heilige russische Erde" wieder einzusammeln und Weltmachtstatus zurückzugewinnen. „Wo Russen sind, ist Russland" ist die neue Doktrin des russischen Staatsführers, der den Zerfall der Sowjetunion als die „größte geopolitische Katastrophe des 20. Jahrhunderts" bezeichnet hat.

Mit der Implosion der Sowjetunion und dem Fall des Eisernen Vorhangs endet das „kurze 20. Jahrhundert", das Eric Hobsbawm, der britische Historiker mit Wiener Wurzeln, dem „langen 19. Jahrhundert" gegenübergestellt hat. Eine neue Phase der Globalisierung, beschleunigt durch die neuen Transport- und Kommunikationstechnologien, setzt ein. Charakteristisch für diese Reglobalisierung ist, dass nun auch das Kapital im weltweiten Maßstab und in Echtzeit mobil wird. So wie aber schon die bisherigen Boomphasen der Finanzwirtschaft in Krisen geendet haben – der Börsenkrach 1873 und die Weltwirtschaftskrise 1929 –, hat auch die Aufschwungphase nach 1989 ihren Knick im „Lehman-Moment" am 15. September 2008. Ein Finanzwesen, das sich mehr und mehr von der Realwirtschaft entkoppelt hat, macht die Weltwirtschaft immer krisenanfälliger. So sagte Königin Elisabeth II. völlig zu Recht: Die Wirtschaftswissenschaften von Adam Smith über Keynes, Hayek oder Friedman bis zur mechanistischen Chicagoer Schule haben keine befriedigende Antwort oder überzeugende Lösungsansätze, sie sind also eine „dismal science" geblieben.

Sowohl ökonomisch als auch weltpolitisch kristallisiert sich als wichtigster Gegenpol zu den USA nach dem Ende des Kalten Krieges ein Reich heraus, das Niedergang, Demütigung, Jahrzehnte blutiger Bürgerkriege, Hungersnöte und Politexperimente hinter sich hat: China.

Was Japan mit der Meiji-Restauration schon hundert Jahre früher gelang – eine systematisch geplante wirtschaftliche und politische Öffnung nach westlichem Muster –, wird nach dem Tod von Mao Zedong auch im ehemaligen Reich der Mitte unternommen. Durch die von Deng Xiaoping ab 1978 eingeleiteten Reformen wird der gewaltigste und schnellste Aufholprozess der Weltgeschichte eingeleitet. China verdoppelt seitdem seine Wirtschaftskraft im Zehn-Jahres-Rhythmus (siehe den Beitrag ab Seite 41). Mit geringem zeitlichem Abstand folgen darin nach dem Zerfall der Sowjetunion 1989 Indien unter Manmohan Singh ab 1991 sowie zuvor schon andere Teile Asiens, wie etwa Singapur oder Südkorea. Diese Länder treten aus der autarkiebestimmten Isolation heraus und kehren mit rund 1,5 Milliarden Arbeitskräften in die Weltwirtschaft – und damit auch immer stärker auf die politische Weltbühne – zurück.

Das 21. Jahrhundert deshalb zum asiatischen – oder gar zum chinesischen – Jahrhundert auszurufen, wäre jedoch verfrüht. Die USA prägen nach wie vor politisch, als Militärmacht und vor allem auch mit ihrer Kulturmacht die Welt, Marlboro, McDonald's, Coca-Cola und Disney inklusive. Bollywood ist nicht mehr als eine indische Nachahmung von Hollywood. Silicon Valley liegt noch immer bei San Francisco: Die neuen Softpowers der digitalen Welt, von Google bis Facebook, von Apple bis Intel, kommen praktisch zur Gänze aus den USA und üben eine magnetische Wirkung auf die Talentiertesten der Welt aus. Die NSA (National Security Agency), einer der 17 US-Geheimdienste, strebt globale Informationsvorherrschaft an. Die Schiefergasrevolution bietet den USA neue Wettbewerbschancen, Möglichkeiten einer Reindustrialisierung und die Verringerung des Treibgasausstoßes. Die Aussicht, dass ein durchschnittlicher Chinese einmal gleich wohlhabend sein wird wie ein Amerikaner oder ein Europäer, ist astronomisch weit entfernt. Was Mark Twain in Bezug auf eine verfrühte Zeitungsmeldung über sein Ableben sagte, gilt deshalb auch für die Bedeutung der USA in der heutigen Welt: „Die Nachricht über meinen Tod ist stark übertrieben."

Die Mechanismen der politischen Gestaltung und Konfliktregelung sind indes vielgestaltiger und buchstäblich weltumspannend geworden. Nach dem Wiener Kongress waren es fünf Staaten, die der postnapoleonischen Zeit ihr Gepräge gaben. Nach dem Ersten Weltkrieg schlossen sich im Jahr 1920 bereits 32 Staaten zum Völkerbund zusammen. Heute hat die UNO, die nach dem Zweiten Weltkrieg auf den Erfahrungen des Völkerbunds aufsetzte, 193 Mitglieder. An der Weltausstellung in Shanghai beteiligten sich 192 Länder, bei den Olympischen Spielen 2012 in London stellten sich 204 Teilnehmerländer den Wettkämpfen.

Unklar ist noch, wer neben den in wechselseitiger Abhängigkeit zugleich als Pole und Rivalen verbundenen USA und China („Chimerica") eine dauerhaft führende Rolle im neuen, vielgesichtigen Konzert der Weltmächte spielen wird, und ob es Europa gelingt, Mitspieler oder bloß Spielball im Spiel der Mächtigen zu sein.

Obwohl der Aufstieg des Westens in der Moderne bisher mit der Säkularisierung, dem Bedeutungsverlust von Religion, Hand in Hand zu gehen schien, wächst derzeit die islamische Welt besonders stark. Es entstand eine Zone großer Unruheherde: vom philippinischen Mindanao und Indonesien über Indien und Pakistan, den Persischen Golf und die arabische Halbinsel sowie Nord- und Zentralafrika bis hin zur Westküste des afrikanischen Kontinents, in der rund eine Milliarde Menschen leben und die zum Teil über bedeutende Rohstoffreserven, vor allem Erdöl, verfügt.

Dass der arabische Raum nach dem „Arabischen Frühling" in absehbarer Zeit ein Machtfaktor werden könnte, ist jedoch nicht in Sicht. Ähnlich wie nach dem europäischen Völkerfrühling von 1848 verfällt die Region der Arabellion derzeit in Richtung Restauration und Konterrevolution. Diese erweist sich nicht als „Kampf der Kulturen", sondern vielmehr als einer innerhalb einer Kultur. Es droht ein arabischer Herbst, wenn nicht sogar Winter. Schwellenländer wie Brasilien, Indonesien, Indien oder die Türkei sind noch zu kurz auf der Weltbühne, um Stabilität bewirken zu können. Das gilt auch für Südafrika und Nigeria, obwohl Afrika angesichts seiner Bevölkerungsentwicklung durchaus Chancen hat, ökonomisch weiter aufzusteigen.

Und Europa, das am Beginn des 19. Jahrhunderts die aufstrebende Macht war? Ökonomisch ist es wieder ein Riese geworden, politisch jedoch ein Zwerg und militärisch ein Wurm geblieben, wie Egon Bahr formuliert hat. Es ist nach dem Ende des Zweiten Weltkriegs wie ein Phoenix aus der Asche gestiegen und hat eine 70-jährige Phase des Friedens und der Freiheit sowie der Wohlstands- und Wohlfahrtsmehrung hinter sich. Und dennoch präsentiert es sich, obwohl in einer Union vereint (siehe den Beitrag ab Seite 195), zersplittert, außen- und sicherheitspolitisch ohne gemeinsame Stimme. Europa ist der einzige Weltteil, dem eine demographische Schrumpfung prognostiziert wird. Vier Prozent der Menschheit dürften 2050 auf dem dann sprichwörtlich „alten" Kontinent leben. Im Jahr 1000 stellte Europa rund zehn Prozent der Weltbevölkerung, um 1800 waren es 13 Prozent, 1900 waren es 19 Prozent. Heute sind es noch sieben Prozent.

Diese sieben Prozent erbringen rund ein Viertel der weltweiten Wirtschaftsleistung und konsumieren mit einer Sozialquote von 25 Prozent die Hälfte der globalen Sozialleistungen. In Österreich betragen die Sozialleistungen sogar 30 Prozent der Wirtschaftsleistung, in Nordamerika weniger als 20 Prozent und in den meisten anderen Teilen der Welt deutlich unter zehn Prozent.

Demographie, Demokratie, Freiheit, Lebenschancen

An der Explosion der Bevölkerungsentwicklung wird ersichtlich, welch rasante Beschleunigung und unglaubliche Veränderungen, Umbrüche, Umwälzungen die acht Generationen, von denen wir hier sprechen, erlebt haben – größere Veränderungen als ihre Vorfahren in den drei Jahrtausenden davor.

Von Christi Geburt bis 1800 ist die Weltbevölkerung von 270 Millionen auf eine Milliarde gewachsen, seitdem hat sie von einer auf über sieben Milliarden Menschen zugenommen. Am deutlichsten ist der Anstieg in der Neuen Welt: 1800 zählten die USA fünf Millionen Einwohner, heute sind es 315 Millionen. Und doch ist nicht eingetroffen, was der britische Ökonom und Pastor Thomas Malthus 1798 orakelt hatte: dass die Lebensmittelproduktion nicht mit dem Bevölkerungswachstum mithalten könne und die zwangsläufige Folge gewaltige Hungersnöte und zerstörerische Kriege seien. Die Wahrscheinlichkeit, in einem Krieg oder an den Folgen eines Krieges zu sterben, ist aber inzwischen so gering wie noch nie. Der britisch-amerikanische Historiker Ian Morris hat es jüngst belegt: trotz der beiden Weltkriege, der staatlich verschuldeten Hungerkatastrophen und der Genozide wie jene in Armenien, dem Holocaust oder in Ruanda. Morris benennt ein bis zwei Prozent der im 20. Jahrhundert ums Leben gekommenen Menschen als Kriegstote. In der Steinzeit habe dagegen noch jeder Zehnte damit rechnen müssen, gewaltsam zu sterben. Der Evolutionspsychologe Steven Pinker kommt in seinem Buch *Gewalt* zu ähnlichen Erkenntnissen.

Das eigentlich Revolutionäre ist jedoch, dass es gelang, eine stark wachsende Bevölkerung nicht nur zu ernähren, sondern auch immer besser zu ernähren – und dafür immer weniger Menschen zu benötigen. Dass die Verteilungsgerechtigkeit dabei zu kurz gekommen ist, darf allerdings nicht übersehen werden, auch wenn Milliarden Menschen von bitterster Armut befreit werden konnten. Dennoch hungern noch immer zwei Milliarden Menschen, während ein Drittel besonders auch wegen eines Überkonsums von Zucker übergewichtig ist, mit allen daraus resultierenden schwerwiegenden gesundheitlichen Folgen.

In einer zweiten agrarischen Revolution, die der industriellen Revolution folgt und durch eine umfassende Mechanisierung und den Einsatz von Kunstdünger geprägt ist, werden jedenfalls die Flächenerträge und Produktivität in der Landwirtschaft beispiellos gesteigert. Auf ein Weizenkorn, das 1800 ausgesät wurde, erntete man knapp über vier Körner – heute sind es über 25. Überdies hat die steigende Urbanisierung zu einer Ausweitung der landwirtschaftlichen Fläche geführt. Lag Mitte des 19. Jahrhunderts der Anteil der in der Landwirtschaft Tätigen an der Gesamtbevölkerung bei rund 50 Prozent, sind es heute in Europa durchwegs unter drei Prozent, in den USA, Deutschland und Österreich noch weniger. Der Anteil der im produzierenden Bereich und im Handel Beschäftigten ist unter dem Dach der Pax Britannica rasant gewachsen, inzwischen aber rückläufig.

Neben der verbesserten Ernährungslage bewirken vor allem die spektakulären Fortschritte in der modernen Medizin, dass sich die Lebensspannen seit 1800 von 40 auf 85 Jahre mehr als verdoppelt haben.

Millionenfach lebensrettend ist die Entdeckung der Hygiene in der Medizin durch Ignaz Semmelweis (siehe den Beitrag ab Seite 81). Das Risiko von Frauen, im Kindbett zu sterben, ist seitdem auf ein Minimum gesunken, die Kindersterblichkeit ebenso. Rudolf Virchows 1856 publizierte Arbeit über die Zellularpathologie wäre ebenso ein würdiger Knotenpunkt in dieser Publikation wie Robert Kochs Entdeckung des Tuberkulose-Erregers 1882. Die Identifizierung der unterschiedlichen Blutgruppen durch Karl Landsteiner ab 1900 hat es ermöglicht, menschliches Blut fast gefahrenfrei zu übertragen. Der Psychiater Julius Wagner-Jauregg erhält den Nobelpreis 1927 für seine Entwicklung der Malariatherapie bei progressiver Paralyse. Alexander Flemings Zufallsfund der Wirkung von Penicillin 1928 ist gleichfalls bahnbrechend: Antibiotika stellen sich als effektivste Waffe gegen krankheitserregende Bakterien heraus. Allerdings werden diese inzwischen in gefährlicher Weise zunehmend resistent. In der Diagnostik und Pharmazeutik gelingen bahnbrechende Entwicklungen, mit großflächigen Impfprogrammen können sogar frühere Massenkrankheiten wie Tuberkulose, Kinderlähmung oder Tetanus erfolgreich zurückgedrängt werden. Spektakulär sind die Entwicklungen der Chirurgie, von Theodor Billroths erster erfolgreicher Magenresektion 1881 bis zur ersten erfolgreichen Herztransplantation durch Christiaan Barnard 1967.

Die moderne Chemie hat das menschliche Leben entscheidend verändert: durch die Entwicklung effizienter Düngemittel für die Landwirtschaft; durch zahlreiche neue Erkenntnisse und Verfahren in den Sektoren Pharmazie und Biochemie, auf die auch das vom jungen Chemiker Felix Hoffmann entwickelte und inzwischen weltweit wohl geläufigste Medikament Aspirin zurückzuführen ist; durch die Entwicklung neuer Werkstoffe, wie beispielsweise PVC (Polyvinylchlorid), sowie der Ermöglichung der Herstellung von reinem, kristallinem Silizium als wichtiges Bauelement für die moderne Computer- und Kommunikationsindustrie, aber auch für Solarzellen. Neue chemische Verfahren beeinflussen Demographie und individuelle Lebenschancen gleichermaßen in immer größer werdendem Ausmaß. Und es ist ebenfalls ein Chemiker, der für die Emanzipation der Frau entscheidend wirkte: Für den Pharmakonzern Syntex entwickelte der in Wien geborene Carl Djerassi, der 1938 mit seiner Familie vor den Nazis in die USA fliehen musste, Anfang der 1950er Jahre die erste Antibabypille.

Schon die Französische Revolution hat sich die Gleichberechtigung auf die Fahnen geheftet, doch es dauert bis zum Ende des 19. Jahrhunderts, bis Frauen zum Studium zugelassen werden.

In Österreich promoviert die erste Frau erst 1897. Bertha von Suttner kämpft mutig mit dem Motto „Die Waffen nieder" gegen den Krieg. Die Suffragetten erkämpfen ab Anfang des 20. Jahrhunderts sukzessive das Wahlrecht (siehe den Beitrag ab Seite 107), das nur eine von vielen Stationen auf dem Weg zu mehr Gleichberechtigung und Emanzipation ist. In vielen Ländern ist das jedoch bis heute nicht der Fall.

Mit der Pille dehnt sich das Engagement nun gleichsam ins Private aus, und das hat enorme Konsequenzen für die Öffentlichkeit. Immer mehr Frauen nehmen die Geburtenkontrolle selbst in die Hand. Eine selbstbestimmte Lebensplanung wird möglich. Die wirtschaftliche Unabhängigkeit wächst durch die Angebote im Bildungssystem und steigende Berufstätigkeit. Änderungen im Scheidungsrecht und in der gesellschaftlichen Einstellung zu Geschiedenen – wie im Übrigen auch zur Homosexualität, siehe den Sieg von „Conchita Wurst" beim Eurovision Song Contest 2014 – begünstigen diese Entwicklung. Die Geburtenraten in den westlichen Staaten beginnen ab den 1960ern zu sinken.

„Gleiche Rechte für alle" ist auch für die neue Arbeiterbewegung und ihre Theoretiker die Leitlinie. Der Industriellensohn Friedrich Engels hatte in Manchester eine Lehre absolviert, jener Stadt, in der die Industrialisierung besonders schnell und rücksichtslos vor sich gegangen war („Manchesterkapitalismus"). Engels' Schrift über die *Lage der arbeitenden Klasse in England*, erschienen 1845, ist ein Weckruf. Überall in Europa entstehen Gewerkschaften, die von den Herrschenden als Bedrohung wahrgenommen werden. In Deutschland reagiert Reichskanzler Bismarck mit der Einführung der Kranken- und Unfallversicherung. 16 Jahre später zieht Österreich nach. Zwischen 1860 und 1910 wird die Wochenarbeitszeit von 85 auf 55 Stunden reduziert. 1908 wird der Zehnstundentag als gesetzliche Norm eingeführt. Vor allem die beiden Weltkriege bewirken den Ausbau des Wohlfahrtsstaates: vom „warfare" zu „welfare".

Auch Kinder haben Rechte – selbst diese Erkenntnis setzt sich erst im 19. Jahrhundert durch. So wird in Großbritannien 1833 die Fabrikarbeit für Kinder unter neun Jahren verboten, und 1842 wird die Untertagearbeit begrenzt. 1896 werden im Bürgerlichen Gesetzbuch Deutschlands Strafen für Eltern eingeführt, die ihre Kinder misshandeln oder sich nicht ausreichend um sie kümmern. Von diesen Meilensteinen ist es noch ein langer Weg bis zur UN-Kinderrechtskonvention von 1990, der inzwischen 190 von 193 UNO-Mitgliedern beigetreten sind.

Ganzen Menschengruppen ist zu Beginn der für das Buch gewählten Zeitspanne aufgrund ihrer Herkunft der Zugang zu elementaren Rechten verwehrt. Damit wird ab Anfang des 19. Jahrhunderts sukzessive aufgeräumt. Auf britischen Druck beschließt der Wiener Kongress ein grundsätzliches Verbot des afrikanischen Sklavenhandels. Als letzte europäische Großmacht hebt Russland unter Zar Alexander II. 1861 die Leibeigenschaft auf. Im selben Jahr beginnt der Amerikanische Bürgerkrieg; vier Jahre später wird die Abschaffung der Sklaverei in der Verfassung verankert. Es dauert weitere 100 Jahre, bis Martin Luther King mit seinem Kampf für die Bürgerrechte der schwarzen US-Bevölkerung ein entscheidender Durchbruch gelingt, der in vielen anderen Ländern bis heute nicht erreicht ist.

Die Dekolonialisierung nach 1945 ist mit der Befreiung ganzer Völker von der Bevormundung durch die Kolonisatoren verbunden. Mahatma Gandhi ist für Indien das, was später Nelson Mandela für Südafrika darstellt – wobei Gandhi bei seinem Aufenthalt in Südafrika selbst stark von den Erfahrungen der Rassentrennung geprägt wurde.

Auf der Suche nach der besten Staatsform werden die ehemaligen Kolonien, in denen zunächst oft autoritäre Regime und brutale Diktaturen entstehen, später hingegen oft bei den Kolonisatoren fündig: Nach dem Zweiten Weltkrieg kommt es zu einem Siegeszug der Demokratie. 1941, nachdem die ersten demokratischen Gehversuche Deutschlands, Spaniens und Italiens im Faschismus geendet haben, sind bloß elf Länder Demokratien. Heute leben laut *Economist* 40 Prozent der Menschheit in Systemen, in denen es freie und faire Wahlen gibt. In Kombination mit dem modernen Sozial- und Steuerstaat, der den Bürgern statt des „Zehent" des Mittelalters bis zur Hälfte des Einkommens an Abgaben abverlangt, ist so eine ungeahnte Wohlstandsentwicklung möglich geworden.

Auch wenn die westlichen Demokratien angesichts von „gridlocks" und unter dem Druck neuer, populistischer Bewegungen krisenanfällig scheinen: Diese Staatsform ist vielfach zum Leitmodell in der Welt geworden. Länder, die den konträren Weg beschritten, ja sich abgekapselt haben und ihre Bevölkerungen unterdrücken, gelten als „failed states", von Nordkorea über Zimbabwe bis Somalia. Allerdings folgen viele Staaten auch anderen staatspolitischen Wertvorstellungen.

Wie die Demokratie macht auch die Stadtluft frei. Die gestiegene Produktivität in der Landwirtschaft und die neuen Beschäftigungsmöglichkeiten in den Zentren führen dazu, dass es immer mehr Menschen in urbane Agglomerationen zieht. Die Urbanisierung gewinnt zuerst in Europa, in der zweiten Hälfte des 20. Jahrhunderts weltweit an Tempo. Lebten um 1800 unter 20 Prozent der Bevölkerung Englands und Deutschlands in Städten, sind es heute fast 80 Prozent. Seit 2007 ist mehr als die Hälfte der Weltbevölkerung weltweit in städtischen Agglomerationen angesiedelt, bald werden es 70 Prozent sein.

In den Schwellenländern hat diese Entwicklung dramatische Ausmaße angenommen. Unter den zehn größten Städten der Welt um 1910 lagen sechs in Europa. Heute gilt Tokyo als größte Metropolregion der Welt. Unter den Top 10 sind Jakarta, Mexico-City, Mumbai, São Paulo, Schanghai und Chongqing. Erst danach folgen mit Istanbul und Moskau Megacities am Rande Europas. Auch für China wird erwartet, dass bis 2030 eine Milliarde Einwohner, 70 Prozent der Bevölkerung, in Städten leben werden.

Mobilität, Kommunikation, Innovation

Seit Beginn der Aufzeichnungen bis zum Anfang des 19. Jahrhunderts, so der Ökonom John Maynard Keynes, habe sich der Lebensstandard der normalen Menschen in den Zentren der Zivilisation kaum verändert. Selbst um 1900 ist das Auto zwar schon erfunden, aber es ist ein Privileg einiger weniger. Es gibt noch keine Verkehrsflugzeuge, keine Telefone, die Nutzung der Elektrizität ist noch in ihren Anfängen. Dann aber geht es schnell, und es sind nicht nur die großen Erfindungen, die den Alltag einer rasant wachsenden Zahl von Menschen verändern: die um 1850 erfundene Zahnpasta ebenso wie die Zahnbürste mit Nylonborsten, der von Louis Leitz in den 1870ern entwickelte Büroordner ebenso wie die Büroklammer, auch das 1899 ins Markenregister eingetragene Aspirin gehört in diese Reihe. Über 95 Prozent der Haushalte in den westlichen Industriestaaten verfügen heute über Telefonanschluss, Kühlschrank, Fernsehgerät, Waschmaschine, Staubsauger und andere technische Annehmlichkeiten. Alle diese Entwicklungen haben dazu beigetragen, dass der Durchschnittsbürger, wie Eric Hobsbawm einmal angemerkt hat, heute besser als ein Monarch vor 200 Jahren lebt.

Erst vor diesem Hintergrund kann sich eine Kultur herausbilden, die nicht mehr auf die Eliten beschränkt bleibt, von Jazz über Filmmusik und Musical bis Pop und Rap, vom Tonfilm bis zum Heimkino und dem Videospiel. Die proklamierte „Work-Life-Balance" für möglichst viele ist überdies die Voraussetzung für den Erfolg der Freizeitwirtschaft, allen voran des Tourismus und des Sportgeschehens mit all seinen immer stärker kommerzialisierten Angeboten.

Die modernen Verkehrsmittel Bahn, Automobil und Flugzeug ermöglichen es immer mehr Menschen, immer größere Distanzen zu überbrücken. Um 1850 werden in Deutschland rund 800 Millionen Personenkilometer zurückgelegt, vorwiegend mit der Eisenbahn. 1870 sind es schon 3,5 Milliarden, 1900 rund 25 Milliarden. Heute liegt der Wert bei über 1200 Milliarden. Durchschnittlich spult jeder Deutsche 15.000 Kilometer pro Jahr ab, 12.000 davon mit dem Auto. Insgesamt sind weit über eine Milliarde Autos auf den Straßen der Welt unterwegs. 2010 wurden mehr als fünf Milliarden Flugreisende gezählt. Individuelle Mobilität wird zunehmend mit Freiheit verbunden.

Die Entfernungen schrumpfen, die Zeit wird verkürzt. Verkehrsverdichtung wie Verkehrsbeschleunigung treten ein. Allein im Jahr 1869 werden zwei Meilensteine der Infrastrukturgeschichte gesetzt: Mit der Inbetriebnahme der First

Transcontinental Railroad in den USA kann man innerhalb von sieben Tagen zwischen Ost- und Westküste hin- und herreisen statt wie bisher in vier Monaten. Die Eröffnung des Suezkanals verkürzt die Dauer einer Schifffahrt von Hamburg nach Bombay um 24 Tage. Auch die moderne Chemie trägt indirekt dazu bei, die Wege zu verkürzen: Alfred Nobel gelingt es, das 1847 entdeckte flüssige Nitroglycerin zu festem Sprengstoff zu verarbeiten, der erstmals beim Bau des Sankt-Gotthard-Tunnels zwischen 1872 bis 1882 zum Einsatz gelangte.

Auch die Frachtmöglichkeiten steigen – vor allem durch die „Container-revolution" seit den sechziger Jahren – enorm. Die großen Wanderungsbewegungen nach Übersee werden durch Dampfschiff & Co. überhaupt erst möglich. Und oft sind es die Kinder der Immigranten, die für entscheidende Neuerungen sorgen: Thomas Alva Edison etwa, Sohn eines Freidenkers und politischen Aktivisten, der aus Kanada emigrieren muss, erfindet 1868 einen elektrischen Börsenticker und perfektioniert sowie patentiert später die Glühlampe. Der Vater von Henry Ford flieht 1847 aus der irischen Grafschaft Cork vor der Großen Hungersnot nach Nordamerika; sein Sohn revolutioniert mit seinem T-Modell ab 1908 die Automobilproduktion, ja die industrielle Fertigung insgesamt. Der Stahlindustrielle Andrew Carnegie und der Bankier J. P. Morgan prägen ihre Zeit ebenso sehr wie ihre Branchen.

In Deutschland sind es Männer wie Werner von Siemens, der AEG-Gründer Emil Rathenau, die Stahlindustriellen Alfred Krupp und Fritz Thyssen sowie der Elektrotechnik-Pionier Robert Bosch, die prototypisch für eine neue, vom technologischen Fortschritt geprägte Kapitalistenklasse stehen. In den USA macht das Maschinenzeitalter insbesondere jene reich, die Energie, vor allem Treibstoff, bereitstellen können: John D. Rockefeller, ein Nachfahre von Einwanderern aus dem deutschen Rockenfeld bei Neuwied, geht als Öl-Tycoon in die Geschichte ein. Seine Standard Oil Company (siehe den Beitrag ab Seite 67), aus der nach der Zerschlagung heutige Öl-Riesen wie Chevron und Exxon hervorgehen, steht für einen neuen Akteur des Wirtschaftslebens: den Großkonzern. Und für eine neue Energiequelle: Die Ölindustrie, nach der erfolgreichen ersten Bohrung am 27. August 1859 in Titusville, Pennsylvania, befeuert bis heute den Wohlstand der Nationen. Die industrielle Ära ist von Anbeginn aber auch ein Zeitalter der Kohle: Noch heute steht sie für 30 Prozent der globalen Energieerzeugung. Mit Erdöl und Erdgas wird die Weltwirtschaft so von einer überwiegend fossilen Energiebasis abhängig. Auch das Kunststoffzeitalter hat seinen Ausgangspunkt in der Verwendung von Erdöl und Erdgas.

Es ist wohl kein Zufall, dass das höchste Gebäude der Welt im Jahr 2014, der 828 Meter hohe Burj al Arab, im Wüstenstaat Dubai steht, wo die sprudelnden Gewinne aus dem Ölgeschäft in eine Infrastruktur der Superlative investiert werden.

Prägten rauchende Schlote, dampfende Lokomotiven und Schiffe das Industriezeitalter, so sind es heute Fließbänder, Reinräume, Roboter und lasertechnische Geräte, die Betriebsstätten kennzeichnen.

Denn eng verbunden mit der Mobilität ist die Entwicklung der modernen Kommunikationssysteme: Wer unterwegs ist, muss nun nicht mehr auf Informationsaustausch mit anderen verzichten – der Beitrag in diesem Band (ab Seite 183) streicht die Bedeutung der Konzeption des World Wide Web durch Tim Berners-Lee im Jahr 1989 heraus. Ebenso gut hätte der Knotenpunkt auch 1866 gesetzt werden können, als das erste Transatlantikkabel in Betrieb genommen und damit die Telegrafie zwischen den USA und Großbritannien möglich wurde.

Die Telegrafie macht die Brieftaube überflüssig, die Telefonie ist der nächste logische Schritt. Eine Handvoll Prototypen werden entwickelt, doch nur Alexander Graham Bell gelingt es 1876 in den USA, ein Telefongerät zur Marktreife zu führen. Die Gutenberg-Galaxis, wie der Medienwissenschaftler Marshall McLuhan das Zeitalter des Buchs als Leitmedium bezeichnet hat, wird abgelöst von einem Zeitalter elektrischer und elektronischer Kommunikation. Diese ist nun immer seltener an Telefonzellen, Festnetzapparate oder stationäre Computer gebunden: Ab den 1990ern tritt die Mobiltelefonie einen weltumspannenden Siegeszug an, inzwischen gibt es rund sieben Milliarden Mobilfunkanschlüsse weltweit. Auch der Personal Computer, erstmals 1981 von IBM vorgestellt, lernt laufen. Daten- und Sprachkommunikation findet heute oft auf ein und demselben Gerät statt, ob Smartphone oder Tablet. Selbst Radio, Film und Fernsehen (siehe den Beitrag ab Seite 139), die das 20. Jahrhundert medial zusehends dominieren, sind mobil geworden.

Die modernen Kommunikations- und Navigationssysteme sind nur dank Tausender Satelliten möglich, die heute um die Erde kreisen. 1957 platzieren die Russen mit Sputnik den ersten dieser künstlichen Flugkörper in einer Umlaufbahn. Die USA reagieren auf diesen „Sputnik-Moment" mit hohen Investitionen in ihren Forschungssektor, von denen rund die Hälfte in den militärischen Teil fließt. Höhepunkt ist der 21. Juli 1969, an dem Neil Armstrong als erster Mensch seinen Fuß auf den Mond setzt. Dieser Wettlauf im Weltall hört auch nach Ende des Kalten Kriegs nicht auf. 2014 gibt es bereits zehn Raumfahrtnationen, die kommerzielle private Raumfahrt steht ante portas.

Neben der Eroberung des Makrokosmos ist das Eindringen in den Mikrokosmos die zweite große Stoßrichtung der Entdeckungen in der postkolonialistischen Zeit. Die Erforschung der Welt des winzig Kleinen, nicht einmal mehr mit dem Mikroskop Sichtbaren, hat zweifelsohne in der Beschreibung des Aufbaus von Atomen einen Höhepunkt. Einen entscheidenden Beitrag dazu leistet Ludwig Boltzmann mit dem Nachweis, dass sehr viele Phänomene aus den Temperaturbewegungen der Atome und Moleküle verstanden werden können. Die Atomphysik gilt als eine der drei wesentlichen Errungenschaften der Physik am Übergang vom 19. zum 20. Jahrhundert. Dazu kommen die Relativitätstheorie und die mit der Atomphysik verwobene Quantentheorie, deren grundlegende Gleichung, die unter anderem in den Materialwissenschaften Anwendung findet, von Erwin Schrödinger stammt (Schrödinger'sche Wellengleichung).[1]

1905 ist die Ereignislage besonders dicht: In diesem Jahr liefert Albert Einstein den Durchbruch der Atomtheorie, begründet die Relativitätstheorie, die auf Ideen von Ernst Mach zurückzuführen ist, und schlägt vor, dass Licht aus Quantenteilchen, den Photonen, besteht – ein wichtiger Beitrag für die Anerkennung der Quantenidee. Die Entwicklung der Halbleiter und damit der modernen Computertechnologie wäre ohne Quantenphysik nicht vorstellbar, ebenso wenig GPS-Navigationssysteme ohne die Relativitätstheorie. Ein weiterer entscheidender Beitrag ist die Entdeckung der Höhenstrahlung im Jahr 1912 durch Viktor Franz Hess. Sie zeigt unter anderem, dass es kosmische Phänomene gibt, die weniger stabil sind als allgemein angenommen.

Die Erkenntnisse der modernen Physik von der Boltzmann'schen Transportgleichung 1872 über die Entdeckung der Radioaktivität Ende des 19. Jahrhunderts durch Antoine Henri Becquerel sowie Marie und Pierre Curie bis hin zum Planck'schen Strahlungsgesetz, dem Atommodell von Niels Bohr 1913 und der quantentheoretischen Erklärung des Aufbaus eines Atoms durch Wolfgang Pauli (Pauli-Prinzip) als auch der Heisenberg'schen Unschärferelation und der Kernspaltung durch Otto Hahn und ihrer Deutung durch Lise Meitner kurz vor Beginn des Zweiten Weltkriegs verändern buchstäblich die Welt. Bei der Weltausstellung 1958 in Brüssel scheint das Atomium ein neues Energiezeitalter anzukündigen.

Die friedliche Nutzung der Kernenergie, für die sich Victor Weisskopf, bedeutender Kernphysiker und Zeuge des ersten Atombombentests am 16. Juli 1945, zeitlebens einsetzt, prägt – jedenfalls bis zum Reaktorunglück von Tschernobyl 1986 – die weltweite Energiepolitik.

Alle diese Erkenntnisse und Entwicklungen beschleunigen auch die Veränderungen im philosophischen Denken. Es sind vor allem die Mitglieder des Wiener Kreises wie Moritz Schlick, Rudolf Carnap, Otto Neurath und Hans Reichenbach, die sich intensiv mit den Folgewirkungen neuer wissenschaftlicher Erkenntnisse, darunter auch die Auswirkungen von Albert Einsteins Relativitätstheorie und der Quantenphysik auf die Philosophie beschäftigen. Der in Wien geborene Sir Karl Popper stellt mit seinem 1934 erschienen Werk *Logik der Forschung* die alte Frage nach den Möglichkeiten und Grenzen der Erkenntnis vor dem Hintergrund der naturwissenschaftlichen Forschungsergebnisse neu und löst damit einen fundamentalen wissenschaftspolitischen Diskurs aus. Für Aufsehen sorgt der amerikanische Philosoph Thomas S. Kuhn mit seiner These, dass es in den Wissenschaften keinen kontinuierlichen Fortschritt, sondern Revolutionen, sogenannte „Paradigmenwechsel", gibt. Das Gleiche lässt sich für die „anarchistische Erkenntnistheorie" des in Österreich geborenen amerikanischen Philosophen Paul Feyerabend und seiner Auffassung sagen, dass es keiner verbindlichen Methode wissenschaftlicher Arbeit bedarf, weil alle möglichen Strategien zur Erkenntnis führen können: „Anything goes". Zunehmend diskutieren aber auch die Naturwissenschaftler selbst über die philosophischen Konsequenzen ihrer Forschungen, so etwa der amerikanische Kosmologe Steve Weinberg in seinem berühmt gewordenen Buch *Die ersten drei Minuten*, aber auch der österreichische Quantenphysiker Anton Zeilinger.

Exemplarisch für die vielen Paradigmenwechsel in der Philosophie seien noch John Dewey und Ludwig Wittgenstein, aber auch Martin Heidegger und Theodor Adorno mit der Frankfurter Schule genannt. Michel Foucault und Jacques Derrida sorgen Jahrzehnte nach Albert Camus und Jean-Paul Sartre für Höhepunkte der französischen Philosophie.

Die menschliche Vernunft als Maßstab des Handelns steht im Zeitalter der Aufklärung zweifelsohne im Zentrum aller wissenschaftlichen Überlegungen. Nach der kopernikanischen Erkenntnis, dass die Erde nicht der Mittelpunkt der Welt ist, wird der Mensch von der Wissenschaft nun noch zwei weitere Male von seinem Sockel gestoßen. Charles Darwin belegt mit *Die Entdeckung der Arten* 1859, dass der Mensch aus der Tierreihe hervorgegangen ist – eine Theorie, die heute selbst im Westen noch erbitterte Gegner hat. Sigmund Freud vermeint mit seinen Forschungen über das Seelenleben zu erkennen, dass wir nicht einmal in unseren Alltagshandlungen Herr unserer selbst seien. Freud hat für diese drei Verletzungen des narzisstischen Selbstbildes 1917 den Begriff „Kränkungen der Menschheit" erfunden.

Neue Wissenschaften wie die Soziologie und die Psychologie entstehen, die ökonomische Wissenschaft erfährt mit John Maynard Keynes und Milton Friedman im 20. Jahrhundert prägende Theoretiker. Bedeutende Beiträge liefern auch österreichische Ökonomen wie Eugen Böhm-Bawerk, Carl Menger, Joseph Schumpeter (siehe den Beitrag ab Seite 169), Fritz Machlup und Friedrich Hayek.

Die mit neuen technologischen Möglichkeiten ausgestatteten Naturwissenschaften widmen sich nun dem Menschen bis ins kleinste Detail: James Watson entdeckt 1953 die Struktur der DNA, das späte 20. Jahrhundert steht im Zeichen der Entschlüsselung des menschlichen Genoms, für dessen Verständnis wiederum der atomare Aufbau der Erbsubstanz DNA wichtige Voraussetzung war.

Den Explosionen im wissenschaftlichen und den Umwälzungen im politischen Bereich entsprechen die Eruptionen in der Kunst, von der Literatur über die Musik bis zu den bildenden Künsten (siehe den Beitrag ab Seite 125). Die rasche Abfolge der Richtungen spiegelt die Veränderungen der Zeiten wider, auf die die Kunst seismographisch reagiert, die sie aber auch antizipiert: von der Romantik über den Impressionismus und Expressionismus hin zu Fauvismus, Futurismus und Kubismus, den Pablo Picasso mitbegründete.

Die großen Komponisten liefern den Soundtrack ihrer Epochen: Am Beginn des 19. Jahrhunderts steht der zunächst von Napoleon begeisterte Ludwig van Beethoven. 1813 wird Giuseppe Verdi geboren, der 1848 die Revolution in Paris „live" miterlebt und später ebenso zu einem Symbol der italienischen Einheitsbewegung wird wie der gleichaltrige Richard Wagner Vorbild vieler nationalistisch gesinnter Deutscher. Arnold Schönbergs Musik wiederum spiegelt die Zerrissenheit im Wiener Fin de Siècle wider. Jazz und Rock 'n' Roll, deren Verbreitung und Popularisierung wie bei keinem anderen Musikstil an die neuen Schallträger von Schellack über Vinyl und CD bis zu MP3 gebunden sind, geben ganzen Jahrzehnten des 20. Jahrhunderts ihr Gepräge. Karlheinz Stockhausen setzt Meilensteine in der elektronischen Musik.

Im Städtebau wird die Handschrift der großen Architekten sichtbar, die Kathedralen der säkularen Welt sind eng verbunden mit Namen wie Martin Gropius, Alfred Loos, Otto Wagner, Frank Lloyd Wright, Ludwig Mies van der Rohe, Le Corbusier, Antoni Gaudí, Oscar Niemeyer, die Bauhaus-Architekten – bis hin zu Österreichern wie Richard Neutra und dem 2014 verstorbenen Hans Hollein. Mit ihrer eigenen Sensibilität für die großen Veränderungen setzen Bildhauer wie Auguste Rodin, Alberto Giacometti, Alfred Hrdlicka und Fritz Wotruba die Entwicklungen der Zeit in Kunst um.

Die in diesem Buch beschriebene Zeitspanne kann man vor dem Hintergrund dieser vielfältigen Veränderungen mit Fug und Recht als ein neues Erdzeitalter, jedenfalls als wissenschaftliche, intellektuelle, technologische, künstlerische wie auch gesellschaftliche Sattlerzeit, als Epochenzäsur bezeichnen. Sie kann demonstrativ mit einigen Namen und ihren herausragenden Beiträgen gekennzeichnet werden: Einstein, Picasso, Schönberg, Weber, Rilke, Kafka oder Joyce. Anthropozän solle die Zeit ab 1800 genannt werden, hat der niederländische Chemiker Paul Crutzen vorgeschlagen: Denn der Mensch ist in seinen Erkenntnissen und Handlungen noch nie wirkmächtiger gewesen als in den vergangenen beiden Jahrhunderten. Nachdem jahrtausendelang der Kampf gegen eine übermächtige Natur im Mittelpunkt gestanden war, haben die Bewohner der Erde mit der industriellen Revolution nun selbst Entwicklungen in Gang gesetzt, deren Konsequenzen sie nicht kennen oder schlecht abschätzen können. Landschaftliche Eingriffe, Treibhausgase und Artensterben verändern das Antlitz des Planeten und definieren die Lebensbedingungen neu. Endete Mitte des 19. Jahrhunderts eine kleine Eiszeit, die im 14. Jahrhundert begonnen und im 17. Jahrhundert ihren Höhepunkt hatte, so steht nun der menschengemachte Anteil an der prognostizierten Klimaerwärmung im Zentrum wissenschaftlicher Debatten.

Der Welt gehen die Herausforderungen wahrlich nicht aus. Den 14. der hier ausgewählten Knotenpunkte haben wir mit Absicht in das Jahr 2114 verlegt: Er beschäftigt sich mit dem Zukunftsthema der künstlichen Intelligenz.

[1] Der Autor dankt Konrad Paul Liessmann, Philipp Saiko, Peter Schneider, Wilhelm Schneider und Anton Zeilinger für ihre wertvollen Hinweise.

Manfried Rauchensteiner

•

30. 10. 1814
Eröffnung des Wiener Kongresses
Die Neuordnung Europas

•

Nicht alle Räume ähneln sich, in denen – in welcher Sprache auch immer – die zumindest sinngemäß ähnlichen Worte fallen: „Ich erkläre die Konferenz für eröffnet". Die Teilnehmer einer derartigen Zusammenkunft sitzen dann entweder in längeren Stuhlreihen, an einem runden, gelegentlich auch an einem eckigen Tisch. Es kommt auch durchaus vor, dass man in getrennten Räumen sitzt und zu einem Verfahren zwingt, das „Pendelmission" genannt wird. Nur der Hintergrund für derartige Treffen ist meist ein und derselbe: Es gilt Streit zu schlichten, Interessen aufeinander abzustimmen und eventuell Frieden zu schließen. Es sind freilich nicht immer die Streitparteien, die sich dann zu derartigen Verhandlungen treffen. Es sitzen auch Sieger über Besiegte zu Gericht. Und für den Fall, dass es überhaupt ein von den Streitparteien akzeptiertes Ergebnis gibt, schwingt immer auch die Frage mit: Wie lange wird das halten?

Die Häufung der Fälle, in denen ein Ausgleich gesucht und Konflikte zu begrenzen getrachtet werden, scheint mit vielem zusammenzuhängen: Der progressiven Existenz von Menschen, der Vernetzung und ebenso der Beschleunigung. Vielleicht kann man in dem Bestreben, die Eskalation von Konflikten zu stoppen und eine Konfliktbeilegung zu versuchen, auch so etwas wie einen Vorgang der Entschleunigung sehen. Neu ist das nicht wirklich, und letztlich zielten die Pax Romana, die Treuga Dei, der Landfrieden und die immer wieder beschworenen Friedensordnungen in Europa auf ein und dasselbe ab. Doch auch ernsthafte Bemühungen konnten die Konflikthäufigkeit nicht reduzieren und auch nicht den längsten und verheerendsten Konflikt der Neuzeit verhindern, den Dreißigjährigen Krieg. Die Friedensschlüsse von Münster und Osnabrück 1648 markierten eine Zäsur. Und wieder hielt das Erreichte für längere Zeit, bis es dann durch die Kriege im Gefolge der Französischen Revolution zu Bruch ging. Die im Westfälischen Frieden geschaffene Ordnung hatte also rund 150 Jahre lang gehalten. Dann dominierte wieder Krieg als Fortsetzung des politischen Verkehrs, wie es Carl von Clausewitz so knapp formulierte. Die Kriege des französischen Zeitalters hatten ebenso wie der Dreißigjährige Krieg enorme Bevölkerungsverluste und die Verwüstung ganzer Landstriche zur Folge. Was schließlich in Wien im Spätherbst 1814 begonnen wurde, markierte daher eine Zäsur. Und sie ging ebenso wie die den vorangegangenen Kriegen zugrundeliegende Französische Revolution ans Grundsätzliche.

Napoleon überwinden

Friedensschlüsse hatte es in der Zeit ab 1792, als das Noch-Königreich Frankreich dem „König von Ungarn und Böhmen" Franz, dem noch nicht gekrönten späteren Kaiser Franz II. den Krieg erklärt hatte, schon im Überfluss gegeben: 1795 (Basel), 1797 (Campoformido), 1801 (Lunéville), 1805 (Pressburg), 1807 (Tilsit) und 1809 (Wien). Meist war es nicht Frankreich gewesen, das Krieg erklärt hatte, wohl aber war es das Frankreich Napoleons gewesen, das so lange gefordert, gedroht und provoziert hatte, bis dann Österreich oder seine Verbün-

Am Wiener Kongress versuchte man in zähen Verhandlungen das umzusetzen, was die fünf Großmächte im Vorfeld vereinbart hatten: die Neuordnung Europas unter sich auszumachen. Den Kongressalltag bestimmten die Delegierten, die zeitgenössische Berichterstattung sah lieber die Herrscher als Verhandler, u. a. am Tisch sitzend Kaiser Franz I. von Österreich (Mitte), Zar Alexander I. von Russland (links von ihm) und König Friedrich Wilhelm III. von Preußen (stehend rechts von ihm).

deten den Krieg begannen. Nun aber war es Österreich, das am intensivsten über einen dauerhaften Frieden nachdachte.

Im März 1813 ließ der österreichische Minister des Äußern, Clemens Lothar Graf Metternich, dem österreichischen Botschafter in Frankreich, Karl Fürst Schwarzenberg, eine Instruktion zugehen, die er dem Kaiser der Franzosen Napoleon I. zur Kenntnis bringen sollte. Ein eher ungewöhnlicher Vorgang, da Instruktionen dieser Art in der Regel denkbar vertraulich sind. Doch Metternich wollte seine Überlegungen nicht für sich behalten. Noch dazu war Österreich zum damaligen Zeitpunkt mit Frankreich verbündet und Napoleon der Schwiegersohn des österreichischen Kaisers. Metternich forderte zunächst noch nicht viel: Die Rückgabe der vom Kaisertum Österreich abgetrennten Länder, das Ende der Abhängigkeit und – wenn möglich – „die Rückkehr Preußens zu seiner vollen Unabhängigkeit". Schwarzenberg behielt die Instruktion für sich, obwohl er sie eigentlich Napoleon übergeben sollte. Doch der wollte ohnedies den 1812 begonnenen Krieg fortsetzen.

Metternich versuchte es noch einmal. Im Juli 1813 suchte er zwischen den Alliierten und Napoleon zu vermitteln und stellte auch schon in Aussicht, dass Österreich auf Seite der Alliierten in den Krieg eingreifen könnte. Die Forderungen waren mittlerweile nicht nur sehr viel konkreter, sondern auch sehr viel weitergehend: Rückkehr Frankreichs auf die Grenzen von 1792 und Preisgabe aller späteren Eroberungen.

Metternich suchte Napoleon in Dresden auf und hatte im Marcolini'schen Palais schließlich eine dramatische Unterredung, in der Napoleon drohte und höhnte. Metternich will beim Verlassen des Palais gesagt haben: „Der Mann ist verloren." Die dreitägige Schlacht von Leipzig und der Vorstoß der Alliierten nach Frankreich veränderte dann die Situation für die Verbündeten, zu denen seit dem Sommer 1813 auch Österreich gehörte, von Grund auf.

Freilich zeichneten sich schon bei dieser Gelegenheit die nächsten Konfliktfelder ab. Frankreich spielte dabei nur mehr bedingt eine Rolle, wenngleich die Frage, ob man Napoleon auf dem Thron halten sollte oder nicht, das Bündnis erheblich belastete. Der russische Zar Alexander I. war strikt dagegen, Metternich war dafür. Doch dann ging es erst so richtig los: Russland wollte Teile des preußischen Polen, um sie einem neuen zu Russland gehörenden Königreich Polen anzugliedern. Preußen wollte Sachsen von der Landkarte verschwinden lassen. Die Briten wollten die ehemals Österreichischen Niederlande mit Holland vereinigen. Das alles ließ sich nicht gewissermaßen aus dem Sattel erledigen. Der Feldzug fand seine Fortsetzung. Am 31. März 1814 kapitulierte Paris. Elf Tage später dankte Napoleon ab. Und wieder sechs Wochen später, am 30. Mai, wurde der Pariser Frieden geschlossen und von Österreich, Preußen, Russland, England, Spanien, Portugal, Schweden und Frankreich unterzeichnet.

Kein Kongress tanzt

Die Bedingungen für Frankreich hatten sich seit der Instruktion Metternichs für Schwarzenberg erheblich verschlechtert. Dazu hatte vor allem auch die Übereinkunft von Chaumont von Anfang März 1814 beigetragen, in der sich England, Preußen, Österreich und Russland gelobten, die Neuordnung Europas unter sich auszumachen und obendrein für zwanzig Jahre die Aufgaben der Friedenssicherung zu übernehmen. Im Artikel 32 des Pariser Friedens hieß es daher, dass sich alle kriegführenden Staaten verpflichteten „zum Zweck der Vervollständigung des Vertrags binnen zwei Monaten ihre Bevollmächtigen zu einem allgemeinen Kongress nach Wien zu entsenden". Der Vorschlag, den Kongress in Wien abzuhalten, soll vom britischen Außenminister Lord Castlereagh gekommen sein. Doch ohne die Bereitschaft Österreichs und eine dementsprechende Einladung wäre das wohl nicht zu vereinbaren gewesen. Und außerdem sollen sich Kaiser Franz, der Zar und der preußische König schon unmittelbar nach der Leipziger Schlacht über ein Treffen in Wien verständigt haben. In Paris wurde die Kongressidee aber sehr viel weiter gefasst und es hieß daher im Friedensvertrag, dass alle europäischen Staaten eingeladen werden sollten, den Kongress zu beschicken. Vieles sprach für Wien. Es war geographisch irgendwo in der Mitte zwischen Russland und England. Metternich wollte die frühere Stellung der Kaiserstadt bewusst nützen, um auch an das aufgelöste römisch-deutsche Reich und zumindest den Vorrang des alten Reichs anzuknüpfen. Es sollte wohl auch vergessen gemacht werden, dass bis zum Sturz Napoleons Paris als Nabel der Welt gegolten hatte. Wien war auch groß genug, um einen derartigen Monsterkongress, den wohl größten, den es bis dahin gegeben hatte, zu beherbergen. Dass Österreich auch die Kosten einer derartigen Großveranstaltung auf sich nehmen wollte, und das drei Jahre nach dem Staatsbankrott, den Österreich 1811 erlebt hatte, irritierte zum wenigsten. Kongressieren war immer noch billiger als Kriegführen.

Eine der wichtigsten Entscheidungen im Vorfeld war wohl die gewesen, dass die Alliierten keinen Siegfrieden diktieren, sondern ein wieder auf ein Königtum herabgestuftes, gewissermaßen vorrevolutionäres Frankreich als Gleichberechtigten und nicht als Besiegten an den Beratungen teilhaben lassen wollten.

Schon unmittelbar nach Unterzeichnung des Pariser Friedens begannen die Vorbereitungen für den Kongress. Dabei ging es aber zum wenigsten um die Frage der Unterbringung der zu erwartenden Monarchen und mehr als 300 Delegierten sowie ihrer Bediensteten, also etwa 2000 Personen – und ihrer Fahrzeuge. Viel wichtiger war wohl, dass jede Staatskanzlei und vor allem jene der Hauptmächte Zeit für ihre Vorbereitungen bekamen. Da aber sowohl der Zar als auch der preußische König zunächst in ihre jeweiligen Hauptstädte zurückkehren wollten und auch England mehr Zeit für Vorbereitungen verlangte, kam es nicht zur vereinbarten Eröffnung Anfang August, sondern zu einer Verschiebung auf September. Ein genaues Datum wurde nicht genannt. Mitte September kamen die Staatsminister der Allianzmächte nach Wien. Daher meinte man, der Kongress würde am 18. September eröffnet worden sein. Kaiser Franz räumte die Hofburg, um sie seinen Gästen zu überlassen und übersiedelte nach Schönbrunn. Am 25. September holte der österreichische Kaiser den Zaren und den preußischen König an der Taborbrücke ab. Wieder galt der Kongress als eröffnet. Doch man war noch weit von einem formellen Beginn entfernt. Von vornherein war klar, dass die Teilnahme kleiner Fürstentümer nur dem nicht mehr bestehenden römisch-deutschen Reich geschuldet war, sie aber keine nennenswerte Rolle spielen würden. Sie hatten wohl ihre persönlichen Anliegen und wollten verhindern, dass sie völlig ungehört blieben. Dass aber auch ein Napoleonide wie Eugène Beauharnais, de facto noch immer Vizekönig von Italien, in Wien auftauchte, erregte Aufsehen. Dafür fehlte auffallenderweise der König von Frankreich Ludwig XVIII. Der Monarch des Vereinigten Königreichs von Großbritannien und Irland, Georg III. galt als entschuldigt, da er zu krank war, um am Kongress teilzunehmen. Wohl aber hatte Kaiser Franz drei zum damaligen Zeitpunkt Souveräne ohne Land eingeladen: die Könige von Sachsen und Neapel sowie die nunmehr von ihrem Gatten getrennt lebende Ex-Kaiserin der Franzosen, Marie Louise. Letztlich machten die Klein- und Kleinststaaten ebenso wie die „Exoten" das Bild nur bunter, die Verhandlungen aber nicht substantieller. Einige kamen dennoch mit größeren Delegationen. Das Osmanische Reich begnügte sich hingegen bemerkenswerterweise mit einem einzigen Delegierten und nahm sich eigentlich von vornherein aus dem Spiel. Eine eigens eingerichtete Verifizierungskommission hatte damit zu tun, die schließlich 103 Beglaubigungsschreiben zu überprüfen. Was dann folgte, entsprach zwar der Logik der Verhandlungsführung, verwirrte aber offenbar alle jene, die sich mit Äußerlichkeiten zufrieden geben mussten. Also ließen sie sich nur zu gerne zu spitzen Bemerkungen hinreißen. Vor allem der alte, 79-jährige Kavalier Fürst De Ligne machte mit der Bemerkung: „Le congrès ne marche pas, il danse", von sich reden, einem geistreichen Bonmot, das jedoch letztlich nichts zu besagen hatte. Tatsächlich war das Vorankommen schwer.

Vom ersten Augenblick an gab es Reibereien und Streit. Die territoriale Neugestaltung des Kontinents wollten die vier Verbündeten unter sich ausmachen. Frankreich und Spanien sollten ausgeschlossen bleiben. Doch sie ließen sich nicht ausschließen, und man brauchte sie. Und gerade Metternich tat alles, um Frankreich und dessen Außenminister Talleyrand, von seinem Werdegang her die vielleicht schillerndste Persönlichkeit in einer Schar „bunter Vögel", wieder salonfähig zu machen.

Erst Ende Oktober 1814 galten die Vorarbeiten als abgeschlossen. Der Fürstenversammlung war in der Zwischenzeit zwar nicht langweilig geworden, doch der Glanz war verblichen. Am 30. Oktober fand dann die Eröffnung des Kongresses statt, ohne besonderes Gepränge. Die *Wiener Zeitung* nahm davon überhaupt keine Notiz. Verständlich, dass auch die Tatsache, dass am 31. Oktober der unmittelbar nach der Schlacht von Leipzig zum Fürsten erhobene Metternich zum Präsidenten des Kongresses gewählt worden war, keinen nennenswerten Niederschlag in den Gazetten fand.

Und dann begannen die Verhandlungen, Beratungen und Konferenzen. Es gab auch so etwas wie eine leitende Idee, nämlich die Schaffung eines europäischen Sicherheitssystems, das durch außenpolitische Zurückhaltung und Vertragstreue gekennzeichnet sein sollte. In Einzelfragen kam man voran. Die großen Fragen blieben auf der Strecke. Ein erstes Ergebnis war beispielsweise zu Jahresende die Vorlage einer „Rangkonvention", die den diplomatischen Verkehr regeln sollte. Wohl gab es noch Abänderungen, doch ab März 1815 galt die aus sieben Artikeln bestehende Konvention als beschlossen (und behielt in etlichen Teilen bis heute ihre Gültigkeit).

Metternich peilte den Aufbau eines föderativen, unter österreichischer Führung stehenden Mitteleuropa an. Zar Alexander hingegen, der sich mehr und mehr zum Gegenspieler Metternichs entwickelte, hatte zum wenigsten Mitteleuropa im Sinn, als vielmehr einen möglichst großen territorialen Zugewinn für sein Reich. Er wollte große Teile Polens erstreiten. Talleyrand ging es um die Gleichberechtigung Frankreichs auf dem Kongress. Preußen wollte sich ganz Sachsen einverleiben. Gegensätze prallten aufeinander, Polen und Sachsen waren die Hauptstreitpunkte. Ende November 1814 hatte es den Anschein, als

Viele Delegierte waren mit den für sie bescheidenen Ergebnissen sowie dem zähen Vorankommen der Verhandlungen unzufrieden, einer von ihnen, der 79-jährige Fürst De Ligne, prägte mit seinem realitätsfernen Bonmot das Bild der Nachwelt: „Le congrès ne marche pas, il danse." Maskenball im Redoutensaal anlässlich des Wiener Kongresses.

würde die Allianz zerbrechen und ein Krieg drohen. Neue Allianzen wurden gebildet, bis dann Anfang 1815 Preußen und Russland zurücksteckten und sich mit weniger Sachsen und weniger Polen begnügen wollten.

Aus dem Fünferkomitee erwuchs die Pentarchie, die ab dem Jänner 1815 ein solches Übergewicht hatte, dass die anderen Teilnehmerstaaten fast keine Rolle mehr spielten. Die Hauptbevollmächtigten der fünf Großmächte trafen sich alle zwei bis drei Tage. Daneben gab es noch das Achterkomitee, das sich u.a. mit der Freiheit der Flussschifffahrt aber auch mit dem Verbot des Sklavenhandels beschäftigte, und zusätzlich arbeiteten noch 13 Sonderkommissionen. Schließlich gab es noch das „Deutsche Komitee", in dem Österreich, Preußen, Bayern, Hannover und Württemberg vertreten waren. Die in dem Komitee nicht vertretenen deutschen Fürstentümer und Städte protestierten. Die sogenannte Deutsche Bundesakte nahm erst in dem Augenblick Gestalt an, als Preußen auf einen Teil Sachsens verzichtet und dafür rheinische und westfälische Gebiete bekommen hatte. Nun konnte man endlich konkret über die Gestalt Deutschlands reden und den „Deutschen Bund" zu formen beginnen, der schließlich 41 Mitglieder bekommen sollte. Es war aber auch eine andere Entscheidung für die Deutsche Bundesakte von eminenter Bedeutung, nämlich der am 22. Oktober dezidiert ausgesprochene Verzicht des österreichischen Kaisers auf Wiederherstellung eines römisch-deutschen Reichsverbandes.

Alle Kongressbeschlüsse, auch die Deutsche Bundesakte, sollten von den unterzeichnenden Mächten garantiert werden. Während man ab Februar 1815 bereits auf ein Ende des Kongresses hinarbeitete, obwohl noch bei weitem nicht alle, ja nicht einmal die wichtigsten Fragen geklärt waren, platzte am 5. März in Wien die Meldung von der Flucht Napoleons von Elba. Acht Tage später erklärte das Achterkomitee Napoleon zum Gesetzlosen.

Und die *Wiener Zeitung*, die kein Wort über die Flucht Napoleons und seine Ankunft in Frankreich geschrieben hatte, veröffentlichte am 15. März das diesbezügliche Manifest: „Die Mächte erklären daher, dass Napoleon Bonaparte sich von den bürgerlichen und gesellschaftlichen Verhältnissen ausgeschlossen und als Feind und Störer der Ruhe der Welt den öffentlichen Strafgerichten der Welt preisgegeben hat."

Der Kongress nominierte sofort Mitglieder einer neuen „Militärkommission". Am 25. März schlossen die Mächte einen neuen Allianzvertrag. Alle europäischen Monarchen wurden eingeladen, der Allianz beizutreten und die Stärke der Kontingente bekannt zu geben, mit denen sie sich am Feldzug gegen Napoleon beteiligen wollten.

Nichts wirkte auf die Arbeit des Kongresses beschleunigender als die neuerliche Gefahr. Jetzt ging es Schlag auf Schlag. Fast in Tagesabständen wurden Artikel der Schlussakte vorgelegt, die Rangartikel, die Schifffahrtsakte, die polnisch-sächsische Frage, die Errichtung des Königreichs der Niederlande und der preußisch-hannoversche Ausgleich. Manche Regelung war freilich so kompliziert, dass wohl niemand glauben konnte, dass sie Bestand haben würde. Die „Schweizer Kommission" legte am 19. März den Deklarationsentwurf für die immerwährende Neutralität der Schweiz vor. Es sollte eine garantierte Neutralität sein, und Österreich war eine der Garantiemächte. Die Genua Kommission legte die Ergebnisse ihrer Arbeit, den Anschluss Genuas an das Königreich Sardinien vor. Andere Kommissionen wurden kurzerhand aufgelöst. Dann ging es um Piemont, das als Pufferstaat zwischen Frankreich und Italien gestärkt werden sollte. Doch so etwas wie eine dem Deutschen Bund ähnliche Einrichtung auch für Italien zu schaffen und die Lega Italica zu verwirklichen, lehnte Metternich ab. Daraufhin verweigerte der spanische Delegationsführer Labrador, die Schlussakte zu unterzeichnen. Es störte offenbar niemanden. Ebenso wenig wie der Protest des Kirchenstaats dagegen, dass die Säkularisierungen von 1803 nicht rückgängig gemacht wurden. Der Vatikan legte eine förmliche Verwahrung ein, so wie der Heilige Stuhl auch 1648 gegen Beschlüsse des Westfälischen Friedens protestiert hatte.

Die Arbeit an der Schlussakte begann noch parallel zu den letzten Kommissionsberatungen. Angesichts des Zeitdrucks tauchte dann die Idee auf, den Kongress ohne regelrechtes Abschlussdokument enden zu lassen. Metternich dürfte der Idee nicht abgeneigt gewesen sein. Doch Talleyrand und der britische Delegierte Clancarty drangen mit ihrer Forderung nach einem Schlussdokument durch. Der Kompromiss, der dann keiner war, besagte, dass nur die Staaten des Achterkomitees unterzeichnungsberechtigt sein würden. Das war letztlich ein Diktat, das man als die normative Kraft des Faktischen sehen, aber auch gleich als Vorgeschmack auf die folgende Zeit werten konnte, die ganz sicher nicht durch besondere Rücksichtnahme auf die kleinen staatlichen Gebilde gekennzeichnet war.

Am 9. Juni 1815 unterzeichneten die Vertreter Österreichs, Frankreichs, Englands, Preußens, Russlands, Schwedens und Portugals das Dokument. Auch dabei war von Feierlichkeit nichts zu merken. Wer von den leitenden Staatsmännern noch in Wien war, konnte die Schlussakte im Vorzimmer Metternichs unterschreiben. Ein paar Unterschriften mussten nachträglich mühsam eingeholt werden. Dann löste sich der Kongress auf. Es wurden keine gewichtigen Schlussworte gesprochen, und vielleicht beschlich den einen oder anderen auch die Sorge, die Rechnung ohne den Wirt gemacht zu haben, denn noch galt es ja, Napoleon ein weiteres Mal zu besiegen. Der war seit Ende Mai auf dem Vormarsch in die Niederlande, schlug das preußische Heer bei Ligny, wurde aber seinerseits am 18. Juni bei Waterloo geschlagen. Am 10. Juli zogen drei verbündete Monarchen, Zar Alexander I., König Friedrich Wilhelm III. und Kaiser Franz I. in Paris ein. Es war der zweite Einzug, diesmal gemeinsam und demonstrativ.

Die Heilige Allianz

Mit ihrem Einzug in Paris demonstrierten die drei Monarchen des Ostens jedoch noch etwas anderes als bloß einen militärischen Triumph: Sie verkörperten ein Bündnis im Bündnis und wollten dem über die bestehenden Verträge hinausgehend auf immerwährende Zeiten Ausdruck geben. Der Zar, der preußische König und der österreichische Kaiser verständigten sich auf den Text einer „Heiligen Allianz". Alexander I. hatte sie sich gewünscht. Metternich hatte sie zumindest teilweise ihres religiösen Charakters entkleidet und zu einem Instrument der Politik werden lassen. Auf Grundlage des Christentums sollten Gerechtigkeit, Liebe und Frieden das Zusammenleben der Völker bestimmen. Alle europäischen Staaten wurden zum Beitritt eingeladen, und sie taten es auch mit wenigen Ausnahmen. Nicht zum Beitritt aufgefordert wurde das Osmanische Reich, da es eben ein Vertrag unter Christen sein sollte. England lehnte eine Unterzeichnung ab, und lediglich der Prince of Wales trat der Heiligen Allianz in seiner Eigenschaft als Erbprinz von Hannover bei. Und der Kirchenstaat verweigerte den Beitritt wegen der christlichen Gemengelage, die als unvereinbar mit dem katholischen Staatswesen gesehen wurde. Metternich hingegen sah in der Heiligen Allianz ein Instrument, das mehr noch als die Friedenstraktate und die Wiener Schlussakte geeignet war, seine wertkonservativen und auf eine stabile Ordnung abzielenden Vorstellungen zu verwirklichen.

Die Unterzeichnung des Allianzvertrags am 26. September 1815 fiel in die Zeit der Verhandlungen über den zweiten Pariser Frieden, dessen Bedingungen um einiges schärfer waren als jene des ersten Pariser Friedens und Frankreich einem Besatzungsregime unterwarf, bei dem nicht zuletzt das habsburgische Militär eine Rolle spielte. Von Frankreich wurden Reparationszahlungen von 700 Millionen Francs gefordert und das Land auf die Grenzen von 1790 beschränkt. Es kam auch etwas dazu, das eineinhalb Jahre zuvor offenbar nicht bedacht worden war, nämlich die Restitution der von Napoleon im Lauf der Jahre geraubten Kunstschätze. Im Artikel 6 des Friedensvertrags vereinbarten die Signatare – und das war nur mehr eine Viererallianz, die Frankreich seine Gleichberechtigung ostentativ genommen hatte – dass sich die Monarchen oder die leitenden Staatsmänner der großen Vier von Zeit zu Zeit treffen sollten, um Maßnahmen zu beraten, die der Aufrechterhaltung des Friedens in Europa dienten.

Während also noch die Ratifikationen der Wiener Schlussakte die Teilnehmerstaaten des Wiener Kongresses beschäftigte und das sogenannte Normalexemplar noch unterwegs war, wurde bereits daran gegangen, die Bestimmungen des Kongresses nicht nur umzusetzen und aufzuweichen, sondern auch zu ergänzen. Denn das Vertragswerk, so aufwendig es auch abgefasst worden war und so viele auch scheinbar nebensächliche und gar nicht mehr mit den Kriegen der Napoleonischen Zeit zusammenhängende Fragen zu regeln gesucht worden waren, war letztlich doch nur eine Momentaufnahme geworden.

Es war ein europäischer Kongress gewesen, bei dem außereuropäische Fragen bestenfalls am Rand vorkamen. Ein weiteres Ausgreifen war weder im Interesse Englands noch in dem Russlands und Frankreichs gewesen. Es zeigte sich auch bald, dass die Heilige Allianz ein wichtigeres Instrument zur Einflussnahme auf die Entwicklung einzelner Staaten war als die Kongressakte. Der Wiener Kongress schloss etwas ab; die Heilige Allianz zielte auf die Zukunft.

Letztlich war ein regelrechtes Netzwerk geschaffen worden. Folgetagungen sollten helfen, allenfalls auftauchende Probleme zu beseitigen und das bald sogenannte „Europäische Konzert" zu einem funktionierenden Klangkörper zu machen. Dass die großen Vier (oder Fünf) darin Stimmführer waren, lag an der Logik der Macht, ebenso wie an der Arroganz der Mächtigen. Großmächte hatten beispielsweise das seit 1815 verbriefte Recht, an Kongressen und Konferenzen teilzunehmen, wo es um die Gestaltung des Staatensystems ging. Mittlere Staaten sollten nur dann eingeladen werden, wenn ihre Interessen direkt betroffen waren. Als Mittelstaaten galten solche Gebilde, die mindestens 400.000 Einwohner hatten. Kleinstaaten lagen darunter. Über ihren Fortbestand entschieden letztlich die Großmächte, doch die wollten ja Gerechtigkeit, Liebe und Frieden walten lassen.

Zunächst schien alles vereinbarungsgemäß abzulaufen. Probleme wurden geortet und Zusammenkünfte vereinbart. Man traf sich in Aachen 1818. Thema war das in einigen deutschen Staaten festgestellte Aufbegehren der Intellektuellen und der Jugend gegen die obrigkeitliche Repression. Die Kongressmächte beschlossen die Unterdrückung liberalen Gedankenguts, die Überwachung der Universitäten und aller liberalen Zirkel. In einer am 21. November 1818 verabschiedeten Deklaration hieß es, dass sich die Kongressteilnehmer verpflichteten, Ruhe, Glauben und Sittlichkeit zu sichern, die „durch das Unglück der Zeiten" erschüttert worden seien.

Wieder zwei Jahre später lud Kaiser Franz nach Troppau ein. Auslöser für das Treffen war ein Aufstand im Königreich beider Sizilien gewesen. Aber auch in Spanien und Portugal gärte es.

Metternich plädierte dafür, dass sich die Staaten der Heiligen Allianz darauf verständigen sollten, dort militärisch zu intervenieren, wo sich eine gewaltsame Änderung der bestehenden Ordnung ankündigte. Er hatte mittlerweile seine eigene Interpretation für das Gleichgewicht in Europa gefunden, wonach es nicht nur darum ging, die Außenwirksamkeit der Staaten in der Balance zu halten, sondern auch die Innenpolitik und die Sozialverfassungen aufeinander abzustimmen.

Doch die anderen zögerten, Großbritannien opponierte. Von Oktober bis Dezember 1820 kam man nicht weiter. Also tat man das, was in solchen Fällen üblich ist: Man vertagte sich. Der Folgekongress sollte im Jänner 1821 in Laibach stattfinden. Bei dieser Gelegenheit zerfiel die Pentarchie ein erstes Mal.

Zur Klärung der Probleme in Spanien und in Griechenland, wo eine nationale Bewegung auf Unabhängigkeit vom Osmanischen Reich hinzuarbeiten begonnen hatte, einigten sich die Mächte auf die Einberufung eines weiteren Kon-

gresses in Verona 1822. Gleich anschließend kam es zum Bruch, denn England
sagte sich formell von der Heiligen Allianz los. Nun konnte man das noch durchaus optimistisch als einen Schwenk sehen, der ohne Auswirkung auf das Ganze
sein würde. Tatsächlich bedeutete Verona das Ende der Konferenzdiplomatie,
wie sie zumindest Metternich angestrebt hatte. Von da an dominierten wieder
die Einzelinteressen der europäischen Mächte. In Deutschland ließ sich der
Liberalismus nicht unterdrücken und fand vor allem in der Burschenschaftsbe-
wegung seinen stärksten Ausdruck. In Frankreich machte sich immer häufiger
Unmut über die gnadenlose Restauration bemerkbar, die sich zunehmend und
schließlich zur Gänze über die positiven Seiten der napoleonischen Herrschaft
und die Reformen der Französischen Revolution hinwegsetzte. Dazu kam der
Traum von der entschwundenen Größe des französischen Kaisertums. Da für die
anderen Mächte der Pentarchie eine Intervention gegen einen der Ihren nicht in
Frage kam, hieß es abzuwarten, wie sich Frankreich entwickeln würde. 1830
wusste man es. Frankreich stürzte seinen König. Großbritannien wandte sich
von Europa ab und unterstütze die liberalen und auch revolutionären Bewegungen in Spanien, Italien und Griechenland. Blieben somit die drei Ost-Mächte der
Heiligen Allianz.

Metternichs Bestreben, die Staatenwelt auf dem Stand von 1815 „einzufrie-
ren", trieb dabei mitunter eigentümliche Blüten, so während des griechischen
Unabhängigkeitskriegs in den Zwanziger Jahren des 19. Jahrhunderts. Da er sich
gegen das Osmanische Reich richtete, ließ es Metternich zu, dass türkische Pira-
ten, die in der Adria Schutz vor englischen oder französischen Schiffen suchten,
Zuflucht in österreichischen Häfen fanden.

1835 starb der „gute" Kaiser Franz. Auch andere Monarchen starben, wieder
andere kamen. Es verging kaum ein Jahr, in dem es nicht irgendwo in Europa
Unruhen, Aufstände, Revolutionen oder Kriege gab. Doch es waren „begrenzte"
Kriege. Um die Jahrhundertmitte veränderten die sogenannten Einigungskriege
die politische Landschaft Italiens und Deutschlands nachhaltig. Noch immer,
freilich, schienen die letzten Ausläufer des Wiener Kongresses spürbar zu sein.
Und auch die Konferenzdiplomatie, die in das „Europäische Konzert" eingemün-
det war, funktionierte zeitweilig. Doch die Bereitschaft, mit Hilfe der Konferenzdiplomatie mühsam Lösungen zu suchen und zu finden und vielleicht wieder
monatelange intensive Verhandlungen zu pflegen, statt den Sozialdarwinisten
das Feld zu überlassen und die Staaten ihre Konflikte mit Gewalt austragen zu
lassen, wurde von Mal zu Mal geringer. Bis schließlich jenes Österreich, das 1814
nach Wien eingeladen hatte, um nach mehr als zwanzig Kriegsjahren eine Friedensordnung zu schaffen, einem Staat, den es auf dem Wiener Kongress noch
gar nicht gegeben hatte, Serbien, 1914 den Krieg erklärte.

Epilog

Als sich die alliierten und assoziierten Mächte im Jänner 1919 in Paris trafen, um die aus dem Ersten Weltkrieg herrührenden Fragen einer Regelung zuzuführen, waren die Pentarchie, das Europäische Konzert und die Konferenzdiplomatie alten Stils obsolet geworden. Lediglich die Vorstellung von einem Gleichgewicht in Europa hatte noch immer ihre Befürworter. Doch sonst schien nichts mehr zu gelten, was 1814 gegolten hatte. Es ging um ein Gericht der Sieger, um Kriegsschuld, um Rache und Wiedergutmachung. Da und dort klang zwar noch der Wiener Kongress an, doch die alliierten Siegermächte setzten sich ganz bewusst darüber hinweg. Es gab auch keine Verhandlungen mit den Besiegten oder ihren Nachfolgern. Dabei kann man den Pariser Vorortverträgen ihre Zukunftstauglichkeit nicht zur Gänze absprechen. Doch schon die Atmosphäre war eine völlig andere. Die Vertreter der Verliererstaaten, Deutschland, Österreich, Ungarn, Bulgarien und die Türkei, wurden isoliert, waren vom gesellschaftlichen Leben ausgeschlossen und erfuhren erst nach der Unterzeichnung der Friedensverträge sparsame protokollarische Ehren. Es war der genaue Gegensatz zu Wien, letztlich aber genauso ein Experiment, wie es der Wiener Kongress gewesen war.

Auch „nach Paris" gab es Folgekonferenzen, bilaterale Vereinbarungen, neue Spannungen und einen neuen großen Krieg. Immer wieder war und ist man vielleicht verleitet, Vergleiche anzustellen. Doch ist das sinnvoll? Wien 1814 lässt sich mit Paris 1919 nicht vergleichen, dieses wiederum nicht mit Potsdam 1945, den Außenministerkonferenzen der Folgejahre oder auch dem Wiener Folgetreffen von 1955. Das Achterkomitee von 1814 hat mit der G8 von 2014 nichts gemein. Gerade der Vergleich macht deutlich, dass der Kongress von ehedem anders gewesen war, einzigartig und unverwechselbar, wie eben alles, das Tagung, Treffen, Konferenz oder auch Kongress genannt wird. Ereignisse in einer Zeit und Lösungen für eine Zeit sind letztlich präzedenzlos.

Bernhard Ecker

◆

29. 8. 1842
Unterzeichnung des
Vertrags von Nanjing
*Niedergang und
Wiederaufstieg Chinas*

◆

Henry Lyon aus Lancashire war 17 Jahre alt, als er an Bord eines Kriegs-
schiffs Ihrer Majestät beiläufig den Startschuss zur großen Demütigung
Chinas registrierte. Der junge britische Seekadett war am letzten Montag des
August 1842 seinem Kapitän in den großen Kabinenraum der HMS Cornwallis
gefolgt, die am Yangtse vor Nanjing ankerte. Stenogrammartig protokollierte er
in seinem Tagebuch, wie dort drei chinesische Hochkommissare der Qing-
Dynastie ihre Unterschrift unter ein Dokument setzten, dessen Tragweite wohl
weder dem Briten noch den Vertretern von Kaiser Daoguang so richtig bewusst
war. 21 Salutschüsse vor der chinesischen Flagge, so notierte Lyon, beendeten
die feierliche Zeremonie.

Der Vertrag von Nanjing besiegelte buchstäblich den Abstieg eines Reichs,
das in den Jahrhunderten davor die führende Wirtschaftsmacht der Welt und
herausragend in Wissenschaft, Kultur und Verwaltung gewesen war. Die Chinesen wurden gezwungen, neben Kanton fortan auch die Häfen von Shanghai,
Ningbo, Xiamen und Fuzhou für britische Schiffe zu öffnen und mussten Ent-

schädigungszahlungen in Höhe von 21 Millionen Silberdollar leisten, unter anderem für die britischen Verluste im Ersten Opiumkrieg (1839–1842). Die damals noch karge, felsige Insel Hongkong am Delta des Perlflusses fiel an die Briten, der Chefverhandler des Vertrags, Henry Pottinger, wurde der erste Gouverneur der Kronkolonie, die bis 1997 britisch bleiben sollte. Ein Gemälde, das vier Jahre später die Szene festzuhalten suchte, zeigt rund 50 britische Offiziere in stolzer Pose im Kabinenraum der HMS Cornwallis stehen, am Tisch sitzt Pottinger mit den chinesischen Hochkommissaren, vor ihm ist ein Spaniel auf dem Boden drapiert. Es ist eine Bild gewordene Machtdemonstration.

Im kollektiven Gedächtnis der Chinesen wurde der Vertrag von Nanjing zum ersten der „ungleichen Verträge", dem ähnliche weitere – etwa jener von Tianjin mit den USA, Frankreich und Russland (1858) – folgten. Sie dokumentierten die hoffnungslose Unterlegenheit des alten Reichs, das zwischen 1500 und 1820 die größte Volkswirtschaft der Welt gewesen war, und die technologische, militärische sowie politisch-strategische Überlegenheit des Westens.

Die Unterzeichnung des Vertrags von Nanjing an Bord eines britischen Schiffes am 29. August 1842 wurde zum Sinnbild des Abstiegs der ehemals führenden Wirtschaftsmacht der Welt. Der malende Captain John Platt hielt den für China demütigenden Augenblick – schon an der augenfälligen Überzahl britischer Offiziere ablesbar – fest.

Ein Chinese, der 1842 gleich alt war wie Henry Lyon, hatte mit hoher Wahrscheinlichkeit ein kurzes Leben in einem von wachsender Armut und blutigen Bürgerkriegen geprägten Reich vor sich. Lyon hingegen konnte die Früchte der Viktorianischen Zeit in vollen Zügen genießen: Nach einem erfolgreichen Berufsleben in der Marine erlebte er einen langen Lebensabend in Wohlstand. Im November 1914 starb Lyon fast 90-jährig im heimatlichen Lancashire, wenige Monate nach Beginn des Ersten Weltkriegs.

Fast 140 Jahre dauerte es, bis China den Abwärtstrend umkehren konnte. Als Wendepunkt mag der 1. Juli 1979 gelten, jener Tag, an dem die kommunistische Führung der 30 Jahre alten Volksrepublik China unter Deng Xiaoping die Errichtung von Sonderwirtschaftszonen beschloss. In diesen Enklaven wurde es ausländischen Gesellschaften ermöglicht, Joint Ventures mit chinesischen Firmen zu bilden. Doch diesmal wurde das Land nicht unkontrolliert von außen geöffnet, wie mit dem Vertrag von Nanjing, sondern es öffnete sich selbst systematisch und planmäßig, um mit westlicher Hilfe einen Aufholprozess in Gang zu setzen, der in der Geschichte beispiellos ist. Der Deng zugeschriebene Satz „Lasst den Westwind herein!" signalisierte die nach der Mao-Ära gewonnene politische Erkenntnis, dass China ohne technologische und finanzielle Hilfe aus dem Westen die dringend nötige Modernisierung der Wirtschaft und die Ernährung seiner damals 800 Millionen Einwohner nicht bewerkstelligen können werde.

Der kommunistischen Führung unter Deng Xiaoping gelang es 1979 mit dem Beschluss, auf chinesischem Territorium Sonderwirtschaftszonen zu errichten und sich Joint Ventures mit westlichen Firmen zu öffnen, den ökonomischen Abwärtstrend zu beenden.

Anregungen holten sich die chinesischen Planer bei einer Fact-Finding-Mission zu Freihandelszonen in anderen Ländern, die sie bis ins irische Shannon führte. Die Rechnung ging auf: Die im Mai 1980 eröffnete Sonderwirtschaftszone im Fischerdorf Shenzhen, der weitere vier an der Küste folgten, wurde ein ideales Versuchslabor zur Annäherung an die kapitalistische Wirtschaftsweise. Wachstumsraten von 30 Prozent pro Jahr waren in diesen Experimentiereinheiten die Regel; sie zogen wie gewünscht große internationale Firmen an, die Kapital und Know-how mitbrachten. Eine sukzessive, kontrollierte Öffnung der chinesischen Wirtschaft und drei Boomjahrzehnte mit zweistelligen Wachstumsraten waren die Folgen. 2001 trat China der Welthandelsorganisation WTO bei.

US-Präsident Richard Nixon, der nach Jahrzehnten der Feindseligkeit eine erfolgreiche Annäherungspolitik der USA an China begonnen hatte, warnte bereits Anfang der siebziger Jahre: „Wenn man 800 Millionen Chinesen unter einem vernünftigen System an die Arbeit schickt, beherrschen sie die Welt."

Deng wurde der Architekt dieses Systems. China kehrte unter seiner Ägide zurück auf die Weltbühne. Die Diskussionen darüber, wie mit der ökonomischen und politischen Weltmacht im 21. Jahrhundert umzugehen ist, beherrschen seitdem die Öffentlichkeit.

Triumph der „Barbaren"

Der Vertrag von Nanjing machte nur einen Abstieg evident, der bereits Jahrzehnte davor eingesetzt hatte. Laut den Berechnungen des britischen Ökonomen Angus Maddison erwirtschaftete China um 1820 rund ein Drittel des Weltbruttosozialprodukts; in der vorindustriellen Welt schien das Land durch seine schiere Größe konkurrenzlos. Danach holte der Rest der Welt jedoch in historischem Rekordtempo auf, schon um 1870 dürfte Westeuropa nach ökonomischen Kriterien fast doppelt so groß wie das Kaiserreich gewesen sein (Maddison 2007, 379).

Während die Länder Europas und Nordamerika nach der Aufklärung und durch die industrielle Revolution ein unerhörter Innovationsschub erfasste, genügte sich China als selbstdeklariertes „Reich der Mitte". Diplomatische Beziehungen auf Augenhöhe mit den „Barbaren" aus dem Westen einzugehen war undenkbar, wie die berühmte Macartney-Mission aus dem Jahr 1793 gezeigt hatte. Die Mitbringsel des britischen Gesandten, darunter ein Planetarium, ein Chronometer, Fernrohre und diverse mathematische Präzisionsinstrumente, hatte der Kaiser mit der Bemerkung kommentiert, man bedürfe derlei Erzeugnisse Englands nicht. In einem Retourschreiben an den englischen König hielt er fest: „Wie Dein Botschafter sehen kann, besitzen wir alle Dinge" (Kissinger 2011, 54). Diese Denkweise hielt noch jahrzehntelang an: Was außerhalb der eigenen Grenzen geschah, wurde entweder nicht registriert oder milde weggelächelt. Unmittelbar nach der Unterzeichnung des Vertrags von Nanjing meinte Kaiser Daogu-

Die Skyline von Shanghai wurde zum Symbol
der beispiellosen wirtschaftlichen Expansion Chinas.
Blick vom Shanghai World Financial Center Observatorium.

ang zu einem seiner Mandarine, dass die Ausländer „die Aufmerksamkeit nicht wert" seien.

Umso gravierender waren die Folgen, als durch die gewaltsame Öffnung und den beschleunigten wirtschaftlichen Sinkflug die Schwächen des Reichs auch im Inneren mehr und mehr sichtbar wurden. Das Ansehen der seit 1644 regierenden Qing-Dynastie sank dramatisch. Diese Kombination war ein idealer Nährboden für Revolten. Der 1851 ausgebrochene, über 14 Jahre währende Aufstand der mystischen Taiping-Sekte war eine große Gefährdung für den Zusammenhalt des Reichs. Diese religiös-sozialrevolutionäre Bewegung wurde vor allem von ethnischen Minderheiten getragen, die sich durch die Zentralregierung unterdrückt gefühlt hatten. Der Bürgerkrieg kostete nach neueren Schätzungen rund 20 Millionen Menschen das Leben, mehr als jeder andere der Menschheitsgeschichte und fast fünf Prozent der damaligen Bevölkerung Chinas. Neben internen Machtkämpfen scheiterte der Aufstand letztlich auch am Widerstand der Franzosen und Briten, die ihre Handelshäfen in Gefahr sahen und 1862 gemeinsam mit dem kaiserlichen Heer gegen die Taiping-Truppen kämpften – nur zwei Jahre, nachdem sie im Zweiten Opiumkrieg Beijing verwüstet hatten, unter anderem den Alten Sommerpalast. Der Westen verteidigte auch im Fernen Osten seine Interessen je nach Bedarf flexibel und höchst effizient.

Konkurrenz aus Asien

Nicht nur gegenüber Europa und Nordamerika geriet das Kaiserreich ins Hintertreffen. In den letzten Jahrzehnten seiner Existenz verlor es auch den Anschluss an andere aufstrebende Länder Asiens – ablesbar am Welthandel. 1905 lag die ausgeführte Menge Tee – vor den zwei Opiumkriegen der chinesische Exportschlager schlechthin – auf nur mehr der Hälfte des Niveaus von 1886. Indien und Ceylon hatten China sukzessive als wichtigsten Tee-Exporteur ersetzt (King 1969, 56).

Wirtschaftliche Niederlagen gingen Hand in Hand mit militärischen und psychologischen: Am Ende des ersten Kriegs gegen die Japaner 1895 standen mit dem Friedensvertrag von Shimonoseki nicht nur Gebietsverluste, sondern auch die schmerzliche Erkenntnis, dass es eine neue dominante Macht in Asien gab. Die Niederschlagung des Aufstandes der Boxer ab 1900, einer Bewegung, die Ausländer und Christen für den auf breiter Ebene wahrgenommenen Niedergang verantwortlich machte, war eine militärische Machtdemonstration eines Acht-Staaten-Bündnisses, an dem sich neben Russland und Japan auch die österreichisch-ungarische Monarchie mit Marinestreitkräften und dem Panzerkreuzer „Kaiserin und Königin Maria Theresia" beteiligt hatte. Im *Boxerprotokoll* wurde der chinesische Kaiserhof nicht nur zu Reparationsleistungen in Höhe von 333 Millionen US-Dollar gezwungen, sondern auch zur Errichtung eines Denkmals für den 1900 von den Boxern ermordeten deutschen Gesandten Ketteler.

Nanjing, Tianjin, Shimonoseki, das *Boxerprotokoll*: Schon ab 1915 war erstmals von einem „Jahrhundert der Demütigungen" die Rede. Die lange Reihe der „ungleichen Verträge" wurde 1911 nach Abdankung des Kindkaisers Puyi, der noch von der mächtigen Kaiserinwitwe Cixi für den Drachenthron bestimmt worden war, und der Ausrufung der Republik von den Nationalisten propagandistisch ausgeschlachtet. Als letzter dieser Verträge gilt der 1933 mit Japan geschlossene Waffenstillstand von Tanggu, in dem China die Oberhoheit Japans über die 1931 besetzte Mandschurei und die Provinz Rehe anerkannte. Chiang Kai-shek, der die nationalchinesische Kuomintang befehligte, hatte den Bedingungen zugestimmt, um Luft für den Kampf gegen die Kommunisten unter Mao Zedong zu bekommen.

Wirtschaftlich war die Zeit der Republik zwischen 1911 und 1949 eine Berg- und Talfahrt zugleich. Zum einen wurde durch groß angelegte Investitionsprogramme mit dem Aufbau einer zeitgemäßen Infrastruktur begonnen: Gerade einmal 400 Kilometer Eisenbahnschienen waren im untergegangenen Kaiserreich verlegt worden, 15.000 waren es bis 1930, 22.000 Kilometer bis 1949. Straßenbau und der Aufbau eines modernen Produktionssektors kennzeichneten diese Periode. Motor der Entwicklung waren einmal mehr „die Fremden": Die ausländischen Direktinvestitionen stiegen von 787 Millionen US-Dollar auf 3,5 Milliarden US-Dollar im Jahr 1936.

Doch der erbitterte Bürgerkrieg zwischen Nationalchinesen und Kommunisten sowie der eskalierende Konflikt mit Japan machten jede Idee einer koordinierten Wirtschaftsplanung obsolet. Die große Inflation während des Zweiten Japanisch-Chinesischen Krieges ab 1937, der wegen der japanischen Kriegsverbrechen auch im Westen verstärkt wahrgenommen wurde, verschärfte die Situation darüber hinaus: Die Inflationsraten in den Kriegsjahren lagen bei mehreren hundert Prozent pro Jahr. 1946 und 1947 setzte eine Hyperinflation ein.

Politischer Aufstieg, wirtschaftliche Stagnation

Es ist daher nachvollziehbar, dass in der offiziellen Geschichtsschreibung das Jahr 1949, als Chiang den 22 Jahre dauernden Bürgerkrieg mit den Kommunisten verloren hatte und mit seinen Getreuen auf die Insel Taiwan geflüchtet war, das Ende der quälenden Orientierungslosigkeit und Demütigungen im ehemaligen „Reich der Mitte" markiert. Doch als Mao am 1. Oktober die kommunistische Volksrepublik China ausrief, begann damit eine dreißigjährige Phase, in der das Land gegenüber dem Westen noch einmal zurückfiel. Zwar entwickelte sich die Wirtschaft anfangs gut. Das durchschnittliche Wachstum in der ersten Hälfte der fünfziger Jahre betrug sechs Prozent, am Ende des ersten Fünfjahresplans 1957 war China der weltweit drittgrößte Hersteller von Baumwolle und der fünftgrößte Kohleproduzent. Doch Mao war das mit Blick auf die kapitalistischen Staaten und den kommunistischen Rivalen nicht genug.

Mit der Zielsetzung, den Westen bzw. die Sowjetunion einzuholen, peitschte er den „Großen Sprung nach vorn" durch, eine wahnwitzige, ab 1957 durchgeführte Kampagne zur Modernisierung der Wirtschaft. Dazu wurden die Jahresziele für die Stahlproduktion nach oben geschraubt, ohne über die nötigen Stahlwerke und das Know-how zu verfügen. Zement- und Elektrizitätswerke, Zuckerraffinerien und Glashütten mussten in großem Stil importiert werden, oft aus der DDR. Weil Bauern zur Errichtung von Staudämmen und Kanälen benötigt wurden, fehlten sie in der Nahrungsmittelproduktion. Die Angst vor dem Regime verhinderte, dass rechtzeitig eingelenkt werden konnte: Weil die lokalen Verantwortlichen nicht die tatsächlichen Zahlen zu vermelden wagten, betrug nach offiziellen Angaben das Wirtschaftswachstum im Jahr 1958 30 Prozent. Tatsächlich dürfte die Wirtschaft in den Jahren nach 1958 geschrumpft sein. Wegen der großen Hungersnöte, die das Resultat all dieser katastrophalen Fehlplanungen waren und nach heutigen Schätzungen rund 30 Millionen Menschen das Leben kosteten, musste der „Große Sprung nach vorn" vorzeitig abgebrochen werden.

Der „Große Vorsitzende" setzte sein Land dessen ungeachtet weiter unter Dauerstrom. Er verfolgte ein Konzept der „permanenten Revolution", nach innen und außen: Während er die Volksrepublik schon vier Jahre nach ihrer Gründung in den Koreakrieg manövrierte, mit den USA über Taiwan mehrmals in gefährliche Konflikte geriet und 1962 sogar einen kurzen Grenzkrieg mit Indien vom Zaun brach, führte er im Inneren ideologisch motivierte Großmanöver durch, die Millionen Menschenleben forderten. Mit der berüchtigten Kulturrevolution ab 1966 ging er daran, auch die geistigen Grundlagen des alten China endgültig zu zertrümmern. Seine Verteufelung des Konfuzianismus hatte das Ziel, die philosophisch-spirituellen Wurzeln zu kappen: Konfuzius, der 500 Jahre vor Christus lebte, sei selbst einem Sklavenhaltersystem entsprungen gewesen, wurde propagiert. Die jungen Roten Garden, die Mao während der Kulturrevolution Konfuziustempel und -statuen schleifen und gegen Intellektuelle hetzen ließ, sollten auch ein jahrhundertelang tradiertes Wertefundament zerstören.

Erst mit dem Tod Maos 1976 ging auch die Zeit der ideologischen und wirtschaftlichen Demütigungen zu Ende. Als sein Nachfolger setzte sich mit Deng Xiaoping ein Mann durch, der von Mao zwei Mal entmachtet, ja in der Kulturrevolution als „Hauptwurzel der reaktionären Linie der Bourgoisie" bezeichnet worden war; ein Mann, der als 16-Jähriger zum Studium nach Paris gereist war, weil er zur Überzeugung gekommen war, dass die Schwäche Chinas nur durch eine Modernisierung nach westlichem Vorbild in Griff zu bekommen war.

Deng übernahm am berühmten Dritten Plenum des Elften Zentralkomitees der KP im Dezember 1978 de facto die Führung. Er war geprägt von den Ergebnissen des „Großen Sprungs", die er politisch mitzuverantworten hatte, und entschied sich für eine pragmatische, prowestlich orientierte, innovationsfreundliche Wirtschaftspolitik, die verstärkt auf Eigeninitiative setzte. Unvorstellbar für die lange Reihe von chinesischen Führern vor ihm, unternahm er bereits Anfang 1979 einen Staatsbesuch in die USA, wo er sich bei einem Abendessen unter anderem mit den Chefs von Coca-Cola und General Motors unterhielt.

Die Erfolge des von ihm initiierten Modernisierungsprozesses sind an den heutigen Wirtschaftsdaten Chinas abzulesen. Das inzwischen auf 1,4 Milliarden Einwohner angewachsene Land war 2012 mit Ausfuhren in der Höhe von über zwei Billionen Dollar größter Exporteur der Welt, 1978 war der Wert bei zehn Milliarden Dollar gelegen, 1985 bei 25 Milliarden. Bereits 2010 hatte China Japan als zweitgrößte Volkswirtschaft der Welt überholt. Die Weltbank erwartet in ihrem 2012 veröffentlichten Report *China 2030*, dass das Land bis dahin auch an den USA vorbeigezogen sein wird. Immer mehr Ökonomen rechnen aber damit, dass dies schon bis 2020 der Fall sein wird.

Herausforderungen der Moderne

Als der britische Premier David Cameron Ende 2013 mit einer großen Wirtschaftsdelegation China besuchte, um für Milliardeninvestitionen in die britische Energie- und Eisenbahnstruktur zu werben, machte nicht diese völlige Umkehrung der Machtverhältnisse im Vergleich zu 1842 Schlagzeilen, sondern ein pikanter Kommentar der *Global Times*, einer von der Kommunistischen Partei Chinas kontrollierten Zeitung. Camerons Regierung solle endlich anerkennen, wurde da gespottet, „dass das Vereinigte Königreich in den Augen Chinas keine große Macht mehr ist. Es ist nur ein altes europäisches Land, das sich für Reisen und zum Studium eignet." So ähnlich hatten auch die aufstrebenden europäischen Mächte seit Ende des 18. Jahrhunderts das Reich der Qing-Dynastie wahrgenommen, dessen glanzvollen Verwaltungsapparat und Erfindungsgeist sie stets bewundert hatten, dessen Rückständigkeit für sie jedoch auf der Hand lag.

Obwohl die Zeilen später von offiziellen chinesischen Stellen abgeschwächt wurden, offenbaren sie, wie tief die Erinnerung an die Erniedrigung durch die westlichen Mächte im 19. und am Anfang des 20. Jahrhunderts sitzt. Die „ungleichen Verträge" spielen im chinesischen Selbstverständnis nach wie vor eine zentrale Rolle. „Die Energie der Veränderungen von heute geht auf diese Demütigungen zurück", sagt David Li, Wirtschaftsprofessor an der renommierten Wirtschaftshochschule Tsinghua in Beijing (Griffiths/Luciani 2012, 92).

Ein Dauermotiv chinesischer Politik ist deshalb seit der Öffnung, die Einflüsse von außen so weit wie möglich zu steuern und zu kontrollieren – auf allen Ebenen. Als in den achtziger Jahren moderne Uhren, Sonnenbrillen und Kameras im Straßenbild der chinesischen Städte auftauchten, wurde in der KP intensiv darüber debattiert, wie weit diese Verwestlichung gehen solle. Eine Notiz am Eingang der Parteizentrale in Beijing lautete: „Kein Einlass für Personen mit zu langen Haaren, zu kurzen Röcken, zu engen Hosen und gepuderten Gesichtern." Ein hochrangiger Funktionär, bekannt geworden als „Kleiner Deng", wetterte Anfang der achtziger Jahre über die Sonderwirtschaftszone in Shenzhen, dort sei „nichts sozialistisch außer die rote Flagge mit den fünf Sternen" (Fenby 2009, 562).

Heute ist westlicher Lifestyle mehr denn je das Leitbild von immer mehr Chinesen, insbesondere in den Millionenmetropolen. „Reich zu werden ist keine Sünde", hatte Deng 1986 schon in einem Fernsehinterview mit dem US-amerikanischen Fernsehsender CBS gesagt. Dass er im nächsten Satz verwerflichen Reichtum des Einzelnen vom erstrebenswerten Reichtum für die gesamte Gesellschaft abgrenzte, dürfte auch in seinem eigenen Land nicht mehr gehört worden sein. Im Nationalen Volkskongress sitzen heute laut dem Shanghaier *Hurun Report* 31 Dollar-Milliardäre.

Verteilungsgerechtigkeit ist deshalb eine der großen Herausforderungen der Zukunft. Die wachsende Mittelschicht – aktuell werden 300 Millionen Chinesen mit einem Jahreseinkommen zwischen 10.000 und 60.000 Dollar dazu gerechnet, 2025 sollen es schon 500 Millionen sein – ist sensibel für das Thema geworden. Dazu kommt das gestiegene Bedürfnis nach sauberer Umwelt und besserer Luft in den von Smog geplagten Metropolen wie Beijing oder Shanghai. Bisher hat sich die Kritik nicht politisch entladen, die Erinnerung an das „Tiananmen-Massaker" von 1989 sitzt tief. Bei allem Applaus für seinen wirtschaftlichen Kurs darf nicht vergessen werden, dass Deng die von den Demokratiebewegungen in Osteuropa inspirierten Studentenproteste von der Armee brutal niederwalzen ließ.

Um die politischen Risiken im eigenen Land zu minimieren, setzt die aktuelle Staatsführung unter Xi Jinping auf eine weiterhin stark wachsende Wirtschaft mit schrittweisen Reformen, um den Lebensstandard zu heben; auch die 1979 von Deng implementierte Ein-Kind-Politik wurde gelockert. Die Transformation von einer Exportwirtschaft, wie sie mit den Sonderwirtschaftszonen initiiert wurde, hin zu einer von der Konsumlaune der Chinesen, also durch mehr Binnennachfrage befeuerten Wirtschaft bleibt die größte wirtschaftspolitische Herausforderung in den nächsten Jahren. Die stark gestiegenen Schulden der Regionalregierungen und das Problem der Schattenbanken ebenso.

China – eine Kolonialmacht?

Aus den Fehlern des 19. Jahrhunderts – Passivität durch vermeintliche Unverwundbarkeit – hat das neue China Lehren gezogen. Nicht nur, dass politische und wirtschaftliche Vorschläge des Westens stets mit Argwohn betrachtet werden. Neu ist, dass das Land erstmals in seiner Geschichte auch außerhalb des eigenen, riesigen Territoriums systematisch seine Interessen absteckt. In früheren Jahrhunderten, etwa zur Zeit der spektakulären Expeditionen des Generals Zheng He im 15. Jahrhundert, war es den Chinesen nicht um Eroberung oder Unterwerfung gegangen; sogar Zhengs „gewaltige Marine wurde später aus eigenem Entschluss abgewrackt und nicht unter irgendeinem feindlichen Druck", wie Helmut Schmidt anmerkt. In der Hochphase der Kolonialzeit im 19. Jahrhundert war das „Reich der Mitte" mehr mit der Abwehr von Kolonialinteressen anderer und mit inneren Konflikten beschäftigt (Schmidt 2010, 293).

Seit der beispiellosen Expansion seiner Wirtschaft holt sich China die Rohstoffe für das enorme Wachstum seiner Wirtschaft nun selbst im Ausland: Öl aus Brasilien, Bauxit aus Guinea, Kupfer aus Sambia. Chinesische Unternehmen investieren in Straßen, Schienen, Brücken oder Mobilfunknetze, vornehmlich in Afrika. In Australien werden in großem Stil landwirtschaftliche Flächen und Immobilien aufgekauft.

In den Sonderwirtschaftszonen sind nach und nach auch mächtige chinesische Player entstanden. Seit die chinesische Regierung im Vorfeld des WTO-Beitritts 2001 die Parole „Schwärmt aus!" ausgegeben hat, suchen nicht mehr nur westliche Unternehmen ihr Heil in Joint Ventures mit chinesischen Partnern, sondern umgekehrt chinesische Betriebe auch Allianzen im Westen. Das Ziel: die Schaffung von multinational agierenden Unternehmen in allen wirtschaftlichen Schlüsselbereichen. Die Zahlen sind beeindruckend: Laut einer Studie der Heritage Foundation haben die Regierung oder Unternehmen Chinas seit 2005 rund 700 Milliarden Dollar in westliche Assets investiert. Der IT-Hersteller Lenovo hat mit der Übernahme der Computersparte von IBM (2004) und des Handyherstellers Motorola (2014) weltweite Bekanntheit erlangt. Der Kühlschrankhersteller Haier sowie Huawei, Produzent von Mobiltelefonen, sind im Westen bereits vertraute Markennamen.

Handelt es sich um eine Art Neokolonialisierung durch ein wirtschaftlich aufstrebendes Land, das in der Hochblüte des Kolonialismus zu schwach und nach innen gewandt war, um selbst international mitzumischen, wie manche Beobachter meinen? Der China-Kenner und Historiker Niall Ferguson hält eine solche Position für „heuchlerisch" und stellt eine rhetorische Gegenfrage: „Ginge es Afrika besser, wenn China nicht sein größter Handelspartner wäre?" (Griffiths/ Luciani 2012, 50f.). Lee Kuan Yew, der Staatsgründer Singapurs, hält überseeische Hegemoniebestrebungen der Chinesen in Kenntnis der Historie überdies für unwahrscheinlich: „Sie sind eine Kontinentalmacht, und sie dehnen sich eher auf dem Kontinent aus. In ihren Augen sind Überseebesitzungen nur eine Ablenkung und Talentverschwendung" (Schmidt 2013, 100).

Ob China die dominierende Weltmacht des 21. Jahrhunderts wird, darüber gehen die Meinungen noch weit auseinander. Unbestritten ist, dass es ökonomisch gute Chancen hat, weiter aufzusteigen. Anders als andere große Schwellenländer wie Brasilien, Indien oder Russland hat es die Krise der Schwellenländer, die ab Ende 2013 auch die Finanzmärkte prägte, bisher gut überstanden.

Der ehemalige US-Außenminister und hervorragende China-Kenner Henry Kissinger, der einst als Staatssekretär unter Nixon die bahnbrechenden Gespräche mit Mao eingefädelt hatte, gab 2011 in einem Interview jedoch seine Einschätzung zu Protokoll, dass es China an den „soft powers" mangelt: „Alle Erfindungen der weichen Macht – Google, Facebook, Twitter – kommen aus den Vereinigten Staaten. Von den 25 führenden Universitäten der Welt befindet sich nur eine [die Tsinghua-Universität in Beijing, Anm.] in China, die überwiegende Mehrzahl befindet sich in den Vereinigten Staaten" (Griffiths/Luciani 2012, 84).

Wohl arbeitet China seitdem daran, mit seinen eigenen Internetriesen wie dem E-Commerce-Unternehmen Alibaba, dem Kurznachrichtendienst Weibo oder der Suchmaschine Baidu zumindest auch in der Digitalwirtschaft eine Gegenmacht aufzubauen. Viele an westlichen Universitäten ausgebildete Chinesen kehren zurück in ihr Land, um am Wirtschaftsboom partizipieren zu können. Eine kulturelle Dominanz liegt jedoch in weiter Ferne, nicht nur aus sprachlichen Gründen, sondern weil das chinesische Äquivalent zu Coca-Cola und Hollywood fehlt. Es gibt (noch) kein Gegenstück zum amerikanischen Traum, auch wenn Xi seine Landsleute in einer seiner ersten Reden dazu aufgefordert hat, diesen „chinesischen Traum" zu leben. Geopolitisch würde ein solcher Versuch, eine Art kulturelle Hegemonialmacht zu werden, schon in Asien buchstäblich an die Grenzen stoßen: Denn praktisch alle Nachbarländer, von Japan über Südkorea bis hin zu Vietnam, fürchten die Dominanz Chinas.

Im Mittelpunkt steht laut Kissinger in Zukunft ohnehin weniger die Frage, ob China fortan die Welt beherrschen wird, sondern ob es gelingt, zum ersten Mal in der Geschichte einen neuen, aufstrebenden Staat in ein multipolares Weltgefüge einzufügen und damit Frieden und Fortschritt zu stärken.

Solange Revanche und die historisch motivierte Demonstration von Überlegenheit beherrschende Motive sind, wird es schwierig sein, eine solche Weltordnung zu etablieren.

Noch wird aber die Erinnerung an die „ungleichen Verträge „und das „Jahrhundert der Demütigungen" in China hoch gehalten; aus der Opferrolle der Vergangenheit wird versucht, moralisches Kapital für künftiges Handeln zu gewinnen. Am Ufer des Yangtse, unweit der Stelle, an der am 29. August 1842 21 Kanonenschüsse die Vertragsunterzeichnung feierten, ist in einem restaurierten Tempel ein Museum errichtet worden, in dem die Geschichte des Vertrags von Nanjing und seine Konsequenzen aufbereitet werden. In der angeschlossenen Ausstellung heißt es: Der Vertrag sei „eine der Hauptursachen, die China in der modernen Geschichte arm und schwach gemacht haben".

Manfred Matzka

◆

18. 5. 1848
Eröffnung der National-
versammlung in Frankfurt
*Konjunkturen der
Nationalstaaten*

◆

Am Dienstag, 16. Mai 1848, schreibt Gottlieb Christian Schüler an sein „Bestes Mutterchen" aus Frankfurt: „Ich sehe jetzt schon der Zukunft mit viel mehr Zuversicht und Hoffnung entgegen [...]. Ich glaube, dass durch rasches und entschlossenes Handeln sich die Zuversicht und das Vertrauen in Deutschland wieder herstellen werden, und dadurch wird hoffentlich zugleich die allgemeine Geschäftsstockung, welche uns im gegenwärtigen Augenblicke durch die gänzliche Brodlosigkeit der Arbeiter die größten Gefahren zu bereiten droht, ihr Ende erreichen [...]. Aber es gibt jetzt jeden Abend Straßenkrawall hier, täglich werden welche arretiert, welche die Republik ausrufen. Die Regierungen tragen aber auch nach Möglichkeit dazu bey, das Volk aufzureizen und misstrauisch zu machen" (Möller/Schüler 2007, 31f.).

Am 17. Juni 1849 teilt Innenminister Friedrich Römer, selbst Mitglied der Nationalversammlung, dieser mit, „dass die Württembergische Regierung sich in der Lage befindet, das Tagen der hierher übersiedelten Nationalversammlung und das Schalten der von ihr am 6. d. M. gewählten Reichsregentschaft in Stuttgart und Württemberg nicht mehr länger dulden zu können" (Roßmäßler 1849, 44). Als die verbliebenen etwa 100 Abgeordneten am Tag danach im Fritz'schen Reithaus zusammenkommen wollten, schritt die Kavallerie ein und trieb die Abgeordneten und deren Demonstration auseinander. Die nicht aus Württemberg stammenden Parlamentarier wurden des Landes verwiesen.

Das erste frei gewählte Parlament

Die Nationalversammlung in der Paulskirche in Frankfurt am Main war das erste frei gewählte Parlament der deutschen Nachfolgestaaten des Heiligen Römischen Reichs. Von Mai 1848 bis Juni 1849 mühte man sich redlich um eine demokratische Verfassung, getragen von den liberalen und nationalistischen Grundsätzen der Märzrevolutionen. Die daraus hervorgegangenen Regierungen hatten bewirkt, dass der Deutsche Bund einen Verfassungsausschuss einsetzte und Wahlen für eine verfassunggebende Versammlung durchführte. Am 18. Mai 1848 wurde die gewählte Nationalversammlung eröffnet. Ihre fast 600 Mitglieder waren Honoratioren, Hochgebildete, Juristen, Lehrer und Beamte – Bauern und Arbeiter hingegen fand man hier kaum. Dennoch war die Versammlung von den „linken" Demokraten und den zentristischen Liberalen geprägt, konservative „Rechte" spielten kaum eine Rolle.

Eine parlamentarisch-konstitutionelle Monarchie, Grundrechte der Bürger, vor allem aber die Schaffung eines national einheitlichen deutschen Bundesstaates war Ziel der Normierungsanstrengungen. Da sich die Einzelstaaten auf ein konkretes Modell des gemeinsamen Nationalstaats nicht einigen konnten (was für eine Parallele zur Situation in der heutigen Europäischen Union!), setzte die Nationalversammlung im Juni 1848 selbst eine Zentralregierung ein. Ein Papiertiger zunächst, denn der Reichsverweser Erzherzog Johann und sein Reichsministerium verfügten über keinen administrativen Apparat, über keine Exekutive, geschweige denn über ein staatliches Gewaltmonopol.

Im August scheiterte man erstmals spektakulär, als die proklamierte „Zentralgewalt" machtlos zur Kenntnis nehmen musste, dass der Einzelstaat Preußen gegenüber Dänemark seine volle und uneingeschränkte Souveränität wahrnahm und nach Belieben Friedensvereinbarungen traf. Ein schüchterner Aufstandsversuch der Linken in Teilen des Bündnisses wurde von den nationalen Militärs der Preußen und Österreicher rasch unterdrückt. In beiden Ländern hatte zwischenzeitlich die Gegenrevolution gesiegt. Die Symbolfigur des Konservatismus, der österreichische Kanzler Schwarzenberg, konnte sogar ohne großes politisches Risiko das prominente Mitglied der Nationalversammlung, Robert Blum, erschießen lassen.

In der Nationalversammlung selbst radikalisierte sich die Linke gegen jegliche monarchische Lösung, die Mehrheit verheddert sich aber zusehends in den unvereinbaren Konzepten einer kleindeutschen und einer großdeutschen Lösung. Unbeschadet dessen ging die Arbeit an den Grundrechten voran und fand im Dezember 1848 seinen ersten gesetzgeberischen Abschluss. Im März 1849 fand auch der Disput der verschiedenen Nationalismen dadurch ein Ende, dass die Kleindeutschen eine Mehrheit fanden, Preußens Friedrich Wilhelm zum Kaiser wählten und in ihrer Version die Verfassung des Deutschen Reichs proklamierten. Aber auch dieser staatsrechtliche Akt sollte nicht so recht Wirklich-

Von Mai 1848 bis Juni 1849 rangen die Abgeordneten des Parlaments
in der Frankfurter Paulskirche um eine demokratische Verfassung.
Farblithographie von Gustav May, 1848.

keit werden: Der Kaiser lehnte zunächst die Krone ab; Österreich, Preußen und viele Kleinstaaten beriefen ihre Abgeordneten heim; einzelne Versuche, die Reichsverfassung durchzusetzen, wurden wieder militärisch niedergeworfen; das verbleibende Rumpfparlament emigrierte nach Stuttgart und wurde schließlich schimpflich auseinandergejagt.

Soweit die unmittelbare Geschichte und ihr wenig rühmliches Ende. Die mittelbare Wirkung dieser Versammlung endete aber damit nicht. Sie prägte das folgende Jahrhundert und insbesondere den Aufstieg und die Konsolidierung der Nationalstaaten.

Nation Building

Kein politischer Begriff übte im 19. und beginnenden 20. Jahrhundert eine größere Wirkung aus als dieser. Über viele Jahrzehnte war der Vorgang der Nationen- und Nationalstaatsbildung das entscheidende Thema und wirkte noch weitere Jahrzehnte maßgeblich in unterschiedlichsten Dimensionen fort. Die nationale Bewusstseinsbildung dominierte nach der 1848er-Revolution und verdrängte das Heraufdämmern des demokratischen Zeitalters zumindest teilweise in den Köpfen der Zeitgenossen.

Das europäische Nationalstaatenkonzept entwickelte sich geradezu zu einem „Regulator der Weltpolitik" und sollte auch die geschichtliche Entwicklung weit über das Ende des Jahrhunderts hinaus – mitunter auch verhängnisvoll – dominieren.

Im nordwestlichen Zentraleuropa hatte 1849 ein konservatives Konzept der Nationalstaatlichkeit über ein weitblickenderes gesiegt. Preußen entwickelte zunächst ein Unionskonzept einer kleindeutschen Lösung unter preußischer Führung – von einem Bündnis über eine Föderation zur Inkorporierung; dieses wurde zunächst 1850 auf österreichischen Druck aufgegeben, mündete schließlich aber doch 1866 im Norddeutschen Bund und 1871 in der Ausrufung des Deutschen Kaiserreichs. Das endgültige Nationalstaatskonzept wurde dort also nicht aufgrund einer parlamentarischen, verfassungsrechtlichen Arbeit realisiert, sondern aufgrund einer Entwicklung der militärischen Machtsituation. Der Nationalstaat kam nicht aus den Köpfen, sondern aus den Gewehrläufen. Und das prägte ihn und das Denken seiner Steuerleute auch weiterhin.

Anders entwickelten sich die Dinge im habsburgischen Teil Europas: Hier wurde das Konzept eines Vielvölkerstaats gegenüber dem Nationalstaatsgedanken durchgesetzt. Es konnte allerdings die Entwicklung nationaler Bewegungen und nationalstaatlicher Tendenzen nur unterdrücken, nicht aber verhindern. In allen Teilen des „Supra-Nationalstaats" entstanden teilselbständige Einheiten, die sich in der radikalsten Form in der Irredenta einen neuen Staat Italien schufen, in der monarchisch geprägten Form eine ungarische Teilmonarchie konstituierten und dort, wo diese Bewegungen erfolglos blieben, in unlösbaren internen Spannungen (wie auf dem Balkan) oder in frustrierter Opposition (wie bei den Tschechen) festfuhren.

Derweil entstanden weitere Nationalstaaten überall in Europa: Rumänien, Bulgarien, Albanien am Rande des schwächelnden Türkischen Reichs; Schweden, Norwegen und dann auch Finnland an der Peripherie der Machtblöcke; Irland in einem mühsamen Loslösungsprozess. Russland formte sich in einem sprachlichen, politischen und militärischen Nationalisierungsprozess zu einer Einheit und England exportierte seine nationale Größe über die Meere in andere Kontinente – ein Modell, dem auch andere, wie Frankreich, Belgien und die iberischen Saaten, nacheiferten.

Zum Verfassungsstaat

Mit dem Nationalstaatsgedanken war aber auch – wir haben das am Beispiel der Paulskirche gesehen – von Anfang an das Konzept des liberalen Verfassungsstaates aufs Engste verbunden. Die Fortschrittlichen, die dort im Nationalstaat primär den Verfassungsstaat erwartet hatten, wurden zwar diskreditiert. Kurzfristig und individuell sowieso: Radikaldemokratische Linke wurden als Spinner verunglimpft und als Kriminelle hingerichtet, Bürgerlich-Liberale endeten in bitterer Enttäuschung, Resignation und Selbstmord.

Dennoch war das eine Niederlage, die langfristig zum Sieg wurde, denn Hand in Hand mit der Nationenwerdung ging ja doch auch überall eine Verfassungsbewegung einher. Sie formte die konstitutionellen Monarchien und verbreiterte demokratische Elemente in den Staaten Europas. Im Prozess, der in Frankfurt ablief, wurden einige wesentliche Elemente der künftigen Staatenentwicklung irreversibel festgeschrieben und grundsätzlich anerkannt: ein Grundrechtekonzept, das die Rollenverteilung zwischen dem Einzelnen und dem Staat definierte; ein Bundesstaatskonzept, das eine funktionsfähige Struktur von Staaten mit relativ selbständigen Teilen ermöglichte; eine Aufgabenteilung und Regelung der Interdependenz von Staatsoberhaupt und anderen Staatsorganen, insbesondere der Volksvertretung; ein Modell des Parlamentarismus, seiner Organisationsstruktur und seiner Arbeitsweise.

Diese Entwicklung hatte 1848 ihren Ausgang genommen bzw. erhielt hier zumindest einen entscheidenden Impuls: Die liberalen Verfassungsbewegungen dominierten neben der Nationalstaatsbildung die ganze zweite Hälfte des Jahrhunderts, Konstitutionalismus entwickelte sich und Demokratie, Volkssouveränität, das Prinzip der staatlichen Entscheidungsbildung nach der Zahl der Köpfe. Während die Konstituierung und Festigung der Nationalstaaten äußere Ruhe und einen gewissen Frieden in Europa über ein Jahrhundert hinweg sicherte, gärte es zunehmend im Inneren dieser Gebilde. Zuerst organisierte und mobilisierte sich der bürgerliche Teil der Gesellschaft und dann die lohnabhängigen Massen.

Aus dem Gedankengut der Paulskirche heraus entwickelte sich auf theoretischer Ebene auch das große Werk der deutschen Staatsrechtslehre. Sie prägte die Entwicklung der politischen und der Rechtssysteme der Staaten Europas ganz entscheidend und beeinflusste schließlich auch das Werden und die politische Gestaltung Gesamteuropas bis zum heutigen Tag.

Auf hohem wissenschaftlichem Niveau wurde das Verständnis des Staates als Produkt einer rechtlichen Ordnung entwickelt, als verfassungsrechtliche Konstruktion. Man entwickelte eine klar definierbare Palette von Gestaltungsebenen – Relation des Einzelnen zum Staat, staatliche Willensbildung, Staatsstruktur – und auf jeder dieser Ebenen mehrere Gestaltungsmöglichkeiten. Im ersten Bereich waren dies Grundrechte, Legalitätsprinzip und Rechtsstaat für den Bourgeois und Wahlrecht sowie politische Rechte für den Citoyen; im zweiten Feld waren es demokratische Instrumente, monarchische Konstitutionen, Parlamentarismus, Ministerverantwortlichkeit, hierarchisch-bürokratische Vollzugseinrichtungen; im dritten Bereich formten sich Föderalismus, Bündnisverträge, Souveränitätsteilungen und Selbstverwaltung.

Aus dem Grundrechtekatalog der Paulskirche heraus, der Eigentum und persönliche Freizügigkeit garantierte, die Todesstrafe verbot, das Briefgeheimnis, die Versammlungsfreiheit und die Redefreiheit schützte, entwickelte sich ein umfassendes System subjektiver Rechte. Eine Konstruktion, die auf den freien, ökonomisch selbständigen Bürger abstellte und ihm in liberaler Weise die Gestaltung seiner Lebenssphäre ermöglichte. Die Rechte selbst ergänzte man durch eine Verfahrensordnung für staatliche Einrichtungen und durch ein Instrumentarium zur Abwehr staatlicher Eingriffe – der Rechtsstaat heutigen europäischen Zuschnitts entstand.

Zu den Katastrophen des 20. Jahrhunderts

Nach dem Ende des Frankfurter Verfassungsexperiments gab es zumindest zwei Nationalstaatskonzepte, die beide mit ihrer Entstehung schon den Keim ihrer inneren Schwächen, des Untergangs und der Katastrophe in sich bargen. Einerseits war dies das imperialistische preußisch-deutsche Modell: Zusammenholung aller Deutschen in einem national abgegrenzten Reich, feste und sichere Abgrenzung nach außen gegenüber anderen Nationalstaaten, Absicherung der geostrategischen Position mit ökonomischen und militärischen Mitteln ohne ethische, politische oder moralische Rücksichten. Dieses Verständnis stärkte zunächst ohne Zweifel das Reich nach innen und nach außen, führte aber dann auch zu den großen kriegerischen Auseinandersetzungen 1866/1871 mit den bekannten Folgen. Sie waren eine der Ursachen für den deutschen Anteil am Ausbruch des Ersten Weltkriegs und der weiteren verhängnisvollen Positionierungen und Fronten in diesem Völkerschlachten. Und dass die darauf reagierende Demütigung Deutschlands in St. Germain danach dieselbe Langfristwirkung hatte wie seinerzeit die Demütigung Frankreichs in Versailles, trug unbestritten mit zur Vorbereitung des Zweiten Weltkriegs bei.

Andererseits war das habsburgische Vielvölkerstaatsmodell entstanden: eine „Einkerkerung" verschiedener National-Gliedstaaten in eine gesamtstaatli-

che Ordnung, die den Bedürfnissen und der Stärke der einzelnen Teile nicht ausreichend Rechnung trug. Damit aber fachte das System aus sich selbst heraus
politische nationale Bewegungen an, ungeheure Energien wurden in den Teilstaaten frei, die sich nicht nur kulturell-romantisch-folkloristisch, sondern vor
allem auch ökonomisch und in politischen Massenbewegungen manifestierten.
Es begann mit den kriegerischen Auseinandersetzungen in den späten 50er Jahren des 19. Jahrhunderts in Italien, setzte sich in militärischer Repression auf
dem Balkan fort und explodierte schließlich nach der unklugen Reaktion auf die
Schüsse in Sarajevo mit den bekannten Folgen.

Die totale, geradezu trotzige und ökonomischen wie sozialen Interessen wi-
dersprechende Auflösung des Vielvölkerstaats in kleine Nationalstaaten legte
1918 sodann den Grund für eine instabile Gesamtlage in diesem Teil Europas,
die sich im Kontext der Vorbereitungen zum Zweiten Weltkrieg von Großmäch-
ten, allen voran Nazideutschland, trefflich nutzen ließ. Nach dem Vielvölkerstaatsmodell scheiterte auch dessen Antithese, das Modell vieler Einvölkerstaa-
ten – und es scheitert trotz der EU im Übrigen auch heute noch in Europa täglich
vor unseren Augen, wenn man unvoreingenommen die Situation am Westbalkan,
in Ungarn und jetzt anhand der dramatischen Entwicklung in der Ukraine sieht.

„Innerer Nationalismus"

Nationalstaat meint aber auch: Es gibt nach innen einen einheitlichen nationalen Staat. Das Modell setzt eine Nation voraus, ein Staatsvolk, das sich national
definiert und damit gegenüber Teilen der Bevölkerung im Staat, die sich nicht
so definieren wollen oder können, in ein Spannungsverhältnis tritt, das bis zur
Ausgrenzung, Unterdrückung und Vernichtung weitergetrieben werden kann
und wurde. Der Nationalstaat ist nicht denkbar ohne nationalistische Parteien
und Bewegungen.

Sie spielten überall dort eine Rolle in der Staatenbildung, wo neue Nationalstaaten durch Separatismus entstanden. In den bereits bestehenden Nationalstaaten aber wirkten sie geradezu in die Gegenrichtung, indem sie Abspaltungen
abzuwehren suchten, der Organisation und Selbständigkeit von Volksgruppen,
Minderheiten und ethnisch definierten Regionen durch kompromisslose Assimi-
lierung entgegentraten und separatistische Tendenzen unterdrückten. Ethnische
Konflikte innerhalb multinationaler europäischer Staaten stehen daher in der
zweiten Hälfte des 19. Jahrhunderts weithin auf der Tagesordnung.

Der „innere Nationalismus" ging und geht aber noch viel weiter: Er wandte
sich gegen alles, was nicht den nationalen Standards in Bezug auf Abstammung,
Kulturverhalten, Religion und Sprache entsprach und brachte so unter anderem
eine neue Form des Antisemitismus hervor – politisch zunächst insbesondere im
habsburgischen Österreich entwickelt, dann in verhängnisvoller Weise von den
Nazis „perfektioniert". Dieser Entwicklungsstrang führte zu den schrecklichsten
Phänomenen, die unser Kontinent im 20. Jahrhundert hervorbrachte.

1914

Alle diese Linien schneiden sich 1914, denn der Erste Weltkrieg ist geradezu eine Zwangsfolge der Entstehung und 70-jährigen Entwicklung der National-staaten. Ursache war also sicher nicht nur die Brisanz der Nationalitätenfrage auf dem Balkan – wo allerdings auch nicht zufällig der Ort lag, an dem Lunte für den Weltbrand zündete.

Zu der bereits dargestellten Entwicklung in Deutschland und Österreich-Ungarn war noch eine durchaus parallele Entwicklung in England, Frankreich, Russland, Türkei etc. gekommen. Auch dort hatten sich Staaten in ähnlicher Weise herausgebildet, in denen das Selbstverständnis als Nationalstaat eine konstitutive Rolle spielte. Naturgemäß war dies nicht direkt vergleichbar mit Zentraleuropa, wies aber starke Ähnlichkeiten zu den Elementen des preußi-schen Weges auf – im Fall Englands noch mit besonderen imperialistischen Ten-denzen nach außen und bei Russland und der Türkei mit vielen Parallelitäten zur Habsburger Situation was die Repression gegenüber Teilstaaten oder in angrenzenden Einflusssphären liegenden „verwandten" Ländern betrifft.

In diesem Sinn ist der Erste Weltkrieg in vielfacher Hinsicht ein Krieg der Nationalstaaten und der erste große Beweis für die Schwächen und Widersprü-che dieses Konzepts.

Imperialismus, Internationalismus

Zwei globale Entwicklungen entstanden gewissermaßen als Antithesen zum Nationalstaatsprinzip und sind daher ohne den Aufstieg und die Herrschaft die-ses Prinzips in Europa kaum denkbar: der Imperialismus der europäischen Mächte und der Internationalismus der oppositionellen Arbeiterbewegung. Eine Antithese war also der Imperialismus Europas in anderen Kontinenten, in dem einzelne seiner Staaten in ihrem Machtstreben gegeneinander fremde „Natio-nen" unterwarfen, ohne auch nur einen Augenblick lang anzunehmen, dass auch dort nationalstaatliche Grundsätze Berechtigung haben und Dynamik gewinnen könnten; die antiimperialistischen Befreiungskriege und Reformen im 20. Jahr-hundert sollten dann die niedergehenden Kolonialmächte eines Besseren beleh-ren. Die rücksichtslose Verfolgung der ökonomischen und militärischen Interes-sen der Nationen unseres Kontinents führte geradezu zwangsläufig dazu, dass in Afrika, Asien und Lateinamerika schließlich Prozesse des „Nation Building" in Gang gesetzt wurden, die sich dann gegen die Mutterstaaten selbst wendeten, ja global gegen die Erste Welt, deren (west)europäische Vertreter letztlich dadurch bis weit in die zweite Hälfte des 20. Jahrhunderts hinein in ziemlich gravierende Krisen schlitterten.

„Nation Building" umfasste dabei auch die Schaffung äußerer Symbole wie Flaggen, Hymnen, Nationalfeiertage, Nationalsprachen etc. Hier wiederholte sich in gewisser Weise die europäische Geschichte von 1848 nun hundert Jahre später in anderen Teilen der Welt. Und: Wenn man an den Islam und den panarabischen Nationalismus denkt, dann ist diese Entwicklung wahrscheinlich noch gar nicht zu Ende.

Die zweite Antithese zum Nationalstaatsprinzip war der Internationalismus der Arbeiterbewegung, die sich von Anbeginn als eine über Staaten- und Nationengrenzen hinausgehende politische Strömung verstand und daraus auch einen Teil ihrer Kraft schöpfte. Erst das Einschwenken der sozialdemokratischen Parteien auf die Kriegslinien ihrer Nationalstaaten um das Jahr 1914 brachte hier einen ersten gravierenden Rückschlag. Nach 1918 wurde dieser Fehler mit der Entstehung nationaler sozialistischer Parteien konsequent fortgesetzt; eine nur schwache und sich dann intern aufreibende bzw. von der sowjetrussischen Partei aufgeriebene Internationale konnte dem nicht mehr gegensteuern. Ein kurzes Aufflackern in Weimar und ein noch kürzeres in Österreich war zu schwach, um dem national(staatlich)en Exzess ab 1933 und dann dem deutschnationalen Krieg ab 1938 ernsthaft Widerstand bieten zu können.

Bemerkenswert scheint, dass sich in der Weimarer Republik die fortschrittlichen Kräfte stark auf die Paulskirche bezogen – hier wirkte ein radikales Demokratieverständnis offenbar immer noch nach. Und ebenso bemerkenswert ist, dass insbesondere die österreichische Sozialdemokratie einen Etatismus entwickelte, der die deutsche Staatsrechtslehre auf eine neue Stufe hob und der dann nochmals in den Siebzigerjahren des 20. Jahrhunderts den Aufbruch in Schweden, Deutschland und Österreich erkennbar beeinflusste. Doch zuvor war man selbst nach den schrecklichen Erfahrungen im Faschismus und im Zweiten Weltkrieg nach 1945 erfolglose Wege weitergegangen: Abermals entstanden nur nationalstaatliche sozialistische Parteien – eine Internationale war im Westen nicht existent und im Osten wurde sie als Hegemoniekonzept der Sowjetunion missbraucht.

Auch in der Festigung und Ausweitung der Europäischen Gemeinschaft und der Union machte sich die internationalistische Sozialdemokratie nicht zu deren Avantgarde, und die europäische Gewerkschaftsbewegung hat sich noch lange nicht zu einer von Sizilien bis zum Nordkap solidarischen einheitlichen Kraft entwickelt. Beides ist mitverantwortlich dafür, dass sich von Beginn an wie auch heute in der EU Kapitalinteressen deutlich stärker durchsetzen als die Interessen von Lohnabhängigen, Konsumenten und benachteiligten Gruppen.

Die „Vernationalstaatlichung" der proletarischen Internationale durch ein einziges dominierendes Land fügte ihr schließlich nach 70 Jahren einer nicht immer erfolgreichen Entwicklungsgeschichte eine zweite verhängnisvolle Niederlage zu. Diese war allerdings nicht mehr der Sieg des Nationalstaats über den Internationalismus der Arbeiterbewegung, sondern der Sieg der globalisierten großen Wirtschaft, insbesondere des Finanzkapitals, über den Rest von allem anderen.

Nationalstaatlichkeit heute

Europa hat sich seit 1849 in ungeahntem Maß weiterentwickelt. Das Bild der Paulskirche und der nationalstaatlichen Szenarien des 19. und 20. Jahrhunderts passt daher natürlich nicht mehr für die Realität des 21. Jahrhunderts. Überwunden haben der Kontinent und die EU die Nationalstaaten allerdings nicht. Das wird im EU-Alltag deutlich, wo sich – außer im Finanzbereich – letztlich die Positionen der Einzelstaaten oder Mitgliedstaatskoalitionen durchsetzen. Das wird in Überbaubereichen sichtbar, wo nationalistische Symbole und Denkansätze (man beobachte nur aufmerksam, wie das Zentenarium des Ersten Weltkriegs begangen wird) gar nicht fröhliche Urständ feiern. Das ist seit nunmehr langen zwanzig Jahren in der Balkanregion erfahrbar, wo sich Europa im Zerfall Jugoslawiens nicht mit einer klaren europäisch-antinationalistischen Haltung eine

Europa hat die „Vernationalstaatlichung" noch lange nicht überwunden, das zeigt etwa die Schaffung eines „Nationalstaats" Kosovo. Feier zur Unabhängigkeit des Kosovo, Priština, 17. Februar 2008.

Perspektive aufgezeigt hat. Das hat sich in Skurrilitäten eingesulzt, wie etwa in dem sinnlosen anachronistischen Streit um den Namen Mazedoniens, im babylonischen teuren Sprachengewirr der Brüsseler Institutionen, in der schier unüberwindlichen Teilung Zyperns, in einem von der EU ohne Not und gegen alle eigenen Prinzipien neu geschaffenen „Nationalstaat" Kosovo. Am deutlichsten zeigt es sich darin, dass Europa die Jugend und die politische Entwicklung in Serbien und Bosnien-Herzegowina dem Nationalismus überlässt sowie aktuell in der an einem spezifischen Nationalstaatskonzept orientierten Außenpolitik der EU gegenüber der Ukraine.

Manche meinen angesichts all dessen, dass die EU zwar den Nationalstaat noch nicht überwunden habe, aber die Entwicklung schreite voran; diese brauche zwar Zeit, aber sie gehe zwangsläufig und irreversibel weiter. Das hat sehr viel für sich, aber man kann da durchaus auch skeptisch sein. Noch ist offenbar nichts entschieden; es gibt trotz einer deutlichen Tendenz in diese Richtung auch starke Gegentrends.

Da gilt wohl, was für die Paulskirche gegolten hat: Wenn die sozialen Interessen der Mehrheit in der realen Verfassung und Politik keine Berücksichtigung finden, wenn ökonomische Macht Vorrang gegenüber politischer Macht halten kann und wenn das militärische Gewaltmonopol in einzelstaatlicher Hand liegt, bleibt der Nationalstaat – und zwar in einer konservativen Ausprägung und in tendenziell inhumanen, demokratiefeindlichen und kulturpessimistischen Varianten – und scheitert der Fortschritt.

Es ist auch in einem hochorganisierten politischen Europa immer noch denkbar, dass „Regierungen dazu beytragen, das Volk aufzureizen und misstrauisch zu machen", dass sie „das Schalten bestimmter Bewegungen nicht mehr länger dulden" und dass sie diese, zumal wenn es von auswärts stammende Menschen sind, des Landes verweisen.

Wolfgang Pell

◆

27. 8. 1859
Beginn des
„Pennsylvania Oil Rush"
Von Big Oil zu Peak Oil

◆

> I believe the power to make money is a gift of God [...] to be developed and used to the best of our ability for the good of mankind. Having been endowed with the gift I possess, I believe it is my duty to make money and still more money and to use the money I make for the good of my fellow man according to the dictates of my conscience.
>
> John D. Rockefeller

Ein maßgebendes Geschäftsmodell

Mit der von ihm angewendeten Bohrtechnik stieß Edwin Laurentine Drake am 27. August 1859 in Titusville im US-Bundesstaat Pennsylvania in nur 21 Metern Tiefe auf die erste ergiebige unterirdische Erdölquelle und löste damit den „Pennsylvania Oil Rush" aus. Er selbst scheiterte mit der Patentierung seines Bohrverfahrens, verspekulierte sein bescheidenes Vermögen und musste den Rest seines Lebens mit einer kargen Rente des Staates Pennsylvania bestreiten.

Das Bohrverfahren selbst war eine kluge Adaptierung von Verfahren, die bereits für Salzbohrungen eingesetzt wurden. Drake ließ drei Meter lange Rohrstücke in den Boden treiben, bis man in zehn Metern Tiefe auf Grundgestein stieß und, angetrieben von einer alten Dampfmaschine, durch das Rohr weiterbohren konnte. Mit diesem Verfahren überwand Drake das Problem des Eindringens von Grundwasser, das zuvor auch die übliche Methode der Schachtförderung unmöglich gemacht hatte. Der Abtransport des Öls erfolgte in (Whiskey-)Fässern („barrels"), die für die heute weltweit gebräuchliche Maßeinheit namensgebend wurden. Aus Drakes Ölquelle wurden täglich etwa 4000 Liter Erdöl gefördert und in 25 Fässern abtransportiert. Rasch entstanden hunderte Bohrtürme im Oil Creek Valley rund um Titusville, die Drakes Verfahren kopierten. Pennsylvania wurde für über 30 Jahre der wichtigste Ölproduzent der Welt und deckte am Höhepunkt des „Pennsylvania Oil Rush" mehr als ein Drittel des Weltölbedarfs.

Die Einsatzbereiche für Erdöl waren zu dieser Zeit hauptsächlich Beleuchtung und Schmierung. Petroleum (Steinöl) ersetzte das sehr teuer gewordene Walöl in Öllampen. Die rapide fortschreitende Mechanisierung im Zuge der industriellen Revolution brachte eine massive Nachfrage nach Schmieröl mit sich.

Von motorisierter Individualmobilität war noch keine Rede. In diesem Umfeld nahm „Big Oil", die in den Erdölkonzernen der 1960er Jahre geballte Wirtschaftsmacht, seinen Ausgang. Ein geschäftstüchtiger Mann als Drake trug am 10. Januar 1870 in Ohio ein Unternehmen namens Standard Oil Co. Inc. ins Firmenbuch ein – John Davison Rockefeller. Er war schon seit 1863 mit einer kleinen Raffineriegesellschaft in Cleveland im Ölgeschäft erfolgreich.

Standard Oil sollte zum Ausgangspunkt der Entwicklung der Erdölindustrie werden. Der Namensbestandteil „Standard" bezieht sich auf die Standardisierung der Qualität des raffinierten Rohöls und war ein wichtiges Marketinginstrument in einer Zeit, in der verunreinigtes Öl noch häufig die Ursache für Explosionen und andere Unfälle war. Mit der Treuhandkonstruktion des „Business Trust" lag die gesamte Macht der Eigentümer von Standard Oil in den Händen von nur neun „Trustees" aus vier Familien, womit die Firma die gesamte Wertschöpfungskette auf dem Ölsektor abdeckte. Standard Oil dominierte anfänglich durch die Kontrolle über den größten Teil der Raffineriekapazitäten, dehnte diese Kontrolle aber in weiterer Folge auf alle anderen involvierten Wirtschaftszweige aus und wurde so zu einem international agierenden, vertikal integrierten Unternehmen, das Öl förderte, transportierte, raffinierte und vermarktete.

Produktion und Logistik wurden aufeinander abgestimmt, Kosten verringert und Wettbewerber unterboten. Das Förderstandortportfolio wurde bestän-

Als im Sommer 1859 der Ingenieur Edwin Drake in Titusville in Pennsylvania auf eine ergiebige Erdölquelle stieß, war er sich der Folgen dieser Entdeckung nicht bewusst – erst spätere Unternehmer konnten vom „Oil Rush" profitieren. Links: Edwin Drake, 1859. Rechts: Die erste Ölbohrung Drakes in Pennsylvania, Edwin Drake mit hohem Hut in der Bildmitte, 1861.

dig durch umfassende Akquisitionen und anschließende Konzentration optimiert. Alle Prozesse entlang der Wertschöpfungskette, die einen positiven Ergebnisbeitrag versprachen, wurden entsprechend Rockefellers Motto „Pay a profit to nobody" integriert. Das galt auch für die geographische Ausdehnung, vor allem nach China, aber sogar in historische Metropolen im Nahen Osten, wie Bagdad und Damaskus. Überdurchschnittlich qualifizierte Mitarbeiter wurden angelockt durch Aktien für die Angestellten sowie etwas höhere Tageslöhne als üblich für die Arbeiter bezahlt. Sie mussten sich im Unternehmen bewähren; wer den Ansprüchen nicht gerecht wurde, musste das Unternehmen wieder verlassen („No dead wood").

Man erreichte Produktdiversifikation durch maschinenspezifische Schmiermittel, Deodorisierung der Öle, Individualisierung durch Markenbildung oder durch die Akquisition von Chesebrough Manufacturing Co., bekannt für ihr Produkt Vaseline, oder die Entwicklung des ersten synthetischen Ersatzes für Bienenwachs. Dadurch war es möglich, das Überangebot an gefördertem Erdöl auch zu verkaufen.

Der wichtigste Hebel für Standard Oils Machtentfaltung war die Dominanz auf dem Erdöltransportsektor. Diese begann mit der Kontrolle über die Preise der Eisenbahntransporte. Als der erste amerikanische „Regulator", die Interstate Commerce Commission, der Monopolisierung dieses Transportwegs entgegenwirkte, schwenkte Standard Oil wohl vorbereitet auf Pipelinetransport um.

Standard Oils Marktbeherrschung war so ausgeprägt, dass sie 1911 zur Verurteilung durch den amerikanischen Supreme Court wegen illegaler Monopolbildung nach dem Sherman Antitrust Act führte. Der Konzern wurde in 34 kleinere Unternehmen zerschlagen. John D. Rockefeller war als Gründer, Vorsitzender und Mehrheitseigentümer von Standard Oil zu einem ansehnlichen Vermögen gekommen. Durch die – nach einem kurzen Kursrückgang – fulminante Wertentwicklung der Unternehmen, an denen seine Anteile unvermindert bestehen blieben, wurde er zu einem der reichsten Menschen der Welt.

Von Naptu bis zum Motorwagen

Die Bezeichnung „Naptu" (abgeleitet von dem babylonischen Wort für „leuchten") legt nahe, dass bereits vor 5000 Jahren in Babylonien oberflächliches Erdöl gesammelt und zur Beleuchtung in Lampen und auf Fackeln verwendet wurde. Aus dem zähflüssigen Erdölderivat Bitumen wurden Figuren hergestellt. Die mesopotamischen Korbboote waren mit Asphalt, einer Mischung aus Bitumen und Gesteinskörnungen, abgedichtet, Straßen und Zufahrten zu Kultstätten wurden mit Asphalt bedeckt. Schon der babylonische Herrscher Hammurapi widmete dem schwarzen, zähflüssigen Stoff einige Kapitel in seinem 1750 v. Chr. entstandenen Gesetzeswerk. Als Energiequelle dominierte in der Frühzeit allerdings gespeicherte Sonnenenergie in Form von Biomasse: einerseits als Nahrung, um die benötigte Muskelkraft, ursprünglich menschliche, mit der

Erfindung der Landwirtschaft zunehmend tierische, verfügbar zu machen, andererseits als Feuerholz für Beleuchtung und Wärme.

Mechanische Energie wird mit dem Einsatz der ersten Maschinen, wie Mühlen und Pumpen, auch aus anderen regenerativen Quellen wie Wasser und Wind nutzbar gemacht.

Mit der durch James Watts Erfindung der Dampfmaschine um 1800 einsetzenden industriellen Revolution beginnt der Siegeszug der fossilen Energieträger, allen voran der Kohle.

Der ursprüngliche Einsatzzweck des Erdöls, die Beleuchtung, erlitt dagegen einen entscheidenden Rückschlag. Mit der Erfindung der ersten für die Massenproduktion geeigneten Glühbirne durch Thomas Alva Edison 1879 entstand den Öllampen ein übermächtiger Konkurrent. Mit der Erfindung des Generators durch Werner von Siemens, 1866, wurden dampfmaschinenbetriebene Kraftwerke möglich. Edison baute 1882 das erste dieser Kraftwerke in den USA. Als Brennstoff dieser Dampfkraftwerke dominierte damals die Kohle.

Mit Siemens' elektrischem Generator begann auch die Möglichkeit der Direktumwandlung der erneuerbaren Energiequellen Wasser und Wind in elektrische Energie. Mit dem Ersten Weltkrieg wird der wachsende Einfluss des Erdöls deutlich. Im Zusammenspiel mit der Entwicklung des Transportsektors wird es zum wichtigsten Energieträger und treibt den Pro-Kopf-Energieverbrauch von 20 Gigajoule pro Jahr vor der industriellen Revolution bzw. 30 Ende des 19. Jahrhunderts auf über 55 in den 1970er Jahren hinauf. Nach Ende des Zweiten Weltkriegs etabliert sich Erdgas als Wärmelieferant und zur Stromerzeugung hinter Kohle an der dritten Stelle der Primärenergieträger. In weiterer Folge ermöglichen Wasser- und Atomkraft und in den vergangenen Jahren Wind- und Sonnenergie den weiteren Anstieg auf 80 Gigajoule pro Kopf und Jahr.

Vom Benzin zur Solarzelle

Der Weg zur motorisierten Individualmobilität wurde geebnet durch die Viertakttechnik, die von Nicolaus Otto, Wilhelm Maybach und Étienne Lenoir entwickelt wurde und bis heute die Grundlage der Verbrennungsmotorentechnik darstellt. Ob nun Carl Benz, Gottlieb Daimler oder Siegfried Marcus das Automobil in den 1880er Jahren erfunden haben – spätestens mit Fords „Model T" (1906) setzte dieses neue Individualverkehrsmittel zum Siegeszug an. Mit seiner Energiedichte bringt es ein Liter Benzin auf einen Energiegehalt von ca. 42 Megajoule. Braunkohle liefert ungefähr acht, Steinkohle 29 Megajoule pro Kilogramm. Zum Vergleich: Der durchschnittliche Tagesbedarf an Energie für einen Menschen beträgt ca. acht bis 13 Megajoule. Ein 60-Liter-Autotank hat einen Energiegehalt, der dem durchschnittlichen Stromverbrauch eines österreichischen Haushalts von ca. sieben Wochen entspricht.

Der Energiegehalt von Erdgas liegt bei gleichem Gewicht etwa 20 Prozent unter dem von Benzin, was zwar durch den höheren Wirkungsgrad (Oktanzahl) mehr als kompensiert wird, allerdings ist das Verhältnis von Gewicht zu Volumen (ca. 1 kg/m³ bei Normaldruck) für das Mitführen im Tank ungeeignet, sodass man Compressed Natural Gas (CNG) einsetzt, indem man Erdgas mit einem Druck von 200 Bar komprimiert.

Getrieben durch den Mobilitätssektor, beträgt der globale Tagesbedarf an Rohöl heute fast 90 Millionen Barrel (1 Barrel = 159 Liter). Das entspricht etwa 33 Prozent des Weltgesamtenergieverbrauchs. Vom Weltenergieverbrauch von ca. 500 Exajoule (= 10^{18} Joule) pro Jahr entfällt etwa ein Viertel auf den Transportsektor und davon über 90 Prozent auf Erdöl(-Produkte). Das größte Ölfeld der Welt, Ghawar in Saudi-Arabien, fördert etwa 1800 Millionen Barrel im Jahr, was einem Energiegehalt von 12,5 Exajoule entspricht. Die größten europäischen Wasserkraftwerke (etwa das rumänisch-serbische Donaukraftwerk „Eisernes Tor 1") erzeugen ca. 10 Terawattstunden Strom im Jahr, das entspricht einem Energiegehalt von 0,04 Exajoule. Daraus wird die unterschiedliche geographische Konzentration von Erdölförderung und Erzeugung von Strom aus erneuerbaren Energiequellen deutlich. Um die Energie zum Verbraucher zu bringen, sind in weiterer Folge die Ansprüche an die Versorgungsinfrastruktur ebenfalls stark energieträgerspezifisch.

Für die Kraftstoffversorgung kritisch sind Transport- und Raffineriekapazitäten. Rohöl besteht aus einer standortabhängig unterschiedlichen Zusammensetzung von Kohlenwasserstoffen. Mit heutigen Verfahren gewinnt man in der Raffinerie aus Rohöl etwa 24 Prozent Otto- und 21 Prozent Dieselkraftstoff bzw. leichtes Heizöl (Favennec 2001). Pipelines und Tanker teilen sich die benötigten Transportkapazitäten. Die weltweite Tankerflotte hatte 2006 eine Beladungskapazität von etwa 360 Millionen Tonnen. Das ESPO-Pipelinesystem (Eastern Sibiria Pacific Ocean), das längste der Welt, wird ab 2025 ca. 1,6 Millionen Barrels pro Tag 5000 Kilometer weit transportieren können.

Die gesicherten weltweiten Erdölvorkommen betragen, so die *BP Statistical Review 2010*, etwa acht Zettajoule (= 10^{21} Joule), was einer Reichweite von 40 Jahren entspricht. Könnte man die Energie der Sonne effektiver nutzen, bräuchte man sich um die Frage, wann uns das Erdöl ausgehen könnte, wohl keine Gedanken zu machen. Mit einer Intensität von 1,4 Kilowatt pro Quadratmeter (Solarkonstante) bringt sie diese Energiemenge innerhalb von etwas mehr als 100 Stunden durch die Erdatmosphäre auf die Erdoberfläche.

Big Oil – Erdöl als Wirtschafts- und Machtfaktor

Die „Supermajors" sind die global sechs größten börsenotierten Öl- und Gaskonzerne. Für sie wurde der Name „Big Oil" in den 1960er Jahren von den Printmedien geprägt, analog zu „Big Steel" u. Ä.

- EXXON Mobil (Irving, Texas/USA): Entstanden aus Standard Oil of New Jersey (ESSO) und der Akquisition von Mobil (vormals Standard Oil Co. of New York); 2012: 77.000 Mitarbeiter, 480 Milliarden US-Dollar Umsatz; in der Liste der 500 größten Unternehmen der Welt der *Financial Times* aus dem 4. Quartal 2013 (FT): Rang 5.
- CHEVRON (San Ramon/Kalifornien, Fortaleza/Brasilien): Entstanden aus Standard Oil of California, der Akquisition des Großteils von Gulf Oil aus Pennsylvania und der texanischen Texaco; 2012: 58.000 Mitarbeiter, 230 Milliarden US-Dollar Umsatz; FT: Rang 10.
- BP (London/Großbritannien): Vormals British Petroleum, entstanden aus der Anglo-Persian (dann Anglo-Iranian) Oil Company durch Fusion mit Amoco (vormals Standard Oil of Indiana), Atlantic Richfield und Standard Oil of Ohio. Das Markenregister umfasst auch ARAL und Castrol; 2012: 86.000 Mitarbeiter, 312 Milliarden US-Dollar Umsatz; FT: Rang 35.
- Royal Dutch SHELL (Den Haag/Niederlande): 2013: 92.000 Mitarbeiter, 450 Milliarden US-Dollar Umsatz; FT: Rang 13.
- Total S. A. (La Defense/Frankreich): 1924 gegründet als Compagnie Française de Pétrole, in die als Reparationsleistung aus dem Ersten Weltkrieg die Anteile der Deutschen Bank an der Turkish Petroleum Company (später Iraq Petroleum Company) eingebracht wurden. Wesentliche Akquisitionen waren Petrofina und Elf Aquitaine. Zu den Tankstellenmarken gehört Elan; 2012: 97.000 Mitarbeiter, 250 Milliarden US-Dollar Umsatz; FT Rang 37.
- Conoco Phillips (Houston, Texas/USA): 1875 als Continental Oil and Transportation Company gegründet, fusionierte 2002 mit Phillips Petroleum, die die traditionsreiche Marke Union 76 miteinbrachte. 2012 wurden die Raffinerie- und Marketingaktivitäten in Phillips 66 abgespalten, zu denen auch die Marke JET gehört; 2012: 17.000 Mitarbeiter, 62 Milliarden US-Dollar Umsatz; FT: Rang 91.

Die ersten drei Supermajors haben über das Recht zur Nutzung der Marke Standard noch bis zu Gründung von Standard Oil 1870 zurückreichende Wurzeln. Teile der ersten vier waren die Seven Sisters des Iran-Konsortiums, eines 1954 gegründeten Kartells zur Überwindung des nach der Nationalisierung der iranischen Ölindustrie ausgesprochenen Embargos. Der Begriff geht zurück auf Enrico Mattei, den damaligen Chef der nicht ins angelsächsische Kartell aufgenommenen italienischen AGIP (heute ENI). Bis zur Ölkrise 1973 kontrollierten die Seven Sisters 85 Prozent der weltweiten Ölreserven.

Die Supermajors kontrollieren heute nur noch etwa sechs Prozent der Weltölreserven. Diese gewaltige Veränderung der Kräfteverhältnisse ist einerseits der in den Ölkrisen von 1973 und 1979 demonstrierten Macht der 1960 von Iran, Irak, Kuwait, Saudi-Arabien und Venezuela gegründeten OPEC, andererseits der zunehmenden Bedeutung der New Seven Sisters geschuldet. Dieser Begriff, 2007 von der *Financial Times* geprägt (Hoyos 2007), umfasst die einflussreichsten nationalen Öl- und Gasunternehmen außerhalb der OECD: CNPC (China), Gazprom (Russland), National Iranian Oil Company (Iran), Petrobras (Brasilien), PDVSA (Venezuela), Petronas (Malaysia), Saudi Aramco (Saudi-Arabien), die in Summe fast ein Drittel der Weltproduktion und Weltreserven von Öl und Gas kontrollieren.

In den 1960er Jahren wurden Russland und die USA von den OPEC-Ländern überholt. 2012 waren die weltweit drei größten Ölproduzenten Saudi-Arabien mit 13,1 Prozent, Russland mit 12,6 Prozent und die USA mit 9,3 Prozent der Gesamtölproduktion von etwas mehr als 30 Milliarden Barrel (IEA, *Key World Statistics*). Lange vor dem Massenphänomen des motorisierten Individualverkehrs (vgl. Pro-Kopf-Verbrauch) war Erdöl aber nicht nur ein Wirtschafts-, sondern auch ein Machtfaktor geworden.

Einen Meilenstein in dieser Entwicklung stellte im Vorfeld des Ersten Weltkriegs die Entscheidung des British Empire dar, seine Kriegsmarine auf dieselbetriebene Kriegsschiffe umzustellen.

Der spätere Oberkommandierende der Seestreitkräfte, Jack Fisher, argumentierte seit den 1880er Jahren, dass kohlebetriebene Dampfschiffe zehn Kilometer weit sichtbar, die Dieselmotoren dagegen ein Drittel leichter und um ein Vielfaches schneller auf ihrer vollen Leistung wären sowie ein Bruchteil an Arbeitskräften und Lagerplatz für die Energiebereitstellung benötigt würde. Der Aktionsradius der Flotte könnte mit der Umstellung vervierfacht werden. Diesen Argumenten konnte man sich wohl nicht widersetzen, das Problem war aber, dass es auf den Britischen Inseln keinen Tropfen Erdöl gibt, man daher abhängig wird von Ölimporten.

Der britische Marineminister Winston Churchill ging dieses Risiko ein, die Flotte wurde umgestellt. Es galt also, die Ölversorgung sicherzustellen. Das British Empire verfügte zu dieser Zeit gerade einmal über zwei Prozent der globalen Erdölproduktion. 1909 entdeckte die Anglo-Persian Oil Company (heute BP) in Masjed Soleyman im Westen des heutigen Iran eines der größten Ölfelder der Welt. Mit dieser Entdeckung begann die Ölförderung im Nahen Osten. Das British Empire sicherte sich mit umfassender finanzieller Unterstützung einen kontrollierenden Einfluss auf das Unternehmen, um seine Abhängigkeit von amerikanischem Erdöl zu reduzieren. Haupttreibstofflieferant der British Army war allerdings die 1907 entstandene Fusion des kleinen Ölproduzenten Royal Dutch Company mit dem englischen Transport- und Handelsunternehmen Shell der Muschelhändlersöhne Samuel.

Die Deutsche Bank auf der anderen Seite der „big powers", der damaligen Weltmächte British Empire und Deutsches Reich, sicherte sich 1899 vom osmanischen Sultan, begleitend zu einem Vertrag mit der Anatolian Railway Company, Konzessionen für alle Bodenschätze, inklusive Erdöl, entlang des Ausbaus der Bahnlinie von Konya über Bagdad an den Persischen Golf. Die militärische Neuorientierung machte aber keineswegs bei der Marine halt. Erdölprodukte spielten im Ersten Weltkrieg eine nicht zu unterschätzende Rolle als Basis für den motorisierten Truppennachschub, den Einsatz von Panzern, U-Booten und Flugzeugen.

Nach dem Ersten Weltkrieg erlaubten neue Aufspürmethoden die durch die USA und das British Empire vorangetriebene Erschließung ergiebiger Erdölfelder im Nahen und Mittleren Osten. Knapp vor Ausbruch des Zweiten Weltkriegs begann mit finanzieller Unterstützung der Vereinigten Staaten die Erdölförderung in dem jungen Königreich Saudi-Arabien. Nach der neutralen, aber Alliierten-freundlichen Politik Saudi-Arabiens im Zweiten Weltkrieg besiegelten König Abdel Aziz Ibn Saud und Präsident Franklin D. Roosevelt 1945 mit einem Militärbündnis die saudisch-amerikanische Zweckfreundschaft. Die 1944 von Texaco, Exxon, Mobil und Chevron gegründete Arabian-American Oil Company (Aramco) wurde allerdings 1970 nationalisiert.

Die 1960 gegründete OPEC wirkte sich als wirksames Gegengewicht zu den Seven Sisters erstmals in Form des Ölembargos ihrer arabischen Mitglieder als konzertierte Reaktion auf die Unterstützung Israels durch die USA im Yom-Kippur-Krieg 1973 aus, was durch eine Vervierfachung des Ölpreises zur ersten Ölkrise führte.

Der Exportrückgang von iranischem Erdöl, ausgelöst durch die Islamische Revolution 1979 im Iran und den Ersten Golfkrieg ab 1980, wurde zwar weitgehend von den anderen OPEC-Mitgliedern kompensiert, hatte aber massive psychologische Wirkung auf den Märkten, die wieder zu einer Explosion des Ölpreises führte. Nicht-OPEC-Staaten, allen voran Russland und andere Teilrepubliken der damaligen Sowjetunion, gewannen an Bedeutung. Auf dem Automobilsektor führte diese neue Krise zur Umrüstung der Flotten, insbesondere der amerikanischen Autohersteller, auf sparsamere Modelle und zum Aufkommen der japanischen Autoindustrie.

1990 stand wieder der Irak durch den Einmarsch in Kuwait im Mittelpunkt des daraus resultierenden Ölpreisschocks. Ab Mitte der 2000er Jahre verlagerte sich die Marktmacht zusehends zur Nachfrage, getrieben vom Wirtschaftswachstum in den USA und Japan und dem zunehmenden Energiebedarf in den Schwellenländern, allen voran China und Indien. Preistreiber sind seither primär fehlende Verarbeitungskapazitäten. Mit der Enron-Pleite Ende 2000 rückte die Verschränkung der Energiekonzerne mit den Finanzmärkten in den Blickpunkt des öffentlichen Interesses.

Das Auslaufen der weltweiten Ölreserven und das Ende der Erfolgsgeschichte
von Otto- und Dieselmotor sind absehbar, es wird zukünftig zu einer Verlagerung
zur Energieform Strom kommen. Dadurch können auch die Vorteile der
Elektromobilität ausgenützt werden, denn der Elektromotor braucht im
Vergleich zum Verbrennungsmotor nur ein Viertel der Energie.

The Stone Age did not end
for the lack of stones, and the
Oil Age will end long before
the world runs out of oil.
Scheich Zaki Ahmed Yamani, 2003

Von Peak Oil zu Peak Information?

Die von Marion King Hubbert 1956 begründete Peak-Theorie geht von einer „semi-logistischen" Verteilung in der Entwicklung der Ölproduktion aus, die sich in einer Glockenkurve ausdrückt. Annähernde Symmetrie im Anstieg und in der Verringerung des Rohstoffeinsatzes vor und nach einer singulären Spitze, die sich aus den wesentlichen Einflussgrößen Produktion, Reserven und Neuentdeckung von Ressourcen ergibt, liefern Anhaltspunkte für die Prognose der Produktion. Entgegen der Theorie könnte ein Produktionsrückgang aber statt angebots- auch nachfrageinduziert sein. Bisher zeigt sich weltweit allerdings nachhaltig noch kein solcher Effekt, Ölproduktion und Ölnachfrage steigen.

In der Verbrauchsentwicklung der vergangenen 40 Jahre zeigen sich Substitutionseffekte von Erdöl durch Elektrizität. Während der Anteil von Erdöl am Gesamtenergieverbrauch von 50 auf 40 Prozent zurückging, verdoppelte sich der Stromkonsum auf knapp 20 Prozent. Angebotsseitig spielen Umwandlungsverluste eine große Rolle. In der EU-27 kommen vom gesamten Energiegehalt der eingesetzten Primärenergieträger nur etwa zwei Drittel beim Verbraucher an. Bei der Erzeugung von elektrischem Strom entfällt heute fast die Hälfte des Primärenergie-Einsatzes auf Kohle und Gas. In der Wirkungsgradsteigerung durch Nutzung erneuerbarer Energieträger steckt daher großes Innovationspotenzial. Wind und Sonne, aber auch Wasserkraft sind dargebotsabhängige Energieformen, die nur abhängig von regelmäßigen natürlichen Rhythmen wie Tag und Nacht und den Jahreszeiten, aber auch unregelmäßigen Einflüssen wie dem lokalen Wetter zur Verfügung stehen.

Um Energie räumlich und zeitlich für die Endenergienachfrage verfügbar zu machen, muss sie transportiert und gespeichert werden. Eine große Aufgabe der Energiewende ist daher die räumlich-zeitliche Optimierung von Angebot und Nachfrage. Diese wird einerseits unterstützt durch immer exaktere Prognoseverfahren für die Fluktuationen der erneuerbaren Energien, andererseits durch immer detailgenauere Modellierungen von Flexibilitäten. Zur Anpassung der Erzeugung an den Verbrauch sind Speichertechnologien erforderlich. Die höchsten Wirkungsgrade bei Langzeitspeichern (Wochen- bzw. Jahresspeichern) erreicht man in Pumpspeicher-Wasserkraftwerken. Bei Stunden- und Tagesspeichern sind noch innovative Entwicklungen in Technologien wie Druckluft-, Batterie-, Superkondensator- oder Schwungradspeicher gefordert. Energieumwandlungskonzepte wie Power-to-Gas sind in Erprobung. Produzierte Energie (etwa aus Windkraft), die nicht zeitnah nachgefragt wird, dient dabei dazu, mittels Elektrolyse speicherbaren Wasserstoff zu erzeugen. Solche Verfahren können den Markt aber erst stärker durchdringen, wenn wirtschaftlicher Betrieb gegeben ist.

Für den tatsächlichen Energiekonsum sind in aller Regel weitere Umwandlungsschritte erforderlich, so wird Gas typischerweise als Wärme konsumiert und Erdöl als Kilometer. Der Transportsektor macht in der EU-27 etwa ein Drittel der Endenergienachfrage aus. Erdöl ist mit etwa 40 Prozent der am stärksten nachgefragte Energieträger, mehr als drei Viertel davon werden im Transportsektor eingesetzt. Nachfrageseitig sind Innovationen zur Energieeffizienzsteigerung im Blickpunkt, ob bei industriellen Prozessen, bei der Deckung des Wärme- bzw. Kältebedarfs oder im Transportbereich. Hand in Hand mit der Steigerung der Energieeffizienz geht die Reduktion von Emissionen und damit die Verschränkung von Energie- und Umweltzielen.

Substitution von Erdöl durch andere Energieträger hätte im Transportsektor den stärksten Multiplikatoreffekt zur Hinauszögerung von Peak Oil. Als Antriebstechnologie war der Otto-Motor schon in den Anfängen des Automobilbaus in den 1880er Jahren keineswegs konkurrenzlos.

Denn der Elektromotor braucht für das gleiche Drehmoment nur ein Viertel der Energie eines Verbrennungsmotors, bei dem die restliche Energie in Wärme umgewandelt wird. Der berühmte Lohner-Porsche, der bei der Pariser Weltausstellung 1900 seinen großen Auftritt hatte, ist der historisch wohl bekannteste Vertreter dieser Technologie. Die mehr als 100-jährige Erfolgsgeschichte von Otto- und Dieselmotor beruht aber, wie erwähnt, auf dem Einsatz des transportfreundlichen Energieträgers Erdöl. Zur Substitution von fossilen Energieträgern wird es künftig zu einer stärkeren Verlagerung zur Energieform Strom kommen – nicht nur bei der Elektromobilität, sondern auch durch Kopplung mit der Wärme-Kälte-Erzeugung; eine Wärmepumpe mit Wärmespeicher kann erneuerbare Energien durch Verlängerung ihrer zeitlichen Verfügbarkeit mit der Nachfrage abstimmen und so besser in das Stromnetz integrieren und Stromüberschüsse aufnehmen.

Im Kommunikationssektor haben die mobilen Geräte die Festnetztelefonie weitgehend verdrängt. Die durch diese Entwicklung vorangetriebene Miniaturisierung hat es mit der Entwicklung der Lithium-Ionen-Technik für elektrochemische Speicherung mit Energiedichten von ein bis zwei Megajoule pro Liter des Elektrolyts Lithium ermöglicht, in Einsatzgebiete auch im Transportsektor vorzustoßen. Für die durchschnittliche Tagesreichweite von 50 Kilometern benötigt ein Pkw mit Elektroantrieb ca. 60 Megajoule.

Sektorübergreifende Ansätze, in denen innovative Konzepte aus dem Verkehrssektor, wie Intermodalität, also dem Einsatz unterschiedlicher Verkehrsträger pro Transportvorgang (z. B. verstärkter Einbindung von Schienentransporten), mit technischen Innovationen aus dem Energiesektor kombiniert werden, können Energieeffizienzsteigerungen wesentlich verstärken. Nimmt man als Wirkungsgrad den Energieeinsatz pro Personenkilometer, ergeben sich aus einer Studie der TU Wien (Brauner 2007) Relationen von bis zu 3:1. Ein fossil betriebener Pkw verbraucht demnach pro Person und Kilometer 166 Megajoule Energie, U-Bahn und Elektro-Pkw (mit Ladestrom aus erneuerbaren Ressourcen) dagegen nur 54 Megajoule. Flugzeug, Bahn und Bus liegen dazwischen. Ein wesentlicher Teil der Effizienzsteigerung liegt in der Planung und Umsetzung neuer Stadtkonzepte, den Smart Cities, die in einem interdisziplinären Ansatz beispielsweise dezentrale Stromerzeugung und Stromspeicherung, Kraft-Wärme-Kopplung und Mobilität berücksichtigen und mittels Informations- und Kommunikationstechnik benutzerfreundliches Energiemanagement und Energieoptimierung ermöglichen.

Die Entwicklung neuer Technologien zur Nutzung erneuerbarer Energiequellen bringt eine Dezentralisierung zum Teil bis zum Einzelhaushalt und schafft durch die Zusammenführung von Angebot und Nachfrage, Produzent und Konsument eine neue Rolle im Energiesystem, den „Prosumer". Dezentrale, innovative Speicherlösungen im Haushalt und die Verknüpfung mit Photovoltaik bzw. Wärmepumpe erhöhen den Deckungsgrad des Eigenbedarfs.

Die optimale zeitliche Anpassung von Energieversorgung und Energiekonsum setzt kurzfristige Steuerbarkeit der Aggregate voraus. Mit einer zunehmenden Elektrifizierung des Transportsektors kommt eine große Zahl an neuen Verbrauchern mit hohem Speicherpotenzial dazu. Dezentralisierung und Verkürzung der Mess- und Regelintervalle führen zu einer exponentiellen Steigerung der Datenvolumina zu „Big Data", welches dereinst eventuell „Peak Information" erlebt.

Innovationen in Informations- und Kommunikationstechnik sind gefordert, um „Smart Grids" zu steuern. Dem Konsumenten werden heute schon mittels „Smart Phone" Anwendungen angeboten, die ihm einen Überblick über seinen persönlichen Energiehaushalt geben sowie eine aktive Steuerung von Geräten oder der Raumklimatisierung bieten und damit den Komfort erhöhen. Im Gewerbe- und Industriebereich kann durch die Nutzung der Flexibilität der Unternehmen (Verbraucher, Eigenerzeugungsanlagen) und Vermarktung dieser am Strommarkt ein neuer Marktzugang geschaffen werden.

Die Erdölkonzerne der Gegenwart entwickeln sich zu integrierten Energiekonzernen. Rockefellers Geschäftsmodell der vertikalen Integration könnte dabei aufgegriffen werden. Kontrolle über zentrale und dezentrale Erzeugung entspricht dabei den Förderkapazitäten, Kontrolle über Flexibilisierung der über die Raffinerien. Beim Transport wäre das Analogon die Telekommunikation, bei der Vermarktung das Internet. Bedenkt man, dass Google seit 2010 Energiehändler ist und Apple sich mit Solarstrom großteils selbst versorgt, stellt sich allerdings die Frage, wer 2114 die Big Player am Energiemarkt sein werden.

Standard Oil hat 1901 zu Ehren Edwin L. Drakes in Titusville ein Monument errichten lassen. Wer wird wohl der Rockefeller sein, der das Geschäftsmodell des Energiemarkts 2.0 findet und den Pionieren der Energiewende ein Denkmal setzt?

Martin Kugler

◆

30. 8. 1860
Ignaz Semmelweis' Abschluss
der „Ätiologie"
*Die Revolutionierung
der Geburtshilfe*

◆

Man schrieb den 30. August 1860: Der ungarische Mediziner Ignaz Semmelweis beendete an diesem Spätsommertag nach 18 Monaten emsiger Arbeit das Buch *Die Aetiologie, der Begriff und die Prophylaxis des Kindbettfiebers*. Semmelweis brach mit der Veröffentlichung des 543 Seiten starken Schmökers (Erscheinungsjahr 1861) ein zehn Jahre andauerndes Schweigen. Seit sechs Jahren war er zwar angesehener Professor an der Universität Pest (heute: Budapest), aber abgesehen von ein paar unbedeutenden Veröffentlichungen in einer kleinen ungarischen Medizinzeitschrift war er bislang nicht an die Öffentlichkeit getreten, um seine Lehre zu verbreiten. Zu tief saß der Schock, der Frust, die Enttäuschung darüber, was ihm zehn Jahre zuvor in Wien widerfahren war, als er seine bahnbrechenden Entdeckungen machte.

Semmelweis hatte im Alleingang das Kindbettfieber besiegt, eine furchtbare Krankheit, an der bisweilen jede fünfte Mutter verstarb. Damals war diese medizinische Großtat praktisch niemandem bekannt. Semmelweis erhoffte sich nun seinen großen Durchbruch – doch daraus wurde nichts: Die Fachwelt nahm die Aetiologie kaum wahr, und wenn, dann begegnete man ihr meist feindlich – so wie ein Jahrzehnt vorher in Wien.

Im 19. Jahrhundert war das Allgemeine Krankenhaus im neunten Wiener Gemeindebezirk – heute der Campus der Universität Wien – das größte Krankenhaus der Welt. Kaiser Joseph II. hatte es 1784 gegründet: „Zum Heil und zum Trost der Kranken" („Saluti et solatio aegrorum"), wie über dem Haupteingang zu lesen ist. Die Wiener Ärzteschaft besaß Weltruf, seit Gerard van Swieten Mitte des 18. Jahrhunderts die Erste Wiener Medizinische Schule begründet hatte. Doch gegen die meisten Leiden konnte auch deren Kunst nicht viel ausrichten. Eine der furchtbarsten und rätselhaftesten Krankheiten, die damals grassierte, war eben das Kindbettfieber, auch Puerperalfieber oder Puerperalsepsis genannt – „puerperium" ist das Wochen- oder Kindbett, eine sechs bis acht Wochen lange Zeitspanne bis zur Rückbildung der durch Schwangerschaft und Geburt verursachten Veränderungen.

Die Erkrankung beginnt bald nach der Entbindung mit erhöhter Körpertemperatur, mit Druckschmerzen im Unterleib, mit übelriechenden Sekreten oder Blutungen. In vielen Fällen verschlechtert sich der Zustand der Patientinnen rasch, das äußert sich durch eine Abwehrspannung im Unterbauch, durch Übelkeit, Erbrechen und Schocksymptome (etwa Puls- oder Atembeschleunigung). Gebärmutterschleimhaut und Bauchfell entzünden sich, der Bauch bläht sich auf. Starke Fieberanfälle durchschütteln die Frauen, ohne wirksame Behandlung ist die letzte Konsequenz eine tödliche Sepsis (Blutvergiftung).

Heute ist jedem klar, dass das Kindbettfieber eine Infektionskrankheit ist, die von pathogenen Bakterien verursacht wird. Nachdem die Mikroorganismen durch die große Wundfläche in der Gebärmutter, die durch die Ablösung der Plazenta entstanden ist, in den Körper und in die Blutbahn gelangt sind, vermeh-

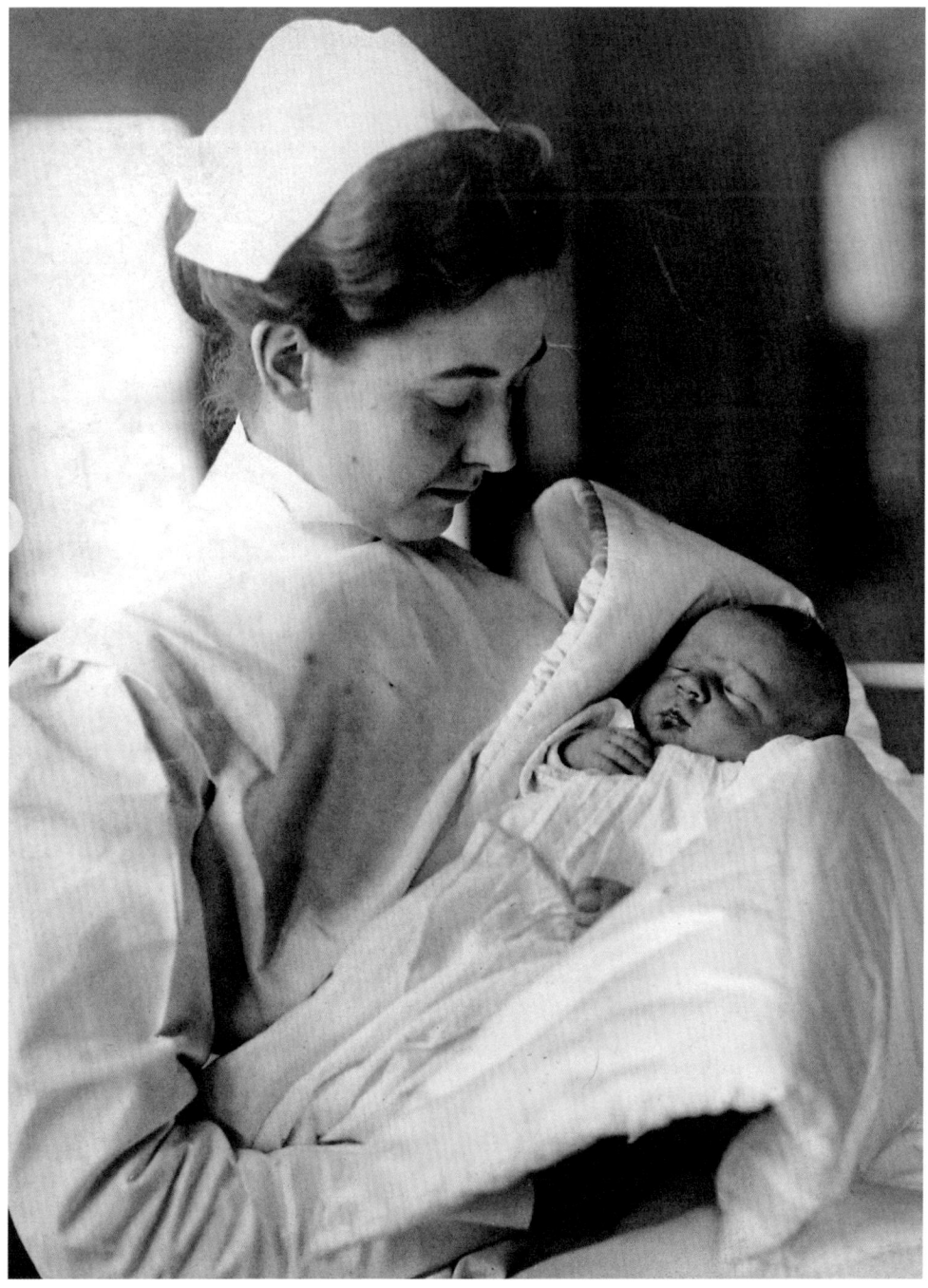

Ignaz Semmelweis revolutionierte den Kampf gegen das
Kindbettfieber mit seinem erfolgreichen Einsatz für mehr Hygiene.
Kinderschwester mit Baby, 1912.

ren sie sich und überfordern bald die Abwehrkräfte des Immunsystems. Vor 150 Jahren war dieser Mechanismus undenkbar – und zwar im wahrsten Sinn des Wortes: Bakterien und andere Mikroorganismen waren noch nicht entdeckt, man hatte zudem keine Ahnung, wie die Immunabwehr des Menschen funktioniert, und konnte folglich auch nicht helfend in die biologischen Prozesse eingreifen.

Es gab eine ganze Reihe von Theorien über die Ursache des Kindbettfiebers. Am weitesten verbreitet war die Miasmen-Lehre, die über Jahrhunderte eine der bestimmenden Basislehren der Medizin darstellte. Das griechische Wort Miasma bezeichnete schädliche Ausdünstungen oder verunreinigte Luft, die als Ursache für viele Krankheiten angesehen wurden. Miasmen entstanden, indem eine unbekannte Kraft von außen schlechten Einfluss auf einen Ort, ein Haus, eine Gegend oder einen Menschen nahm. Das Wort „Malaria" (wörtlich: schlechte Luft) ist ein sprachliches Relikt aus dieser Tradition. Durch Miasmen wurde auch die Ansteckung, also die Übertragung von Krankheiten von einem auf einen anderen Menschen, und die Ausbreitung von Seuchen (Epidemien) erklärt: Über einem Ort hänge ein „genius epidemicus", war eine geläufige Ausdrucksweise. Viele Ärzte waren überzeugt, dass man bei der Behandlung von Individuen gegen diese Einflüsse ziemlich machtlos sei. Ein Versuch, üblen Einflüssen zu begegnen, war die Quarantäne, eine 40-tägige Isolation für ankommende Seeleute.

Die allgegenwärtige Furcht vor Miasmen hatte freilich auch positive Folgen: Das Sauberhalten von Straßen oder die „Desodorierung" von Städten war günstig für die allgemeine Hygiene und die öffentliche Gesundheit. Dasselbe galt für den Alltag in der Medizin: Schon die alten Griechen nutzten Wein und Essig, um böse Miasmen zu vertreiben. Später übernahmen Alkohol, Chlor oder Jod diese Aufgabe. Auch das Kalken von Wänden in Spitälern sollte üble Ausdünstungen beseitigen. Das waren alles richtige Maßnahmen, die allerdings aus einem falschen Beweggrund heraus durchgeführt wurden.

Für das Kindbettfieber wurden ebenfalls Theorien entwickelt: Übelriechende Ausfluss und Eiter wurden als umgeleiteter Milchfluss gedeutet – aus der Beobachtung heraus, dass die Menge an gebildeter Muttermilch abnahm, wenn eine Frau an Kindbettfieber erkrankte. Andere Ärzte vermuteten hingegen, dass sich in der neunmonatigen Schwangerschaft Blutverunreinigungen ansammelten. Sie hatten auch eine plausibel klingende Erklärung dafür bei der Hand: Die sich vergrößernde Gebärmutter drücke auf den Darm, sodass sich Exkremente stauen und in das Blut eindringen. Solche Theorien knüpfen direkt an die alte Säftelehre (Humoral-Pathologie) an – die Standardbehandlung war der Aderlass.

Das war der Wissensstand der Medizin, als Ignaz Philipp Semmelweis die Bühne betrat. Er war Jahrgang 1818, sein Vater war ein wohlhabender, deutschsprachiger Kaufmann in Budapest, ihm stand daher der Weg zu höherer Bildung offen. Ignác Fülöp – so sein Taufname auf Ungarisch – begann 1837 an der

Universität Wien Rechtswissenschaften zu studieren, nach einem Jahr wechselte er zur Medizin. Nach der Promotion über ein botanisches Thema *(Tractatus de Vita Plantarum)* trat Semmelweis 1844 seine Arbeit an der Brustambulanz des Allgemeinen Krankenhauses an. Hier kam er in engen Kontakt zu den Medizinreformern seiner Zeit, seine Vorgesetzten waren allesamt Mitbegründer der Zweiten Wiener Medizinischen Schule: etwa der Internist Josef von Škoda, der unter anderem das Abklopfen und Abhören von Patienten perfektionierte und – was damals neu war – deren physikalische Grundlagen erforschte. Oder der Dermatologe Ferdinand von Hebra, der erstmals mit wissenschaftlichen Methoden den verschiedenen Ursachen von Hautkrankheiten („Krätze") auf den Grund ging.

Semmelweis kam damit auch in den Dunstkreis der überragenden Gestalt der Wiener Medizinreformer: Carl Freiherr von Rokitansky, seit 1844 Professor für pathologische Anatomie. Er nutzte die damals schon weithin üblichen Autopsien gezielt, um neue Erkenntnisse für die Behandlung von Patienten zu gewinnen. Sein Grundgedanke, den er zum Teil von Pariser Medizinern übernommen hatte, lautete: Wenn eine Ordnung in die Vielfalt der Krankheiten gebracht wird, dann kann dieses Wissen für eine genauere Diagnose genutzt werden. Rokitansky selbst hat in seinem Leben angeblich mehr als 60.000 Obduktionen durchgeführt, er veröffentlichte eine neue Erkenntnis nach der anderen. Seine systematische Vorgehensweise bedeutete einen Paradigmenwechsel in der Medizin: weg von einer naturphilosophisch ausgerichteten spekulativen Medizin, hin zu einer naturwissenschaftlich-empirisch ausgerichteten Methode. Sein Grundprinzip lautete: „Was nicht klar ist, ist keine Wissenschaft." Wobei er sich der Grenzen durchaus bewusst war: Die mechanistische Forschungsmethode könne zwar zu den größten Aufklärungen führen, aber nie die Rätsel des Lebens lösen und nie das dem Menschen eingeborene metaphysische Bedürfnis befriedigen, schrieb er. Der junge, wissbegierige und engagierte Semmelweis war von Rokitanskys Ideen angetan, er nutzte die neuen Methoden gleich selbst in der Praxis: Durch Obduktionen an Frauenleichen überprüfte er die Tastbefunde, die er am Krankenbett gemacht hatte.

1846 wechselte Semmelweis an die erste geburtshilfliche Universitätsklinik des AKH. Diese war 1784 gegründet worden, um Frauen aus ärmlicheren Verhältnissen – und diese waren damals die große Mehrheit – eine Entbindung mit fachkräftiger Hilfe zu ermöglichen. Geburtshilfe war traditionell die Sache von Hebammen, erst nach und nach wurde sie zu einem medizinischen Fach (das aber noch Jahrzehnte ein Schattendasein führte). Die hochschwangeren Frauen konnten im AKH kostenlose Hilfe in Anspruch nehmen. Der Ansturm war so groß, dass 1834 eine zweite Gebärabteilung am AKH eröffnet wurde. Laut zeitgenössischen Berichten war diese zweite Station bei den Frauen viel beliebter – denn auf der ersten Station starben viel mehr Mütter im Kindbett.

Die hilfesuchenden Frauen wurden nach einer Art Zufallsprinzip einer der beiden Stationen zugewiesen: heute in die erste Station, morgen in die zweite Station, übermorgen wieder in die erste und so weiter. Warum die Zahl der Todesfälle in der ersten Gebärstation 15 Prozent und mehr erreichte, in der zweiten aber bei nur drei Prozent lag, war völlig rätselhaft. Ebenso rätselhaft war, dass sich der Unterschied in den frühen 1840er Jahren noch weiter vergrößerte. Die beiden Einrichtungen unterschieden sich nur darin, dass in der ersten Station Jungärzte ausgebildet wurden, in der zweiten Station hingegen Hebammen.

Semmelweis setzte sich in den Kopf, den Grund für den himmelhohen Unterschied herauszufinden. Er nutzte dazu die Methoden, die er von Rokitansky, Škoda und Hebra gelernt hatte – und die verblüffend der heutigen wissenschaftlichen Vorgehensweise ähneln: Er bildete Hypothesen und überprüfte diese systematisch.

Zu Beginn blieb Semmelweis im Rahmen der herrschenden Miasmen-Theorie und untersuchte, ob es Unterschiede bei atmosphärisch-kosmisch-irdischen Faktoren gibt. So sehr er sich auch anstrengte, etwas zu finden: Das Ergebnis war negativ. Die beiden Stationen befanden sich unter demselben Dach, waren baulich gleich gestaltet, sie hatten sogar denselben Eingang und Warteraum. An Miasmen konnte es also nicht liegen.

Als nächste Hypothese betrachtete er die Belegung der Stationen. Es könnte ja sein, so der Gedanke, dass eine Überbelegung die Zahl der Erkrankungen steigen ließ? Eine genaue Überprüfung der Situation ergab aber, dass die zweite Station wegen ihres guten Rufs sogar deutlich stärker frequentiert war als die erste. Also musste auch diese Hypothese verworfen werden.

Semmelweis nahm selbst abstrus anmutende Erklärungsversuche ernst. Etwa, ob die Priester und ihr Gefolge, die zwecks Krankensalbung in die Sterbezimmer kamen, von allen Patienten gesehen werden konnten. In der ersten Geburtsstation musste der Tross der Geistlichen, der sich auch mit Glöckchen ankündigte, fünf Krankenzimmer durchqueren, in der zweiten Station gab es hingegen einen direkten Zugang. Das Argument dahinter würden wir heute als psychosomatisch bezeichnen: Wenn die Patienten mitbekommen, dass ein Priester zu einer Krankensalbung gerufen wurde, dann steigert das bei allen die Furcht, selbst sterben zu können – was sie anfälliger für eine Erkrankung machen könnte. Semmelweis sorgte dafür, dass die Priester und Ministranten einen anderen Weg nahmen, auf dem sie von weniger Frauen gesehen wurden, und dass sie sogar auf den Gebrauch des Sterbeglöckchens verzichteten. Doch diese Maßnahme hatte ebenfalls keine Auswirkung auf die Mortalitätsraten.

Semmelweis testete viele Hypothesen und landete stets in Sackgassen. Auf die richtige Spur kam er durch den tragischen Tod des befreundeten Gerichtsmediziners Jakob Kolletschka. Dieser war am 20. Mai 1847 an einer schweren Blutvergiftung gestorben, die Symptome ähnelten stark jenen von Kindbettfieber. Semmelweis fand heraus, dass sich Kolletschka bei einer Autopsie mit dem Skalpell am Finger verletzt hatte, als er einem Studenten half. Da kam dem Jungmediziner der entscheidende Gedanke: Wäre es vielleicht möglich, dass durch die Verletzung irgendeine Substanz aus einer Leiche in den Körper des Professors gelangt war, die dann die tödliche Krankheit auslöste?

Schnell wurde ihm klar, dass die Idee etwas für sich hatte. Jeder Mediziner musste damals auch Leichen sezieren. Zwar war es selbstverständlich, dass sich die Ärzte danach umzogen und die Hände gründlich mit Seife wuschen, bevor sie zu den Patienten gingen. Doch immer wieder beobachtete er, dass trotzdem ein gewisser Leichengeruch blieb. Wenn ein Geruch hängen blieb, dann konnte genauso „Leichengift" oder – so Semmelweis' Diktion – „Cadavertheilchen" von Verstorbenen über die Hände der Ärzte an die im Krankensaal liegenden Wöchnerinnen übertragen werden. Das könnte die Ansteckung mit Kindbettfieber erklären. Semmelweis wies noch im Mai 1847 die Assistenzärzte an, die Hände nach Autopsien nicht nur zu waschen, sondern auch mit Chlorwasser zu reinigen – Chlor war eines jener Mittel, mit denen traditionell Miasmen und insbesondere der üble Geruch von Fäulnismaterial bekämpft wurden.

Der Erfolg war atemberaubend: Innerhalb eines Monats sank die Zahl der an Kindbettfieber verstorbenen Mütter von 36 auf sechs. Da Chlorwasser relativ teuer ist, wurde es durch den ebenso wirksamen billigeren Chlorkalk ersetzt. „Die unbekannte Ursache, welche so entsetzliche Verheerungen anrichtete, war demnach in den an der Hand klebenden Cadavertheilen der Untersuchenden an der ersten Gebärklinik gefunden", resümierte Semmelweis später in seiner *Aetiologie*.

Eine gewisse Anzahl an Erkrankungen blieb aber. Da hatte Semmelweis eine weitere Idee: Dass nämlich die Ärzte die Krankheit auch von einer Patientin zur nächsten übertragen könnten. Ende 1847 wurde daher angeordnet, dass die Hände vor jeder Untersuchung mit Chlorkalk gereinigt werden mussten. Dadurch sank die Todesrate weiter: Im Jahr 1848 lag sie auf der ersten Station sogar niedriger als auf der zweiten. Nebenbei hatte Semmelweis damit auch das Rätsel gelöst, warum es den großen Unterschied zwischen den beiden Gebärstationen gibt: Denn nur auf der ersten Station waren Jungärzte tätig, die Obduktionen durchführten und zweimal täglich Untersuchungen an den Müttern vornahmen; die Hebammenschülerinnen machten das nicht, sie konnten die Krankheit daher auch nicht auf diesem Weg übertragen.

Die Arbeit von Semmelweis in diesen Jahren 1847 und 1848 gilt heute als der erste praktische Fall einer evidenzbasierten Medizin in Österreich. Was Semmelweis nicht wissen konnte: Vier Jahre vorher hatte auch der US-amerikanische Arzt Oliver Wendell Holmes die These vertreten, dass Ärzte die Krankheit im Zuge von Untersuchungen übertragen könnten. Er forderte, dass nach einem Fall von Kindbettfieber alle Instrumente gereinigt und die Kleidung verbrannt werden sollte.

Semmelweis erwartete nun verständlicherweise, dass ihm seine Kollegen und die ganze medizinische Welt applaudieren würden: Er hatte schließlich das Kindbettfieber besiegt! Doch das Gegenteil geschah: Er wurde vom Großteil der Kollegen und von seinen Vorgesetzten, allen voran vom Klinikvorstand Johann

Klein, angefeindet! Dieser erklärte die Verbesserung der Sterbestatistik durch eine neue Lüftungsanlage und bestand weiter auf der Ansicht, dass man sich beim Kindbettfieber hilflos stärkeren Mächten gegenüber sah. Die Kollegenschaft war durchaus geteilter Meinung, Klein konnte aber zum Beispiel die Einsetzung einer Kommission zur Überprüfung der Semmelweis'schen Erfolge verhindern. Ähnlich erging es übrigens auch Holmes in den USA: Er wurde von der Fachwelt heftig angefeindet, obwohl die von ihm vorgeschlagenen Maßnahmen die Sterblichkeit von Müttern im Kindbett drastisch gesenkt hatten.

Woher kam diese starke Ablehnung? Der psychologisch wichtigste Faktor war, dass den Ärzten klar werden musste, dass sie selbst es waren, die die Frauen mit der todbringenden Krankheit ansteckten - anstatt sie zu heilen. Sich ein derart großes Versagen eingestehen zu müssen, ist natürlich starker Tobak. Viele Ärzte fanden es wohl einfacher sich einzureden, dass die neue Erklärung falsch sei. Manche Mediziner, die von der Richtigkeit der Semmelweis'schen Ideen überzeugt waren, wurden indes von Schuldgefühlen gebeutelt, einige, wie etwa der Kieler Arzt Gustav Adolf Michaelis, begingen deswegen sogar Selbstmord.

Diese Zumutung für den Stand der Mediziner ist aber nur ein Grund für die Ablehnungsfront. Ein weiterer dürfte in der Persönlichkeit von Semmelweis zu suchen sein: Er hatte große Schwierigkeiten sich auszudrücken und Hemmungen, vor Publikum zu sprechen - daher unterließ er es, seine Methode in öffentlichen Vorträgen zu erläutern und zu verteidigen. Eine Einladung, 1849 vor der Wiener Medizinischen Gesellschaft zu referieren, schlug er aus, an seiner statt hielt Škoda den Vortrag. Semmelweis griff auch nicht zur Feder, um seine Lehre klar darzulegen. Das übernahm Hebra, der schon 1847 einen ersten Artikel über die Erfolge von Semmelweis veröffentlichte. Dieser verteidigte sie nicht einmal, nachdem einige zwar wohlmeinende, aber fehlerhafte Artikel über seine Lehre erschienen waren.

Semmelweis weigerte sich auch, seine Lehre durch Experimente an Kaninchen zu überprüfen und die Ergebnisse zu veröffentlichen - die Kaiserliche Akademie der Wissenschaften hatte ihm sogar ein Stipendium dafür angeboten. Er sah aber keinen Sinn in solchen Versuchen, weil die klinischen Befunde für sich sprächen.

Semmelweis schwieg jahrelang zu aller Kritik.

Diese Untätigkeit hing, so meinen manche Biographen, auch damit zusammen, dass Semmelweis aus Ungarn kam und sich gegenüber den deutschen Professoren als minderwertig vorkam. Manche Wissenschaftshistoriker sehen schon hier erste Zeichen seiner späteren Erkrankung. Eine Rolle spielten aber sicher auch die politischen Vorgänge: 1848 war Revolutionsjahr, in dem auch die Medizinreformer auf die Barrikaden stiegen. Nach der Niederschlagung des Aufstandes und der Etablierung der Reaktion hatten es neue Ideen und unabhängige Geister nicht leicht, gegen das Establishment Gehör zu finden.

Hinter all diesen konkreten Gründen für die Ablehnung von Semmelweis' Methode steckt freilich noch eine viel tiefergehende Ursache: Das Händedesinfizieren hatte keine theoretische Begründung. Es wirkte, aber niemand konnte sagen, warum es wirkte. Semmelweis' eigene Erklärung mit übertragenen „Cadavertheilchen" war intellektuell ziemlich dürftig und zu wenig überzeugend. Dass er damit gar nicht so weit weg von der Wahrheit lag – dass nämlich Bakterien übertragen werden –, konnten er und seine Zeitgenossen damals nicht einmal erahnen.

Aus all diesen Gründen geriet Semmelweis jedenfalls zwischen die Fronten der alten Garde am AKH, die der traditionellen, naturphilosophisch begründeten Medizin anhing, und den liberalen Reformern, die sich für eine Verwissenschaftlichung einsetzten. Auch Rokitansky warf sein Gewicht für Semmelweis in die Waagschale: In seiner Funktion als Vorsitzender der k. k. Gesellschaft der Ärzte sprach er nach einer Diskussion der Thesen Semmelweis' von einer „unbestreitbaren Sinnhaftigkeit der Chlor-Kalk-Waschungen".

Schließlich kam Semmelweis in so arge Bedrängnis, dass er sich doch noch zu einem öffentlichen Vortrag überreden ließ, nämlich am 15. Mai 1850 vor der Gesellschaft der Ärzte. Da war es aber bereits viel zu spät, um das Steuer herumreißen zu können: Seine Gegner hatten schon 1849 dafür gesorgt, dass sein Assistentenvertrag nicht verlängert wurde. 1850 verhinderten sie zunächst seine Habilitation. Zwar wurde Semmelweis wenig später trotzdem zum Dozenten für theoretische Geburtshilfe ernannt – allerdings beschränkt auf Übungen an „Phantomen" (anatomischen Puppen) und Demonstrationen.

Das erboste ihn so sehr, dass er fünf Tage später seine Zelte in Wien abbrach und, ohne sich von seinen Freunden zu verabschieden, heim nach Pest reiste. Dort schlug er sich als Privatdozent und zunächst als unbesoldeter Primararzt an der Entbindungsstation des St.-Rochus-Spitals durch. 1865 berief ihn die Universität Pest zum Professor für theoretische und praktische Geburtshilfe sowie als Hebammenlehrer. Er praktizierte dort seine Lehren, hatte damit auch Erfolge, machte sich durch seine Starrköpfigkeit aber erneut bei vielen Leuten unbeliebt. Auch die Kritik an seinen Ideen verstummte nicht. Und Semmelweis setzte dieser erneut kaum etwas entgegen. Er veröffentlichte lediglich einige kleinere Beiträge im ungarischsprachigen *Ärztlichen Wochenblatt (Orvosi Hetilap)*. Diese Artikel drangen nicht einmal bis Wien vor, geschweige denn in die ganze Welt hinaus.

Mit der Veröffentlichung der *Aetiologie* 1860/61 erhoffte er sich eine breite Anerkennung, einen Durchbruch für seine Lehre. Er schickte umgehend Exemplare an die angesehensten Gynäkologen Europas und an medizinische Gesellschaften. Doch es gab praktisch kein Echo, und wenn, dann war es meist negativ (obwohl seine Methode in immer mehr Spitälern erfolgreich angewandt wurde).

Dafür gibt es mehrere nachvollziehbare Gründe: Zum einen war die Angst der Medizinerzunft, eigene Fehler eingestehen zu müssen, noch immer nicht überwunden. Zum anderen hatte das Buch aber auch schwere Mängel: Es ist sehr weitschweifig geschrieben, viele Teile wiederholen sich und ermüden den Leser, es enthielt größtenteils veraltete Statistiken, viele Beschimpfungen der Gegner und noch mehr Eigenlob. Zudem hat Semmelweis in seiner selbstgewählten Isolation in Pest nicht mitbekommen, dass sich in der Welt der Wissenschaften etwas veränderte: Louis Pasteur hatte 1857 die Milchsäurebakterien entdeckt, er stieß damit ein neues Kapitel der medizinisch-biologischen Wissenschaften auf – auch wenn zu diesem Zeitpunkt noch niemand eine Verbindung zwischen Mikroorganismen und Krankheiten herstellte.

Dazu kam noch, dass sich die Persönlichkeitsstruktur von Semmelweis weiter veränderte – und zwar nicht zu seinem Vorteil. Er wurde mehr und mehr zu einer widersprüchlichen Person: Zum einen war er mürrisch und unduldsam, begriff sich immer stärker als Außenseiter und zeigte Tendenzen zur Selbstzerstörung; zum anderen überraschte er seinen Bekanntenkreis, indem er 1857 eine halb so alte Frau heiratete, mit der er fünf Kinder hatte (von denen drei bald starben). Manche Biographen nehmen an, dass Semmelweis an Alzheimer litt, andere sehen eher eine syphilitische Krankheit. Er beschimpfte jedenfalls Kollegen und Kritiker bisweilen unflätigst. An den Würzburger Gynäkologen Friedrich Scanzoni schrieb er etwa den denkwürdigen Satz: „Sollten Sie [...], Herr Hofrath, ohne meine Lehre widerlegt zu haben, fortfahren, Ihre Schüler und Schülerinnen in der Lehre des epidemischen Kindbettfiebers zu erziehen, so erkläre ich Sie vor Gott und der Welt für einen Mörder."

Zu den letzten Jahren in Semmelweis' Leben gibt es mehrere Theorien, die sich teilweise widersprechen. Faktum ist, dass er zunehmend depressiv wurde und im Sommer 1865 in die Niederösterreichische Landesirrenanstalt in Wien eingeliefert wurde – wo er zwei Wochen später, Ironie der Geschichte, an einer Blutvergiftung verstarb.

Die Bestätigung, dass er mit seiner Idee Recht hatte, erlebte er nicht mehr. Im Todesjahr von Semmelweis veröffentlichte Pasteur seine ersten Artikel, in denen er nachwies, dass es einen Zusammenhang zwischen Mikroorganismen und der pathologischen Veränderung von organischen Substanzen gibt. Gleichzeitig beobachtete der schottische Chirurg Joseph Lister im Mikroskop, dass sich in Eiter Bakterien befinden. 1867 veröffentlichte er einige Artikel, in denen er Erfolge durch die Desinfektion von Verbänden und des Operationstisches mit Karbolsäure beschrieb. Ob Lister damals etwas über die Arbeit von Semmelweis wusste, ist unter Wissenschaftshistorikern umstritten. Lister spürte übrigens ebenfalls heftigen Gegenwind aus der Medizinerzunft, er setzte sich aber letztlich durch und wurde 1895 sogar Präsident der Royal Society.

Was wohl vor allem damit zusammenhängt, dass sich der Wind in der Medizin endgültig gedreht hatte: Immer mehr Ärzte wandten sich der medizinischen Mikrobiologie zu und von der Miasmen-Lehre ab. Den endgültigen Durchbruch brachten die Arbeiten des deutschen Bakteriologen Robert Koch, der im Jahr 1876 den Erreger des Milzbrandes außerhalb des Organismus kultivierte. Dadurch wurde erstmals

die Rolle von Bakterien bei der Entstehung von Krankheiten lückenlos nachvollziehbar. Wenige Jahre später gelang ihm das auch beim Tuberkulose-Erreger.

Dadurch gab es plötzlich eine plausible Erklärung für Hygienemaßnahmen.
Die Praxis des Desinfizierens, die sich als erfolgreich erwiesen hatte, hatte nun
auch eine theoretische Fundierung und wurde dadurch – zumindest im Prinzip –
für jedermann akzeptabel.

Allgemeiner formuliert: Die naturwissenschaftlich-empirische Methode hatte eine
Erklärung (samt konkreten Handlungsanweisungen für Ärzte) für ein Problem
gefunden, an dem die frühere naturphilosophische Medizin, die unter anderem an
tellurische Einflüsse als Ursachen für Epidemien glaubte, gescheitert war. In
diesem Licht besehen ist Semmelweis eines jener Opfer, die auf dem Weg von
der alten zur modernen Anschauungsweise auf der Strecke blieben, die zwischen
den Mühlsteinen dieser Revolution zerrieben wurden.

Es dauerte auch noch eine ganze Ärztegeneration, bis die neuen Ideen bei
allen Medizinern „durch" waren. Ein gutes Beispiel für diese Umbruchzeit ist
der Begründer der modernen Bauchchirurgie, Theodor Billroth, der 1867 nach
Wien kam und viele Ideen von Lister mitbrachte. Neben seiner Tätigkeit als Chirurg beschäftigte er sich auch mit der Mikrobiologie, er fand zum Beispiel im
Eiter kugelförmige Bakterien, die er „Coccobacteria septica" nannte. Er hielt sie
allerdings nicht für die Ursache der Infektionen. Ein anderer interessanter Fall
ist der deutsche Pathologe Rudolf Virchow, der ebenfalls eine der Speerspitzen
bei der Entwicklung der modernen Medizin war: Er wollte lange Zeit den Zusammenhang zwischen Krankheiten und Infektion mit Mikroorganismen nicht
wahrhaben. Noch im Jahr 1897 schrieb er in einem Lehrbuch über das Kindbettfieber, dass sich im Körper von Frauen schon ihr ganzes Leben „Fremdstoffe"
befänden, die durch den Geburtsvorgang zu „gären" begännen.

Rokitanskys und Škodas Ideen setzten sich nach dem Abtreten der alten
Garde schließlich auch in Wien durch: Die Verbindung zwischen experimentel-
ler Analyse und der Arbeit am Krankenbett erwies sich als äußerst fruchtbar für
neue Diagnose- und Therapiemöglichkeiten. Durch diese Professionalisierung
der Medizin und durch die Etablierung neuer Fachgebiete erlangte das Wiener
AKH wieder Weltruhm. Rokitansky wurde später auch Dekan, Rektor, Präsident
der Akademie und sogar Reichsratsmitglied.

Trotz der offenkundigen Erfolge bei der Bekämpfung von pathogenen
Mikroorganismen durch verbesserte Hygiene – Antibiotika als wirklich wirksame
Heilmittel wurden ja erst ab den 1930er Jahren entdeckt – blieb der Pionier
Semmelweis lange Zeit in Vergessenheit. Irgendwann konnte man seine Rolle in
dieser Geschichte aber nicht mehr länger ignorieren. 1882 verfasste der deutsche Gynäkologe Alfred Hegar die erste Biographie über Semmelweis, innerhalb
weniger Jahre wurde er zum „Retter der Mütter" hochstilisiert. Besonders gefeiert wurde er im Ungarn – mit klar nationalistischen Zügen: 1891 gründete die

Universität Budapest (sie hieß so nach der 1873 erfolgten Vereinigung der Stadtteile Buda, Obuda und Pest) das Semmelweis-Gedenk-Komitee, im selben Jahr wurden seine sterblichen Überreste am Schmelzer Friedhof in Wien exhumiert und nach Budapest überführt. Endgültige Ruhe sollten die Knochen aber noch nicht gefunden haben: 1965 wurde im Geburtshaus von Semmelweis das nach ihm benannte medizinhistorische Museum eingerichtet, in dessen Innenhofwand der Pionier der Hygiene nun bestattet ist. In Wien kam Semmelweis erst spät zu Ehren: 1943 wurde im 18. Bezirk die Ignaz-Semmelweis-Frauenklinik gegründet.

Nebenbei bemerkt: Der Name Semmelweis sollte schließlich auch in die US-amerikanische Populärkultur Einzug halten: Der Bestsellerautor Robert A. Wilson prägte den Begriff „Semmelweis-Reflex" für die unmittelbare Ablehnung einer Information oder wissenschaftlichen Entdeckung ohne weitere Überlegung oder Überprüfung des Sachverhaltes.

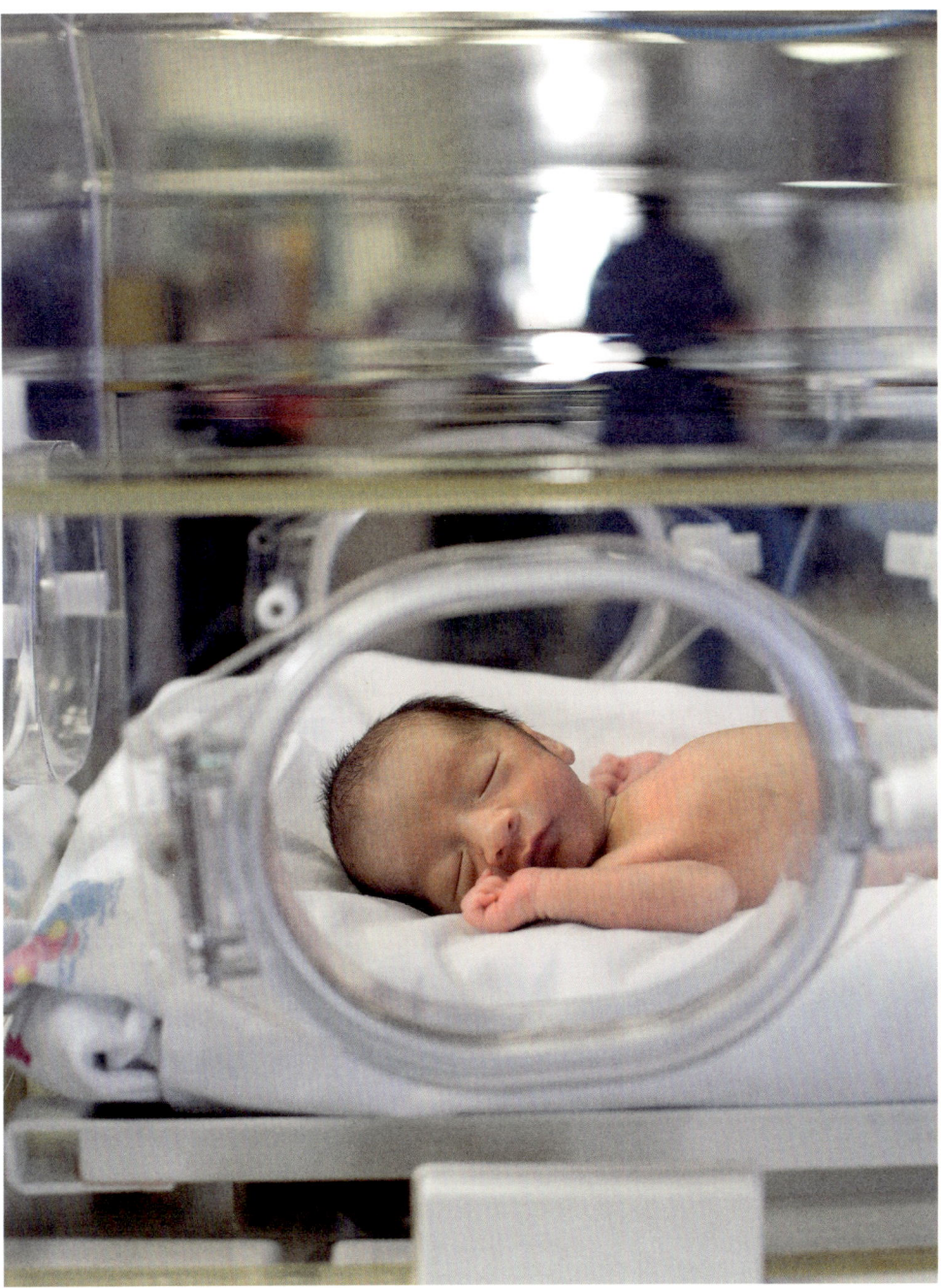

Einen ähnlichen Optimierungsschub bei der geburtlichen Versorgung von Mutter und
Kind wie Semmelweis' Erkenntnisse bedeutete die Einführung des Inkubators.
Die Innovationen der Neonatologie führen zu einer permanent steigenden
Überlebenschance bei Früh- und kranken Neugeborenen.

Käthe Springer-Dissmann

◆

24. 7. 1895
Sigmund Freuds
erste Traumdeutung
*Am Schlaf der Welt rühren –
Der Aufbruch der Psychoanalyse*

◆

Doch Träume sind Begierden ohne Mut, Sind freche Wünsche, die das Licht des Tags Zurückjagt in die Winkel unserer Seele, Daraus sie erst bei Nacht zu kriechen wagen.

Arthur Schnitzler

Bellevue – schöne Aussichten?

Im Sommer 1895 behandelt Sigmund Freud eine junge Witwe wegen ständiger Übelkeit und Ekelgefühlen mit teilweisem Erfolg. Die unvollständige Heilung sowie eine als Kritik verstandene Bemerkung seines Freundes, des Kinderarztes Oskar Rie, beschäftigen Freud noch im Schlaf, während er auf Sommerfrische auf Schloss Bellevue am Cobenzl bei Wien weilt. Er träumt den berühmten „Traum von Irmas Injektion", den er unmittelbar nach dem Erwachen am 24. Juli 1895 schriftlich festhält und in der Folge analysiert. „Es ist dies der erste Traum, den ich einer eingehenden Deutung unterzog", berichtet er rückblickend über diese Initialzündung der Psychoanalyse (Freud 1972, 126, Anm. 1). Erstmals ist ein Traum als Wunscherfüllung entschlüsselt worden.

„Glaubst du eigentlich, daß an dem Hause dereinst auf einer Marmortafel zu lesen sein wird: ‚Hier enthüllte sich am 24. Juli 1895 dem / Dr. Sigm. Freud / das Geheimnis des Traumes.' Die Aussichten sind bis jetzt hiefür gering." Als Sigmund Freud diese Zeilen im Jahr 1900 aus Schloss Bellevue an Wilhelm Fließ schrieb (ebd., 140), war sein grundlegendes Werk *Die Traumdeutung* bereits in Wien erschienen, und zwar im November 1899, wobei der Autor – mit Sinn für Symbolik – die Veröffentlichung auf das Schwellenjahr 1900 hatte vordatieren lassen. Zwei Jahre lang hatte er an dem Buch gearbeitet, das die Hauptelemente der Psychoanalyse erstmals zusammenfügte und den Durchbruch zu einem neuen Verständnis des Unbewussten brachte.

„Die Traumdeutung aber ist die Via regia zur Kenntnis des Unbewußten im Seelenleben", schrieb er, vier Jahre nach seiner ersten Traumanalyse (ebd., 577).

Was damals keiner ahnte: Es sollte eines der meistgelesenen und einflussreichsten Bücher des 20. Jahrhunderts werden. Von Freud stets als sein Hauptwerk betrachtet, revolutionierte es die Seelenforschung und begründete ein neues, emanzipatorisches Menschenbild.

Zunächst freilich ließ der Erfolg auf sich warten. Gerade einmal 600 Exemplare hatte der Verleger zum 4. November 1899 von der *Traumdeutung* drucken lassen. Monate des Bangens und der Enttäuschung folgten, als die Schrift nahezu vollständig von der Öffentlichkeit ignoriert wurde (ebd., 19). Zu provokant, zu unbequem für ihre Zeit waren die Theoreme der neuen Wissenschaft.

Bereits Freuds Vorlesungen über die sexuellen Ursachen der Hysterie im Jahr 1895 waren auf geringen Zuspruch gestoßen, ebenso die zwei Jahre später publik gemachte Theorie über den Ödipus-Komplex, den er als einen Schlüssel für seelische Leiden ansah. Je mehr Freud die entscheidende Rolle der Sexualität und ihrer Unterdrückung bei der Entstehung seelischer Erkrankungen, aber auch für die „normale" psychische Entwicklung bloßlegte, desto mehr Angriffen war er ausgesetzt. Schon dies allein: Dass er die Grenzen zwischen Psychopathologie und „Normalität" einriss, war ein Skandalon. Ob Trieblehre, Verdrängungslehre oder Sexualtheorie, die Ansichten des Doktor Freud verstörten die Zeitgenossen; Polemiken und Verleumdungen waren die Folge und brachten den Seelenarzt zur schmerzlichen Erkenntnis, „daß es das unvermeidliche Schicksal der Psychoanalyse ist, die Menschen zum Widerspruch zu reizen und zu erbittern" (Freud 1999a, 45).

In der Dunkelkammer des Unbewussten

Selbst bei den unbequemsten Zeitgeistern stieß die Psychoanalyse auf Häme und Kritik. „Ihm [Freud] gebührt das Verdienst, in die Anarchie des Traums eine Verfassung eingeführt zu haben. Aber es geht darin zu wie in Österreich", ätzte Karl Kraus (Kraus 1908, 33). Dabei trat er in der von ihm herausgegebenen Reihe *Die Fackel*, deren erste Nummer im selben Jahr wie *Die Traumdeutung* erschienen war, zunächst für Freuds „neuere Psychologie" ein, ehe er sich von ihr abwandte. „Den Weg zurück ins Kinderland möchte ich, nach reiflicher Überlegung, doch lieber mit Jean Paul als mit S. Freud machen", befand er (Kraus 1913, 73).

Nicht nur Kraus lehnte die Lehren Freuds von der Rolle des Unbewussten und der möglichen Deutung und Beherrschbarkeit verdrängter Triebregungen ab. Egon Friedell kritisierte, die Psychoanalyse stütze mit dem Instrumentarium des Rationalen den Irrationalismus (Friedell 1947, 578). Hugo von Hofmannsthal hielt die Beherrschung der unbewussten Triebkräfte ohnehin für unmöglich. Und Arthur Schnitzler, Arzt und Neurosenspezialist wie Freud, der über Theodor Reik Kontakte zur Psychoanalyse pflegte, missbilligte nicht nur die „Überschätzung des ‚Oedipuscomplexes'" (Schnitzler 1981, 354), sondern auch die Tendenz „zu der trügerischen Gesetzmäßigkeit naturwissenschaftlicher Systeme" (Schnitzler 1927, 44).

Trotz der Kritik fühlte sich Freud – wie seine Briefe zeigen – gerade seinem „Doppelgänger" Schnitzler in mehr als einer Hinsicht verbunden. Schließlich sezierte auch dieser in seinen Romanen und Stücken schonungslos die Wiener Seelenverfassung und entlarvte die heuchlerischen Moralvorstellungen seiner Zeit. Mit Werken wie *Reigen* (1900 als Privatdruck erschienen) und *Lieutenant Gustl* (1900 als Vorabdruck in der *Neuen Freien Presse* publiziert) empörte Schnitzler die Wiener Gesellschaft nicht weniger als Freud mit seiner *Traumdeutung*.

Egon Friedell meinte über die geistige Verwandtschaft der beiden, Schnitzler habe „den Mut und die Kraft besessen, in die geheimnisvolle Dunkelkammer des menschlichen Unterbewusstseins hinabzusteigen und dort jene bedeutsamen und widerspruchsvollen Verschränkungen, Rückbeziehungen und Polaritäten aufzuspüren, deren wissenschaftliche Entdeckung sich an den Namen Sigmund Freuds knüpft; er hat bereits zu einer Zeit, wo diese Lehren noch im Werden begriffen waren, die Psychoanalyse dramatisiert. Und er hat in seinen Romanen und Theaterstücken das Wien des Fin de siècle eingefangen und für spätere Geschlechter konserviert" (Friedell 1947, 511).

Nervositäten im Fin de Siècle

Es mag kein Zufall sein, dass gerade im Wien der Jahrhundertwende die Theorie über unbewusste seelische Vorgänge so große Fortschritte machte. Lebenslust und Morbidität, Weltoffenheit und Intoleranz, Erotik und Ressentiment waren selten so eng verknüpft wie hier, im „fidelen Nest der Widersprüche, die manchem Großen das Leben verbittert haben" (Stein 1968, 11). Zwar fand Freud die Ansicht „unsinnig", die Psychoanalyse könne nur in einer Stadt wie Wien entstanden sein, deren Bewohner er weder prüder (eher weniger) noch nervöser fand als andere Großstädter (Freud 1999a, 80). Dennoch entsprachen Freuds Themen durchaus dem Zeitgeist: Ich und Traum, Eros und Tod waren bevorzugte Topoi des Wiener Ästhetizismus und der impressionistischen „Nervenkunst". Man interessierte sich für Gefühlszustände, für psychische Probleme und Geisteskrankheiten. Und nicht nur für Schnitzler war die Seele ein „weites Land", das es zu erforschen galt.

In Kunst und Literatur war die „Überreizung der Nerven" ein beliebtes Sujet geworden. „Heute scheinen zwei Dinge modern zu sein: die Analyse des Lebens und die Flucht aus dem Leben", befand Hugo von Hofmannsthal. „Man treibt Anatomie des eigenen Seelenlebens, oder man träumt. [...] Modern sind alte Möbel und junge Nervositäten" (Hofmannsthal 2013, 39). Das psychologische Interesse der Nervenromantiker der Wiener Décadence mit ihrem Hang zum Abgründigen, Verborgenen passte zu den Ideen des „Nervenarztes" Sigmund Freud und seiner neuen Lehre von den Erkrankungen der Seele.

Die Industrialisierung und die gesellschaftlichen Umbrüche Ende des 19. Jahrhunderts brachten in Europa aber auch soziale Reformbewegungen hervor. In der Epoche der Emanzipation setzten aufgeklärte Kreise auf Erziehungs- und Sozialreform, Sexualbefreiung und die Frauenfrage. Siegfried Bernfeld schrieb über die Rolle, welche die Psychoanalyse schon früh innerhalb dieser Reformströmungen der Jahrhundertwende einnahm: „Freud hat jene Bewegung ganz gewiß nicht geschaffen; noch weniger als Nietzsche, Ibsen, Wilde, Wedekind. Die wirtschaftliche und geistige Entwicklung von 1870 bis 1914 hat Familie, Religion, alle sexualhemmenden Instanzen, alle Schuldgefühl-Ideologien tief aufgebrochen. In diese Bewegung für Ehereform, Sexualreform, Frauenfrage und soziale Frage trat die Psychoanalyse früh ein; diese Welle hat bald nach Freuds grundlegenden Entdeckungen der Psychoanalyse ein erstes, wenn auch nur auf einige Schichten der progressiven bürgerlichen Intellektuellen und Jugend eingeschränktes Publikum gegeben. Die Universitätswissenschaft, damals noch recht lebensfremd, wußte von Trieben und Konflikten nichts. In Freud fand jenes Publikum einen Wissenschafter, von dem es etwa vernahm: ‚Man wird krank an verdrängter Sexualität, der Traum hat Sinn, dunklen sexuellen Tiefsinn.' [...]" (Bernfeld 1930, 113f.).

Zur Entwicklung der Psychoanalyse

Sigmund Freud, am 6. Mai 1856 in Příbor/Freiberg in Mähren geboren, hatte 1881 in Wien das Medizinstudium abgeschlossen. Er arbeitete zunächst als Neurologe; daneben beschäftigte er sich mit Hypnose und Psychiatrie und studierte in Paris bei Jean-Martin Charcot, dem größten Neurologen jener Zeit. 1891 eröffnete er in Wien 9, Berggasse 19, jener später so berühmten Adresse, seine Ordination. 1895 – dem Jahr seiner ersten Traumanalyse – veröffentlichte er mit dem Wiener Internisten Josef Breuer die *Studien über Hysterie*, die erste Grundlagen jener Lehre enthielten, welche Freud ein Jahr später „Psychoanalyse" nennen sollte.

1899/1900 erschien sein Opus magnum, *Die Traumdeutung*, das – wie Friedell bei aller Kritik konzedierte – „vielleicht zum Ruhm Freuds am meisten beigetragen hat" (Friedell 1947, 575). Ausgehend von seiner Selbstanalyse zeigte Freud darin, dass sich das Unbewusste, Verdrängte im Traum offenbart und durch die Methode der freien Assoziation, die er in den Jahren 1892 bis 1895 anstelle der Hypnose entwickelt hatte, erschlossen werden kann. Der Traum wird zum Modell für das Psychische und dessen Ausdrucksformen: Ob neurotisches Symptom, Fehlleistung oder Kunst – was immer die Seele an Sinn und Unsinn, an Zwängen und Phobien, ja selbst an scheinbar harmlosen Alltagsphänomenen wie Vergessen, Versprechern oder Witzen hervorbringt, sie folgt dabei stets dem Muster der Traumproduktion. Mit wenigen kühnen Schriften voller Sprachgewalt – wie *Zur Psychopathologie des Alltagslebens* (1901), neben der *Traumdeutung* eine von Freuds populärsten Schriften, *Drei Abhandlungen zur Sexualtheorie* (1905) und *Der Witz und seine Beziehungen zum Unbewussten* (1905) – legte Freud um die Jahrhundertwende die theoretische Basis für sein entstehendes Lehrgebäude, das auf der Voraussetzung beruhte, „daß eine Neurose durch Analyse verständlich werden müsse" (Freud 1999a, 58).

Über den Prozess seiner Theoriebildung und die Einflüsse, die zu ihrer Entstehung geführt haben, schreibt Freud rückblickend: „Die Psychoanalyse ist sozusagen mit dem zwanzigsten Jahrhundert geboren; die Veröffentlichung, mit welcher sie als etwas Neues vor die Welt tritt, meine *Traumdeutung*, trägt die Jahreszahl 1900. Aber sie ist, wie selbstverständlich, nicht aus dem Stein gesprungen oder vom Himmel gefallen; sie knüpft an Älteres an, das sie fortsetzt, sie geht aus Anregungen hervor, die sie verarbeitet" (Freud 1999b, 405). In seiner Ordination verfeinerte er die psychoanalytischen Methoden und baute mit weiteren Publikationen die wissenschaftlichen und kulturtheoretischen Grundlagen aus, nicht ohne stets aufs Neue Missachtung und Kritik zu ernten.

„An keinem anderen Orte ist die feindselige Indifferenz der gelehrten und gebildeten Kreise dem Analytiker so deutlich verspürbar wie in Wien", stellte Sigmund Freud 1914 fest (Freud 1999a, 81).

Die akademische Anerkennung ließ dementsprechend auf sich warten. 17 Jahre nach seiner Habilitation zum Privatdozenten (1885) und zweieinhalb Jahre nach Erscheinen der *Traumdeutung* brachte es Freud 1902 gerade einmal zum außerordentlichen Professor für Neuropathologie an der Wiener Universität. Es war, so spottete er über seine Ernennung, „als sei die Rolle der Sexualität plötzlich von Sr. Majestät amtlich anerkannt, die Bedeutung des Traumes vom Ministerrat bestätigt" (Freud 1985, 503). Erst 1919 erhielt er den Titel eines ordentlichen Professors, wobei als Begründung im Ernennungsakt nicht – wie zu erwarten – Freuds psychoanalytische Schriften angeführt wurden, sondern das frühe, mit Josef Breuer herausgegebene Werk über Hysterie aus dem Jahr 1895. Kein Wunder, dass sich die Entwicklung der Psychoanalyse überwiegend im außeruniversitären Bereich vollzog, und zwar durchwegs erfolgreich, wie die rasch wachsende psychoanalytische Bewegung zeigte.

Den Ausgangspunkt bildete die „Psychologische Mittwoch-Gesellschaft", die Sigmund Freud 1902 ins Leben rief. In diesem privaten Zirkel, der sich jeden Mittwoch in der Berggasse traf, diskutierten nicht nur angehende Psychoanalytiker, „sondern auch andere Gebildete, welche in der Psychoanalyse etwas Bedeutsames erkannt hatten, Schriftsteller, Künstler usw." (Freud 1999a, 64), etwa der Musikwissenschaftler Max Graf oder der Rechtstheoretiker Hans Kelsen. Über sie wurde ein breiteres Publikum mit den neuen Gedanken bekannt gemacht. Interessierte aus dem Ausland sorgten für internationale Resonanz. „Wie Pioniere in einem unentdeckten Land" (Wilhelm Stekel) fühlten sich die Forscher der Psychoanalyse bei ihrem Aufbruch. 1908 bildete sich aus der „Mittwoch-Gesellschaft" die „Wiener Psychoanalytische Vereinigung" mit Ortsgruppen in Wien, Zürich, Berlin, New York und Budapest. 1910 erfolgte die Gründung der „Internationalen Psychoanalytischen Vereinigung", womit öffentlich bekundet wurde, dass die Psychoanalyse mehr als eine exzentrische Wiener Spezialität war. Eine internationale Bewegung war im Entstehen, die in den Jahren vor dem Ersten Weltkrieg ihre erste Blütezeit erlebte. Zugleich entbrannten im Kampf um die Sicherung, Erweiterung und Revision des Lehrgebäudes heftige theoretische Konflikte, in deren Folge bisherige Mitstreiter wie Alfred Adler, Wilhelm Stekel oder C. G. Jung von ihrer „Vaterfigur" abfielen und eigene Schulen bildeten.

In der Zwischenkriegszeit erlebte die Psychoanalyse eine starke Ausbreitung und entwickelte sich zu einer führenden Psychotherapieform. Im „Roten Wien" wurde Freud 1924 gar das „Bürgerrecht" verliehen, es war die erste offizielle Ehrung, die ihm in Österreich zuteilwurde. Einflussreiche Persönlichkeiten wie Helene Deutsch, Melanie Klein oder Wilhelm Reich wirkten in dieser Ära; viele von Freuds Schülern, Mitarbeitern oder Dissidenten erlangten weltweite Anerkennung. Mit Berlin und Wien als Zentren der psychoanalytischen Bewegung kämpfte man für die „neue Frau", die Entkriminalisierung der Homosexualität, in Kinderheimen, an neu gegründeten Instituten für Sexualforschung und psychoanalytischen Ambulanzen, selbst der Brückenschlag einiger Psychoanalytiker zur sozialistisch-kommunistischen Bewegung stand im Zeichen der Befreiung von der Triebunterdrückung.

Diese Aufbruchs- und Aufbaustimmung endete in Deutschland mit dem Machtantritt Hitlers. „Gegen seelenzerfasernde Überschätzung des Trieblebens, für den Adel der menschlichen Seele!" Mit diesem „Feuerspruch" der Nazis gingen 1933 in Berlin Sigmund Freuds Schriften in Flammen auf. Die Psychoanalyse hatte keinen Platz im NS-Staat. Ihre Vertreter emigrierten zunächst nach Wien, doch auch hier kriselte es. Eine „Versuchsstation des Weltuntergangs" hatte Karl Kraus sein Land genannt (Kraus 1914, 2, 46), in dem nationale und soziale Konflikte, bösartige Vorurteile, Hass und Antisemitismus brodelten. Die Stadt, in

Als Sigmund Freud 1932 in der Sommerfrische in Hochrotherd entspannt Zeitung liest, hatte die Psychoanalyse eine starke internationale Ausbreitung hinter sich, doch bereits ein Jahr später wurden Freuds Schriften in Deutschland von den Nazis verbrannt.

der Freud zwar ungeliebt, aber kaum behindert seine Seelenlehre hatte entwickeln können, war ja zugleich die Stadt Luegers und Schönerers, war Hitlers Wien. Die „fröhliche Apokalypse" (Broch 2001, 46) barg das düstere Vorspiel zu den kommenden Diktaturen.

Am 4. Juni 1938, drei Monate nach der NS-Okkupation Österreichs, floh der jüdische Seelenarzt in hohem Alter und schwer krank aus Wien. Ein Jahr später, am 23. September 1939, starb er in London. Das Irrationale hatte über die Vernunft gesiegt.

Die Couch im Londoner Freud-Museum ist längst weltbekannte Ikone der Psychoanalyse, sie ist aber auch Dokument der Vertreibung Freuds aus Österreich 1938. In der ehemaligen Wiener Wohnung in der Berggasse sind nur mehr das Patientenwartezimmer und die Garderobe im Original vorhanden.

Die Wiener Psychoanalytische Vereinigung wurde wenige Wochen nach dem „Anschluss" 1938 aufgelöst. Der erzwungene Exodus vieler ihrer Mitglieder schuf die Grundlagen für den weit reichenden Einfluss, den die Psychoanalyse vor allem in Großbritannien und den Vereinigten Staaten in den Bereichen der Psychiatrie, Psychologie, Sozialarbeit, psychosomatischen Medizin und auf jenem Gebiet erlangte, für das sie ursprünglich gedacht war: der Psychotherapie.

Die leise Stimme des Intellekts – Zur Wiener Nachkriegsgeschichte

Die NS-Herrschaft hatte in Wien nicht nur die Psychoanalyse, sondern beinahe die gesamte geistige Elite ausgelöscht. Friedell und Kraus, Mahler und Schönberg, Loos und Wittgenstein – die ganze ungeheuer produktive Welt der Wiener Moderne mit ihren regen Kaffeehaus-, Salon- und Diskussionszirkeln war, schon wegen ihrer vielen jüdischen Akteure, vertrieben oder vernichtet worden; manche hatte man bereits in den Jahren davor totgeschwiegen.

Nach dem Zweiten Weltkrieg konnte die Psychoanalyse in Wien, dem Ort ihrer Entstehung, nur mühsam wieder Fuß fassen. Zwar nahm die Wiener Psychoanalytische Vereinigung unter August Aichhorn 1946 ihre Tätigkeit wieder auf, doch der Aderlass war groß, die öffentliche und akademische Unterstützung nach wie vor gering. Nur eine Büste, errichtet 1955 in einem verborgenen Winkel im Hof der Universität, erinnerte daran, dass Freud einst hier Vorlesungen gehalten hatte. Ansonsten war die Wissenschaft der Psychoanalyse an der Wiener Universität nicht präsent.

Ende der 1960er entdeckte die Studentenbewegung die Psychoanalyse neu. Und allmählich setzte ein Paradigmenwandel ein.

1971 wurde die Universitätsklinik für Tiefenpsychologie und Psychotherapie an der Medizinischen Fakultät der Universität Wien unter dem Psychoanalytiker Hans Strotzka gegründet. Ebenfalls 1971 öffneten das Sigmund-Freud-Haus und das Sigmund-Freud-Museum in der Berggasse, wo Freud fast ein halbes Jahrhundert lang gewohnt und gewirkt hatte, ihre Pforten. Anna Freud, die jüngste Tochter, die 1938 mit ihrem Vater nach London emigriert und dort eine bedeutende Kinderanalytikerin geworden war, hielt sich aus diesem Anlass das erste Mal seit ihrer Flucht wieder in Wien auf. Die berühmte Couch allerdings, Inbegriff der Psychoanalyse, kehrte nie mehr an ihren angestammten Platz zurück; sie blieb im Londoner Exil und erinnert im dortigen Freud-Museum an die Vertreibung ihres Besitzers. Ebenfalls im Beisein von Anna Freud wurde 1977 schließlich jene Widmung ihrer Bestimmung übergeben, auf die Freud einst kaum zu hoffen gewagt hatte: Etwas im Abseits und wenig bekannt, erinnert ein Gedenkstein auf der Bellevue-Höhe am eingangs erwähnten Cobenzl die Nachwelt an das Schlüsselereignis der Psychoanalyse: Freuds erste Traumdeutung im Jahr 1895 im einstmaligen Schloss Bellevue.

In den 1980er Jahren kam es zu einem regelrechten Freud-Boom: Österreich entdeckte den Begründer der Psychoanalyse als Tourismusattraktion, Werbesujet und Ausstellungsobjekt, sein Konterfei zierte Briefmarken und Banknoten. 1985 entstand in Wien der Sigmund-Freud-Park als ein Teil des Roosevelt-Platzes, der davor – nach den schärfsten Gegnern der Psychoanalyse – Dollfuß- und Adolf-Hitler-Platz geheißen hatte. Der Park liegt unweit der Berggasse, nahe der Freud einst wenig zugeneigten Wiener Universität. Eine Gedenktafel im Park erinnert – stark verkürzt – an die 1927 formulierte Hoffnung des großen Seelenforschers, die bis heute nichts an Gültigkeit verloren hat: „Wir mögen noch so oft betonen, der menschliche Intellekt sei kraftlos im Vergleich zum menschlichen Triebleben, und recht damit haben. Aber es ist doch etwas Besonderes um diese Schwäche; die Stimme des Intellekts ist leise, aber sie ruht nicht, ehe sie sich Gehör verschafft hat. Am Ende, nach unzähligen oft wiederholten Abweisungen, findet sie es doch. Dies ist einer der wenigen Punkte, in denen man für die Zukunft der Menschheit optimistisch sein darf, aber es bedeutet an sich nicht wenig" (Freud 1999c, 377).

„…. am Schlaf der Welt gerührt" – Wirkungen der Psychoanalyse

Wenige geistige Leistungen der Zeit um 1900 sind so verkannt worden wie die Psychoanalyse. Und doch hat unter den Denkern der Wiener Moderne der Arzt und Schöpfer der Psychoanalyse, Sigmund Freud, die Nachwelt wohl am entscheidendsten beeinflusst. Zwar haben der Fortschritt der Psychologie und zahlreiche neue Therapieformen den Alleinvertretungsanspruch der klassischen Psychoanalyse in Theorie und Praxis relativiert, doch hat Freud wenig an Faszination eingebüßt. Seine Thesen und Begriffe haben das 20. Jahrhunderts tief geprägt. Sie haben in fast allen Bereichen der Gesellschaft – in Medizin und Literatur, in Politik und bildender Kunst, in Musik, Philosophie und Alltagssprache – ihre Spuren hinterlassen, selbst dann, wenn ihr theoretischer Hintergrund oft unbekannt, unverstanden oder kontrovers blieb.

Vor allem die Menschen der Künste und Medien interessierten sich für die Psychoanalyse, mehr als jene der Naturwissenschaften, als deren Vertreter sich Freud immer verstand. Die literarische Moderne hat als Erste auf die neue Lehre reagiert, hat sich an ihr gerieben und war doch von ihr infiziert: Arthur Schnitzler oder Hugo von Hofmannsthal, Franz Kafka, Lou Andreas-Salomé, Thomas Mann, Hermann Hesse, James Joyce und viele andere ließen sich von Freud inspirieren, der seinerseits eine rege Korrespondenz mit den großen Schriftstellern seiner Zeit unterhielt.

In der bildenden Kunst fand die Psychoanalyse vor 1914 zumindest mittelbar ihren Niederschlag, etwa in den Werken der Wiener Avantgardisten wie Egon Schiele oder Oskar Kokoschka. Bewusst bezog sich die Bewegung des Surrealismus mit ihren Hauptvertretern André Breton und Salvador Dalí, die Anfang der zwanziger Jahre von Paris ausging, auf die Lehren Freuds.

Auf die auffällige Parallele zwischen der Genese von Freuds *Traumdeutung* und den Anfängen des Films um 1895 ebenso wie auf die Ähnlichkeiten ihrer „Inszenierung" wird häufig hingewiesen. „In den dunklen Sälen liegen sie wie im Schlummer, sie träumen wundervolle Träume", schrieb Ilja Ehrenburg (Meyer 2010). Und obgleich Freud selbst nicht viel von dem neuen Medium und noch weniger von dessen Verständnis der Psychoanalyse hielt (Reichmayr 1990, 103ff.), haben große Namen der „Traumfabrik" wie Georg Wilhelm Pabst, Luis Buñuel, Jean Cocteau, Ingmar Bergman, Federico Fellini, Alfred Hitchcock oder Woody Allen für die Breitenwirkung der „Traumlehre" gesorgt.

Freuds Werk, die Psychoanalyse, mochte und mag noch so umstritten sein, über dessen fundamentale Bedeutung ist man sich einig. Es erschütterte im 20. Jahrhundert das Bild vom Menschen und hat nicht nur als Wissenschaft, Heilmethode und soziale Bewegung, sondern auch als geistesgeschichtliches und kulturelles Phänomen Epoche gemacht. Ein Denken über die Conditio humana ist ohne sie nicht mehr möglich.

Der Dichter Wystan Hugh Auden hat für diese weit über die Person des Seelenarztes hinausgehende Wirkung anlässlich dessen Todes 1939 den bezeichnenden Begriff von Freud als „Meinungsklima" geprägt: „if often he was wrong and, at times, absurd, / to us he is no more a person / now but a whole climate of opinion / under whom we conduct our different lives" (Auden 1991, 274).

Im selben Jahr gedachte ein anderer Großer der Literatur der Verdienste des eben verstorbenen Sigmund Freud: Stefan Zweig, auch er ein Vertriebener, hielt am 26. September 1939 im gemeinsamen Londoner Exil die deutschsprachige Trauerrede am Sarg seines Freundes. Selbst ein dezidierter Erforscher des Seelenlebens, betonte der Dichter darin die universale Bedeutung der Lehren Freuds jenseits der Grenzen seines wissenschaftlichen Faches: „[...] jeder von uns dächte, urteilte, fühlte enger, unfreier, ungerechter ohne sein uns Vorausdenken, ohne jenen mächtigen Trieb nach innen, den er uns gegeben" (Zweig 1946, 52).

Die *Traumdeutung* hatte das Fundament für eine Anthropologie des 20. Jahrhunderts gelegt. „Ich verstand", schrieb Freud über die Tragweite seiner Entdeckungen, „daß ich von jetzt ab zu denen gehörte, die ‚am Schlaf der Welt gerührt haben'" (Freud 1999a, 60).

Trautl Brandstaller

●

6. 12. 1905
Verleihung des Friedensnobelpreises
an Bertha von Suttner
*Frauen im öffentlichen Leben –
Realitäten, Klischees, Utopien*

●

Bertha von Suttner – die Utopie vom Frieden

Eine Woche, bevor mit den Todesschüssen in Sarajevo der „Große Krieg" seinen Anfang nahm, am 21. Juni 1914, starb Bertha von Suttner. „Die Waffen nieder, sagt es allen!", soll sie noch kurz vor ihrem Tod gemurmelt haben. Die Warnungen der österreichischen Friedenskämpferin, der am 6. Dezember 1905 als erster Frau der Friedensnobelpreis verliehen wurde, blieben ungehört. Sie hatte ihren jahrzehntelangen Kampf gegen den Krieg verloren, und diese ihre Niederlage seit Beginn des 20. Jahrhunderts auch vorausgesehen: „Diese ganze Kriegspartei Europas treibt jetzt ordentlich zu einer Katastrophe, und vielleicht kann diese niedrige Zivilisation nicht anders einer höheren Platz machen, als indem sie weggefegt wird. So viel Zündstoff lässt sich doch nicht ansammeln, ohne dass es schließlich losgeht [...] Narrenturm, elendiger", schrieb sie in ihren Memoiren (Hamann 1986, 474).

Die österreichische Aristokratin, eine in Prag geborene Gräfin Kinsky, war mit ihrem Engagement für den Frieden weltweit zu einer Zentralfigur der Friedensbewegung geworden. Ihr Roman *Die Waffen nieder*, die fiktive Autobiographie einer Kriegswitwe, war 1889 in Leipzig erschienen, wurde in alle europäischen Sprachen übersetzt und erreichte mehr als 20 Auflagen. Die Autorin hatte den Zeitgeist getroffen – Ende der achtziger Jahre formierte sich eine europaweite Friedensbewegung – und avancierte mit diesem literarisch oft kritisierten Buch zur „berühmtesten Frau Europas".

Sie war, was man heute eine begnadete Netzwerkerin nennen würde, schrieb Briefe an die damalige literarische und politische Prominenz – von Leo Tolstoi bis Émile Zola, vom amerikanischen Präsidenten Theodore Roosevelt bis zum russischen Zaren Nikolaus II. An Selbstbewusstsein fehlte es ihr nicht, doch auch nicht an unerschöpflicher Energie und Einfallsreichtum. Sie schaffte es, mit ihren Romanen, Novellen und Zeitungsartikeln die internationale Friedensbewegung zum breit diskutierten öffentlichen Thema zu machen und Friedensvereine in ganz Europa zu gründen. Ihr großes Vorbild waren die USA, wo die ersten Friedensvereine schon zu Beginn des 19. Jahrhunderts gegründet worden waren; und sie hatte durchaus realistische Ziele: die Einführung internationaler Schiedsgerichte zur Schlichtung von Konflikten, ein Abkommen zur Abrüstung in Europa und, ihrer Zeit weit voraus, schlug sie auch schon eine „Föderation europäischer Staaten" vor. 1891 gründet sie in Wien eine Österreichische Friedensgesellschaft und will diese auch nach Budapest und Prag ausweiten, womit sie vor allem in Prag kläglich scheitert.

Ihr international bereits beträchtlicher Ruhm steht in diametralem Gegensatz zu ihrem Ansehen in Österreich-Ungarn, wo man die „Friedensbertha" in Karikatur und Satire der Lächerlichkeit preisgibt. Nicht nur ihr Engagement für den Frieden schafft ihr Feinde, auch ihr Kampf gegen den ansteigenden Antisemitismus, der unter dem Einfluss der Deutschnationalen unter Georg von Schönerer und der Christlich-Sozialen unter Karl Lueger immer mehr an Boden

Drei Frauen, die auf ihre Art die Frauenbewegung
sowie unseren Blick auf Geschlechterrollen beeinflussten:
Oben links: Die Friedensaktivistin Bertha von Suttner, 1908.
Oben rechts: Die US-amerikanische Philosophin Judith Butler, 2005.
Unten: Die Schriftstellerin und Ikone des Feminismus Simone de Beauvoir, 1957.

gewinnt. 1882 hatte in Dresden ein „Internationaler antijüdischer Kongress" einen Einwanderungsstopp für Juden aus Osteuropa verlangt. Bertha von Suttner erkannte den Zusammenhang zwischen innerem und äußerem Frieden und gründete einen „Verein zur Abwehr des Antisemitismus": „Die Antisemiten bekämpfe ich ebenso wie den Krieg – sie repräsentieren ja denselben Geist" (Hamann 1986, 212). Nur logisch, dass daraufhin die Friedensvereine als „Judenvereine" diffamiert wurden und deren Promotorin von der „Friedensbertha" zur „Judenbertha" mutierte.

Bertha von Suttner setzte in dieser Zeit ihre Hoffnungen auf die Sozialdemokratie und die internationale Arbeiterbewegung. Immerhin hatte Liebknecht eine ihrer Erzählungen im *Vorwärts*, dem Parteiorgan der deutschen Sozialdemokratie, abgedruckt und der österreichische Sozialist Engelbert Pernerstorfer öffentlich ihre Verdienste gerühmt. Doch die Beziehungen Bertha von Suttners zur Sozialdemokratie bleiben zeit ihres Lebens distanziert.

Während die Sozialdemokratie den Frieden nur in einer völlig neuen, demokratischen Gesellschaft gesichert sieht, glaubt Bertha von Suttner an den bürgerlichen Fortschritt in der bestehenden Gesellschaft, unbeeindruckt von den wirtschaftlichen und sozialen Umwälzungen bleibt sie eine liberale Individualistin, der ihre Herkunft den Zugang zur Arbeiterschaft versperrt. Sie hoffte mehr auf die Veränderung der Mächtigen als auf den Sturz des Kapitalismus.

Suttners Beziehungen zur Frauenbewegung entwickeln sich positiver als die zur Arbeiterbewegung, sie sieht in der amerikanischen Frauenbewegung mit ihrem Kampf für Ausbildung, für Scheidung, gegen bürgerliche Doppelmoral ein Vorbild, wehrt sich aber gegen die ideologische Ausrichtung vieler Frauenrechtlerinnen in Europa, deren Kampf für das Wahlrecht sie ebenso ablehnt wie deren Kampf gegen Prostitution und Geschlechtskrankheiten. Auch in der Frauenfrage bleibt sie eine liberale Individualistin.

Immer schon an Kontakten mit den „Very Important People" interessiert, schickte sie ihren Roman auch an den damals schon berühmten Alfred Nobel, der mit der Erfindung des Dynamits für einen gewaltigen Aufschwung der Rüstungsindustrie gesorgt und nebenbei ein gewaltiges Vermögen angehäuft hatte. Nobel sah sich als Vorkämpfer für den Frieden, denn durch seine neue Erfindung werde, so meinte er, der Krieg unmöglich, die Abschreckung sei das beste Mittel, den Krieg zu verhindern. Trotz fundamentaler Unterschiede in ihren friedenspolitischen Bemühungen wird der Schwede Alfred Nobel einer der großzügigsten Förderer von Bertha von Suttner. Sie ist es auch, die ihm vorschlägt, für Aktivisten der Internationalen Friedensbewegung einen Preis auszusetzen. Nach dem Tod Alfred Nobels 1896, der in seinem Testament fünf Preise gestiftet hatte, davon einen für Verdienste um den Frieden, machte sich Bertha von Suttner 1901, dem ersten Jahr der Verleihung, natürlich größte Hoffnungen, den ersten Friedensnobelpreis zu erhalten, musste aber bis zum Jahr 1905 warten, bis es so weit war.

Das Jahr 1905, das Jahr ihres persönlichen Triumphes, wird zum Jahr der beginnenden Katastrophe in Europa. In Russland lässt der von ihr so verehrte Zar demonstrierende Arbeiter und Bauern zusammenschießen, der ebenfalls von ihr bewunderte Theodore Roosevelt rüstet die USA massiv auf, in Europa entwickelt sich der Balkan zum gefährlichsten Unruheherd des Kontinents, zu jenem Funken im Pulverfass, der das lange 19. Jahrhundert definitiv beendet.

Aufbruch der Frauen im „langen 19. Jahrhundert"

Dieses „lange 19. Jahrhundert", das von 1789 bis 1914 dauert (wie Eric Hobsbawm formuliert hat), brachte einen ersten Aufbruch der Frauen – sowohl was ihre „private", als auch was ihre „politische Rolle" betraf, das Verhältnis zwischen Männern und Frauen und die Position der Frauen im öffentlichen Leben. In den aristokratischen Salons am Vorabend der Revolution, etwa dem des Marquis de Condorcet, wurde erstmals die Zulassung der Frauen zu den Bürgerrechten gefordert, denn es sei „ein Akt der Tyrannei, die Hälfte des Menschengeschlechts von den Bürger- und Menschenrechten auszuschließen" (Gerhard 2009, 14). Und in manchen intellektuellen Clubs wird auch schon eine Frauensektion gegründet.

Doch wer die Schriften der großen Aufklärer liest, kann sich über Langlebigkeit und Kontinuität von Argumenten und Gegenargumenten nur amüsieren. Seit mehr als 200 Jahren gilt die Physiologie der Frau als das Hindernis für reale Gleichheit (wen wundert es da, wenn neuere Entwicklungen des Feminismus der Biologie radikal den Kampf ansagen und vom „Unbehagen der Geschlechter" künden). Jean-Jacques Rousseau war einer der Ersten im aufklärerischen Diskurs (die katholische Theologie lassen wir in diesem Kontext außen vor), der „die Natur der Frau" zum Hindernis für Gleichheit erklärte. Ihre Sexualität führe zur Unterwerfung unter den Mann und damit notwendigerweise zu Passivität und Unvollkommenheit. Frauen kommen daher in Rousseaus Schriften, z. B. im *Gesellschaftsvertrag*, ebenso wenig vor wie in der *Erklärung der Menschenrechte* („l'homme", der „Mensch", ist bekanntlich ein Synonym für „Mann").

Als Teil der Broschüre *Die Rechte der Frau* verfasst Olympe de Gouge, eine „femme galante", Autorin von Romanen und Theaterstücken, daher die *Erklärung der Rechte der Frau und Bürgerin*. Darin fordert sie einen Gesellschaftsvertrag zwischen Männern und Frauen, der beider Rechte und Pflichten enthält, spricht sich gegen jede Gewalt aus, auch gegen die Hinrichtung Ludwigs XVI., und für die Aufhebung der Sklaverei in den nordafrikanischen Kolonien. Sie agitiert in der Nationalversammlung von der Zuschauertribüne aus für ihre politischen Ziele. So viel Kampfeslust war den Jakobinern zu viel – 1793 fiel sie unter der Guillotine. In England war es Mary Wollstonecraft, die die Rechte der Frau einforderte, nachdem Edmund Burke in seinen *Betrachtungen über die Französische Revolution* die Menschenrechte verteidigt hatte. „Die Vernunft verlangt, dass die Rechte der Frauen geachtet werden und schreit um Gerechtigkeit für die Hälfte des

Menschengeschlechts" (Gerhard 2009, 22). Diese beiden Dokumente bestimmen den feministischen Diskurs in Europa über mehr als zwei Jahrhunderte.

Die Zeit zwischen dem Wiener Kongress 1814/15 und der bürgerlichen Revolution in Europa 1848 ist die Zeit der Restauration der alten Ordnung. Die revolutionären Ideen werden in den Untergrund gedrängt, die alten Werte dominieren den öffentlichen Diskurs. Das Metternich'sche System hält Demokratie und bürgerliche Freiheiten, Grundrechte und die Emanzipation der Frauen für Keime des gefährlichen Aufruhrs. Die strenge Zensur, das „Zopfensystem" (Johann Nestroy), unterdrückt alle Ansätze freiheitlicher Bestrebungen. Männerrechte wie Frauenrechte werden nicht länger diskutiert. In der Öffentlichkeit treten Frauen, wie schon im Ancien Régime, als Maitressen auf – oder als Schauspielerinnen, Tänzerinnen, Sängerinnen.

Trotzdem: Die Salons des Biedermeier, die jetzt nicht nur die Aristokraten betreiben, sondern auch das neu entstehende Bürgertum, lassen die Ideen der Revolution weiterleben. Das Bürgertum wünscht Freiheit, die Gleichheit und die Brüderlichkeit geraten in den Hintergrund, die neue Bewegung nennt sich Liberalismus. Salons in Berlin und Wien gelten als Brutstätten dieser neuen Ideen, dort treffen sich Wissenschaftler, Schriftsteller, Maler, Musiker, um eine neue Gesellschaft zu entwerfen. Und es sind vor allem Frauen, die diese Salons betreiben – Rahel Varnhagen in Berlin, Fanny von Arnstein in Wien sind nur die bekanntesten Namen.

Zur gleichen Zeit schafft die Industrialisierung, die in England ihren Ausgang genommen hatte, eine neue soziale Schicht, deren Armut und Verelendung in den bürgerlichen Salons ignoriert wird. Die großen wirtschaftlichen und sozialen Umwälzungen, die die zweite Hälfte des 19. Jahrhunderts bestimmen werden, sind nur als Grollen im Untergrund zu erahnen. Doch die Explosion des Jahres 1848 geht von diesen neuen sozialen Schichten, den ausgebeuteten Arbeitern und Arbeiterinnen, dem Proletariat, und dem Kleinbürgertum in Handwerk und Gewerbe aus, das den sozialen Abstieg, die Proletarisierung fürchtet.

Das Selbstbewusstsein der Frauen hatte sich nach 1789 massiv weiterentwickelt. Nicht nur die bürgerlichen Frauen partizipierten am politischen Diskurs der damaligen Salonkultur. Auch die frühen Sozialisten, vor allem in Frankreich, hielten das Thema der Frauenemanzipation am Kochen. 1832 redigierten drei Frauen, Arbeiterinnen aus dem Dunstkreis der Saint-Simonisten, die ihre Artikel nur mit Vornamen zeichneten, eine Zeitung mit dem Titel *La Femme Libre*: „In einer Zeit, da alle Völker sich im Namen der Freiheit auflehnen, und der Proletarier seine Freiheit fordert, sollten wir Frauen da etwa passiv bleiben [...]? Bis jetzt wurden wir Frauen ausgebeutet und tyrannisiert. Diese Tyrannei, diese Ausbeutung muss aufhören. Wir werden frei geboren wie der Mann. Und die Hälfte des Menschengeschlechts darf nicht ungerechterweise der anderen unterworfen sein" (Gerhard 2009, 30).

1837 taucht in der Debatte erstmals das Schlagwort „Feminismus" auf, dessen Urheberrecht ein Mann, der Frühsozialist Charles Fourier, für sich beanspruchen kann. Er ist der Erste, der den Fortschritt der Gesellschaft an den Fortschritt der weiblichen Emanzipation koppelt: „Der Grad der weiblichen Emanzipation ist das natürliche Maß der allgemeinen Emanzipation" (Gerhard 2009, 30).

In diesen Jahren, um 1830 in Frankreich, wird die Befreiung der Frauen mit der Befreiung des Proletariats verknüpft. 1843, also fünf Jahre vor Karl Marx, schreibt die Frühsozialistin Flora Tristan ihr Buch *Die Arbeiterunion*, in dem sie die Unterdrückung der Arbeiter und die der Frauen analysiert:

„Der am meisten unterdrückte Mann kann ein anderes Wesen unterdrücken [...] seine eigene Frau. Die Frau ist die Proletarierin des eigenen Proletariats" (Tristan 1988, 35).

Gleichzeitig macht sie sich Gedanken über das „Geheimnis des sozialen Glücks" – unheimlich aktuelle Überlegungen, wenn man an die heutigen Bestrebungen denkt, neue Parameter für das Bruttonationalprodukt einzuführen. Einer der Maßstäbe für „soziales Glück" sollte dabei „der Grad der weiblichen Emanzipation" sein. Flora Tristan war in weiten Teilen ihres Denkens von Charles Fourier beeinflusst, nahm aber auch schon Gedanken von Karl Marx betreffend die internationale Organisation der Arbeiter vorweg.

Die Saint-Simonisten gehen allerdings einen Schritt weiter (ein Schritt, der erst 120 Jahre später von der neuen Frauenbewegung nachvollzogen wurde); ihre Theorie der Emanzipation predigt eine neue Moral, attackiert Monogamie und bürgerliche Ehe und fordert die sexuelle Befreiung der Frau. Ganz ähnlich fordern die amerikanischen Frauen in der *Erklärung von Seneca Falls* 1848 erstmals nicht Gleichheit, sondern das Recht auf Unabhängigkeit und Selbstbestimmung und die Anerkennung der „anderen Lebensweise der Frauen" – für gleiche Rechte wie die Männer, aber auch für gleichzeitige Anerkennung weiblicher Werte und Erfahrungen. Das Dilemma zwischen Gleichheit und Differenz wird uns bis in die Gegenwartsdiskussionen begleiten.

Die Revolution 1848, die über ganz Europa – von Paris bis Mailand, von Wien bis Berlin, von Budapest bis Lemberg – hinwegfegt, bringt wie jede Revolution einen Aufschwung für die Frauenbewegung. Zwar sind es zunächst „liberale" Männer, die die „bürgerlichen" Freiheiten – Presse-, Vereins- und Versammlungsfreiheit – fordern, aber in allen Städten nehmen bürgerliche und proletarische Frauen an den Demonstrationen teil, sie unterstützen die Forderungen und hoffen auf ihre Gleichberechtigung in einer neuen republikanischen und demokratischen Gesellschaft. Als im Dezember 1848 in der Frankfurter Paulskirche die Debatten um eine Verfassung für ein demokratisches Deutschland hohe Wellen schlagen, bleiben die Frauen allerdings nur Zuschauerinnen, offizielle Teilnahme und Rederechte sind ihnen untersagt.

In Frankreich schlagen Frauen die Schriftstellerin George Sand, die in Männerkleidung, Zigarren rauchend und umgeben von berühmten Männern wie Frédéric Chopin und Alfred de Musset für Aufsehen in der Öffentlichkeit gesorgt hatte, als

Mitglied der Nationalversammlung vor, was von den Männern abgelehnt wird. Die französische Feministin Jeanne Deroin empört sich: „Ihr wollt Männer der Zukunft sein. Die ihr nicht seht, dass die gesetzliche Ungleichheit zwischen Mann und Frau alle anderen sozialen Ungleichheiten hervorbringt!" (Gerhard 2009, 44).

Louise Otto, sächsische Schriftstellerin aus bürgerlichem Haus, die für ihren Roman *Schloss und Fabrik* die Lage der Arbeiterinnen studiert hat, gründet die erste deutsche *Frauenzeitung* unter dem Motto „Dem Reich der Freiheit werb' ich Bürgerinnen" und wird damit zur Wortführerin der ersten Frauenbewegung in Deutschland (Gerhard 2009, 33). Die Zeitung polemisiert gegen die angebliche „weibliche Bestimmung", gegen die „weibliche Natur", die die Frauen auf die Rolle der Mutter, der Pflegerin, des Dekorums auf männlichen Festen reduziere – eine Rolle, die ihnen durch Erziehung antrainiert werde und die nur durch Zugang zur Bildung geändert werden könne. Die *Frauenzeitung* wird mit Ende der Revolution 1850 verboten.

1848 – Revolution, Restauration und Neubeginn

Auf den Barrikaden hatten sie noch gemeinsam gekämpft, bürgerliche Frauen und Arbeiterinnen. Nach der Niederschlagung der Revolution und der Etablierung neoabsolutistischer Regime trennen sich ihre Wege.

Die bürgerlichen Frauen kämpfen um ihr Recht auf Bildung und engagieren sich für karitative Ziele, wie die Versorgung alleinstehender Frauen und unehelicher Kinder. Die Frauenbewegung in Deutschland und Österreich bleibt auf kleine Gruppen beschränkt, die „Frauenfrage" auf die Ökonomie reduziert. Die politische Gleichstellung wird unter Berufung auf die „Natur des Weibes" abgelehnt. Die Arbeiterinnen ordnen sich in die Reihen der neu entstehenden Arbeiterparteien ein und akzeptieren lange Zeit, dass die Frauenfrage nur ein „Nebenwiderspruch" neben dem „Hauptwiderspruch" zwischen Arbeit und Kapital sei, wobei der Lösung des „Hauptwiderspruchs" selbstverständlich Vorrang gebühre. Zusätzlich schlägt ihnen vonseiten der Arbeiter mit fortschreitender Industrialisierung Misstrauen und Ablehnung entgegen. Die Frauen werden als Konkurrenz auf dem Arbeitsmarkt gesehen und von den Arbeitern daher immer häufiger auf ihre „natürlichen Pflichten" als Frau und Mutter verwiesen, die dem Manne die „Gemütlichkeit des häuslichen Lebens" zu verschaffen haben.

Dennoch beginnt in der zweiten Hälfte des 19. Jahrhunderts ein neues Zeitalter für die Frauen, die Ideen der Revolution lassen sich nicht mehr gänzlich unterdrücken. Großbritannien, das Land, in dem die Industrialisierung am weitesten fortgeschritten ist, bringt auch die fortschrittlichste feministische Literatur hervor. Harriet Taylor Mill, die Ehefrau von John Stuart Mill, dessen berühmter Essay *On Liberty* Grundprinzipien des Liberalismus formuliert, veröffentlicht 1852 ihren Essay *Enfranchisement of Women*, der für Frauen das Wahlrecht und die völlige rechtliche Gleichstellung mit den Männern verlangt. Der Essay wird von Sigmund Freud ins Deutsche übersetzt, jenem Sigmund

Freud, dessen Theorien über die „weibliche Natur" (Stichwort „Penisneid") den alten Theorien über die Minderwertigkeit der Frauen ein weiteres leidvolles Kapitel hinzufügen. Die deutsche Übersetzung erreicht breite Publizität in Europa. Gemeinsam veröffentlicht das Ehepaar Mill 1869 *Die Hörigkeit der Frau*, die zur „wahren Bibel des Feminismus im 19. Jahrhundert" wird (Gerhard 2009, 31).

John Stuart Mill hatte 1867 im britischen Unterhaus erstmals das Stimmrecht für Frauen gefordert und damit den Anstoß zur Suffragettenbewegung (benannt nach „suffrage", engl.-fr. für „Stimmrecht") gegeben. Zur führenden Figur der Bewegung entwickelte sich Emmeline Pankhurst aus Manchester, deren Eltern sich schon früh gegen die Sklaverei in den USA und für die Gleichberechtigung der Frauen engagiert hatten. Nach dem Tod ihres Mannes gründet sie 1903, gemeinsam mit ihrer Tochter und vier anderen Frauen, die Women's Social and Political Union, deren Methoden sich im Lauf der Jahre zunehmend radikalisierten. Anfänglich organisierte sie nur Straßendemonstrationen, Hungerstreiks und Aufrufe zum Steuerboykott, später wurde sie wegen Brand- und Bombenanschlägen mehrfach verurteilt. Das Thema des Frauenwahlrechts rückte durch ihre Aktivitäten zwar ins Zentrum der politischen Debatten, die Suffragetten allerdings avancierten zum neuen Feindbild der bürgerlichen Presse, Karikaturen zeichnen das Bild der „Mannweiber" – Frauen, die ihrer „natürlichen Bestimmung" entfliehen wollen.

1878 findet der erste Internationale Frauenkongress statt, der aber das Stimmrecht für Frauen nicht auf seine Tagesordnung setzt, um die „Politik der kleinen Schritte nicht zu gefährden". Dieser taktischen Vorsicht der bürgerlichen Frauen widersetzt sich die Arbeiterbewegung. Sie nimmt sowohl das Wahlrecht für Frauen als auch die Abschaffung des Patriarchats in ihren Forderungskatalog auf.

Die Frau, so August Bebel in seinem grundlegenden Werk *Die Frau und der Sozialismus*, leide doppelt – unter Klassenherrschaft und Patriarchat: „Es gibt keine Befreiung der Menschheit ohne die soziale Unabhängigkeit und Gleichstellung der Geschlechter" (Bebel 1973, 30).

In bewusster Abgrenzung zur bürgerlichen Frauenbewegung gründet Clara Zetkin 1891 die Zeitschrift *Die Gleichheit*, wo sie zwar die Notwendigkeit von Reformen anerkennt, aber eine Zusammenarbeit mit den bürgerlichen Frauen ablehnt: „Die Frau hat für ihre volle Emanzipation nur von der sozialistischen Partei etwas zu erwarten. Die Bewegung der bloßen ‚Frauenrechtlerinnen' kann in einzelnen Punkten gewisse Vorteile erzielen, sie kann jedoch nie und nimmer die Frauenfrage lösen" (Zetkin 1889, 40).

Immer mehr ins Zentrum der „Frauenfrage" rückt die anwachsende Prostitution, die in den Großstädten zu einem Massenphänomen geworden ist. Von vielen Frauenvereinen wird das Verbot der Prostitution gefordert und grundsätzlich die Frage der Doppelmoral in der bürgerlichen Gesellschaft aufgeworfen. Ein heftiger Richtungsstreit zwischen den Anhängern der Ehe und denen der „freien Liebe" trennt rechte und linke Flügel der Frauenbewegung um die Jahrhundertwende. Gleichzeitig kündigt sich auch in Europa jene Debatte an, die bis heute die Gemüter bewegt – die Frage von Gleichheit und Differenz; so heißt es in einem Dokument der Weltfrauenkonferenz in Berlin 1904: „Nicht um dem Manne gleich zu werden, sondern um mehr und ganz sie selbst sein zu können, fordert die Frau das Recht der freien Selbstbestimmung auch für sich" (Gerhard 2009, 77).

Das „kurze 20. Jahrhundert" – Rückschläge und neue Frauenbewegung

Der Erste Weltkrieg, dieser Beginn des „kurzen 20. Jahrhunderts" von 1914 bis 1989 (Eric Hobsbawm), zerstört alle Ansätze weiblicher Solidarität, die meisten Frauenorganisationen reihen sich in die nationalen Kampffronten ein, Clara Zetkin hält im Widerspruch zu ihrer Partei, den Sozialdemokraten, an der Forderung nach Frieden fest. Frauen werden erstmals massiv als Arbeitskräfte in den traditionell den Männern vorbehaltenen Fabriken und Werkstätten herangezogen.

1918 erhalten die Frauen in Österreich und Deutschland das Wahlrecht, ihre Beteiligung an den ersten Wahlen ist enorm hoch, sie liegt in beiden Ländern bei 90 Prozent, ihre Vertretung in den Parlamenten erreicht allerdings nicht einmal zehn Prozent. Und dieser Prozentsatz wird sich über 60 Jahre lang nicht wesentlich ändern.

Erste Wohlfahrtseinrichtungen, etwa Mutterschutz und Unterstützung für Kriegswitwen, werden für Frauen geschaffen, ebenso die ersten Ansätze des Sozialstaates, der nach dem Zweiten Weltkrieg ausgebaut wird. Neben dem Wahlrecht erhalten die Frauen auch gleichen Zugang zur Bildung – zu höheren und hohen Schulen, wobei deren Kosten die ärmeren sozialen Schichten de facto von der Bildung ausschließen. Die Ungleichheit im Privatrecht, das gesetzlich fixierte Patriarchat, bleibt allerdings aufrecht.

In Österreich werden die Forderungen, die die sozialistische Abgeordnete Adelheid Popp erhebt – die Abschaffung des „Mannes als Haupt der Familie" und die Abschaffung des Paragraph 144 (Strafdrohung für Abtreibung) – erst 50 Jahre später realisiert. In den zwanziger Jahren, in Berlin, Paris, Wien und anderen Großstädten, macht ein neues, emanzipiertes Frauenbild Furore: Die Frauen werfen ihre Korsette und langen Kleider ab, mit Bubikopf, Charlestonkleidchen und ersten Hosenanzügen signalisieren sie ihre neuen, nicht nur modischen, sondern auch sexuellen Freiheiten – bis in den dreißiger Jahren der Faschismus das kurze Intermezzo der Freiheit beendet.

In Kriegszeiten trugen Arbeiterinnen einen Gutteil der Rüstungs- und Versorgungsindustrie, sie hatten an der „Heimatfront" zu kämpfen. Oben: Frauen bei der Produktion von Soldatenhelmen für die französische Armee, 1915. Unten: Näherei einer deutschen Rüstungsfabrik während des Ersten Weltkriegs, 1916/17.

Der Nationalsozialismus in Deutschland und die Faschismen in anderen europäischen Staaten gehen zum offenen Angriff auf alle Formen der Frauenbewegung über. Die Forderungen nach Emanzipation und Gleichstellung werden dem „Kulturbolschewismus" zugerechnet. Antisemitismus und Antifeminismus gehen Hand in Hand. Nicht zu leugnen ist die große Zahl der Mitläuferinnen und auch fanatischen Anhängerinnen des NS-Regimes, ebenso wenig aber lässt sich der hohe Anteil von Frauen am Widerstand leugnen.

Die geistigen Nachwirkungen von Nationalsozialismus, Faschismen und Zweitem Weltkrieg bestimmen das kulturelle Klima der Nachkriegszeit. Der Ost-West-Konflikt überlagert alle politischen und gesellschaftlichen Debatten. Die alte Ordnung soll wiederhergestellt werden. Diese restaurativen Vorstellungen treffen in besonderem Maße die Frauen. So heißt es in einem ersten Frauenbericht in Deutschland 1966: „Die Frau ist nach körperlicher und geistig-seelischer Beschaffenheit auf Mutterschaft angelegt" (Gerhard 2009, 109). Und die schwedische Nobelpreisträgerin Alva Myrdal entwickelt mit Viola Klein gemeinsam das „Dreiphasenmodell": Ausbildung, Ehe und Kindererziehung, danach Berufstätigkeit. Die Gegenstimmen, die an der alten Idee der Emanzipation festhalten, bleiben in den ersten Nachkriegsjahren in der Minderheit. Simone de Beauvoir schreibt 1949 ihr Standardwerk *Das andere Geschlecht*, das erst in der Folge der Studentenbewegung 1968 breite Wirkung auslöst. Und in den USA kritisiert die Feministin Betty Friedan in ihrem 1963 erschienenen Buch *Der Weiblichkeitswahn* die Rückkehr des „Hausmütterchens" in Werbung, Film und Fernsehen.

Die nächste Generation schlägt radikalere Töne an: Kate Millett veröffentlicht 1968 ihre Streitschrift gegen die „Tyrannei des Mannes in unserer Gesellschaft", so der Untertitel von *Sexus und Herrschaft*, einer wissenschaftlichen Analyse der vielfältigen Formen männlicher Ausbeutung der Frauen. Und ein Jahr später sekundiert ihr Germaine Greer mit ihrem „Aufruf zur Befreiung der Frau", wie sie ihr Buch *Der weibliche Eunuch* nennt. Jugendwahn und Schönheitsindustrie vorwegnehmend, schreibt sie: „Es kotzt mich an, ewige Jugend vorzuheucheln, es kotzt mich an, meine Intelligenz Lügen zu strafen, meinen eigenen Willen, mein Geschlecht. Ich weigere mich, Darsteller einer Frauenrolle zu sein, ich bin eine Frau, kein Kastrat" (Greer 1970, 61).

Die neue Frauenbewegung der siebziger Jahre

In Europa ist es wiederum Frankreich, das die revolutionäre Tradition der Frauenbewegung aufgreift. 1969 unterschreiben 143 prominente Frauen, darunter Simone de Beauvoir und zahlreiche Schauspielerinnen, in der linken Wochenzeitung *Le Nouvel Observateur* ein Manifest gegen die Strafbarkeit der Abtreibung und bekennen: „Ich habe abgetrieben". Die deutsche Illustrierte *Stern*, deren Korrespondentin in Paris Alice Schwarzer heißt, führt eine parallele Aktion in Deutschland durch. Beide Aktionen schlagen hohe Wellen in der Öffentlichkeit, erste Gruppen einer „neuen Frauenbewegung" werden gegründet, erweitern das

Eine medienwirksame, aber nicht unumstrittene Form
feministischen Aktionismus praktiziert die Gruppe Femen.
Protest gegen die als „faschistisch" eingeschätzte Politik der französischen
Front National im Rahmen einer Pressekonferenz zur Wahlkampagne
der Partei für die Europawahlen, Paris, 22. April 2014.

Frauen übernehmen, entgegen westlichen Vorurteilen, auch im
Islam gesellschaftlich relevante Rollen und sind selbstbewusst
bereit, für ihre Überzeugungen auf die Straße zu gehen.
Eine Gruppe von Frauen unterstützt die Protestbewegung gegen
die Regierung Mubarak am Tahrir-Platz, Kairo, 25. Januar 2011.

Thema der Straffreiheit für Abtreibung zum Thema der Befreiung der Sexualität, zur neuen Beziehung zwischen den Geschlechtern, zur Revolution der Lebensweise. Thematisiert wird erstmals auch häusliche Gewalt, die ersten Frauenhäuser werden Ende der siebziger Jahre eröffnet. Die Frauenorganisationen, auch die der Parteien, die an den traditionellen Themen weitergewerkt hatten, wurden neu politisiert und errangen Einfluss in den Parteien. Langsam setzte sich die Erkenntnis durch, dass der „Hälfte der Menschheit" das Recht auf politische Teilhabe auf allen politischen Ebenen zukomme.

Die neue Frauenbewegung kann durchaus auf beträchtliche Erfolge verweisen - der offenkundigste Erfolg ist die massiv verbesserte Ausbildung der Frauen, die Zahl der Maturantinnen und jüngst auch die Zahl der Akademikerinnen hat die der männlichen Absolventen übertroffen; damit in Zusammenhang steht der Zugang zu allen Berufen.

Wobei die meisten Karrieren lange Jahre an der „gläsernen Decke" endeten, allerdings beginnt auch diese Decke langsam zu bröckeln. Hartnäckig hält sich auch der Unterschied zwischen Männer- und Frauenlöhnen, worauf jüngst wieder ein OECD-Report hingewiesen hat. Und hartnäckig unterrepräsentiert sind die Frauen auch bis heute auf so gut wie allen politischen Ebenen. Erst zu Beginn des 21. Jahrhunderts zeichnen sich da bescheidene Verbesserungen ab.

Der langfristig vielleicht wirksamste Erfolg ist der Wandel der Männerrolle. Die Frauen erkannten Mitte der achtziger Jahre, dass ein wirklicher Fortschritt nur durch eine Emanzipation auch der Männer möglich ist – und daher eine Debatte über das Selbstverständnis der Männer, über ihre Funktionen und Rollen in der Gesellschaft notwendig sei. Bei der älteren Generation der Männer kam diese Problematisierung der „Männlichkeit" nicht besonders gut an, die jüngere Generation aber war zu dieser Diskussion und auch zu einer Veränderung von Selbstverständnis und sozialem Verhalten durchaus bereit. Indikator für diese Bereitschaft: der neue Umgang junger Väter mit ihren Kindern.

Im Hochgefühl der neuen Frauenbewegung entstanden auch Thesen wie die von der Überlegenheit der „weiblichen Werte". In einem Interview der Autorin mit der Ikone der neuen Frauenbewegung, Simone de Beauvoir, meinte diese: „Ich glaube nicht an eine Überlegenheit der weiblichen Werte. Es muss einen Austausch der Werte geben, die durch und in der Unterdrückung erworben werden, und den Werten der Unterdrücker [...] z. B. müssen die weibliche Geduld und der weibliche Sinn für Humor erhalten bleiben, aber gleichzeitig müssen die Frauen von den Männern deren Möglichkeit zu Aggressivität und Initiative übernehmen. Erst diese Einheit, dieses Ensemble von Werten wird die neue Menschheit ausmachen, wenn es je eine neue Menschheit geben sollte" (Brandstaller 2007, 66).

21. Jahrhundert – Globalisierung

Das Ende des 20. Jahrhunderts, das nicht nur Hobsbawm mit dem Zusammenbruch des Sowjetimperiums und dem Ende des Kommunismus ansetzt, sieht die Frauen neuerlich an den Rand der Gesellschaft gedrängt – aus verschiedenen Gründen: Zum einen gibt es einen massiven ideologischen Backlash. Die amerikanische Soziologin Susan Faludi analysiert in ihrem Buch *Die Männer schlagen zurück* die Mechanismen, wie der neue, entfesselte Kapitalismus die Frauen an die Kandare nimmt. Begleitet wird dieser Backlash von intensiven Medienkampagnen, wie sie die amerikanische TV-Industrie souverän beherrscht. Serien wie *Sex and the City* und *Desperate Housewives* signalisieren das neue Frauenverständnis. Die Tussi sei zurück, schrieb eine österreichische Journalistin; auch die aktuelle Mode wäre einmal einer gründlicheren Analyse zu unterziehen. Die gleichzeitige Forcierung der ewig jugendlichen, magersüchtigen Kindfrau, die durch Botoxspritzen und Schönheitsoperationen erzeugt wird, lässt tief ins Unterbewusstsein der westlichen Gesellschaften blicken.

Gleichzeitig schlägt die westliche Frauenbewegung einen neuen Kurs ein, 1990 veröffentlicht die amerikanische Philosophin Judith Butler ihr vieldiskutiertes Buch *Gender Trouble (Das Unbehagen der Geschlechter)*, in dem sie die These aufstellt, dass nicht nur die kulturelle Prägung der Frau, sondern auch das biologische Geschlecht nur gesellschaftliche Konstrukte seien. Der „fortschrittliche" oder vermeintlich fortschrittliche Teil der Frauenbewegung in den USA und in Europa stürzte sich in der Folge in endlose Gender-Debatten und zog sich aus der politischen Welt zunehmend zurück. Manche sprachen vom „Exodus der Frauen" auf den „Frauenplaneten".

Diese Tendenzen konnten aber die „Globalisierung" der Frauenbewegung nicht aufhalten, die Forderung nach Bildung und politischen Rechten hat inzwischen die Frauen weltweit erfasst. Zwar kämpfen Frauen in weiten Teilen der Welt vorerst um ihr Überleben – gegen den Massenmord an weiblichen Embryos in China und in Indien, gegen die Verletzung ihrer physischen Integrität, gegen die in großen Teilen Afrikas noch immer praktizierte Klitoris-Beschneidung – und um ihre Anerkennung als gleichberechtigte menschliche Wesen, was ihnen von den traditionalistischen Religionen, vor allem vom Islam, noch immer abgesprochen wird (auch die katholische Kirche hat den Frauen bekanntlich über Jahrhunderte eine Seele abgesprochen). Aber gerade in den arabischen Ländern haben die jüngsten Umwälzungen gezeigt, dass die jungen, gebildeten Frauen ihre Länder zu gerechteren und demokratischeren Gesellschaften umgestalten wollen. Der Anteil der Frauen auf den Plätzen der Revolution war nicht zu übersehen.

Als auf dem Weltsozialforum in Dakar 2011 die jungen Ägypterinnen auftauchten, wurden sie von den dort stark vertretenen Frauen Afrikas bejubelt. In einem großen Zelt hatten sich in Stammestracht hunderte Schwarzafrikanerinnen versammelt. „Wir sind noch geschlagen worden, wir werden noch geschlagen. Aber unsere Töchter müssen an die höheren Schulen. Mit einer ordentlichen Ausbildung wird kein Mann es mehr wagen, sie zu schlagen."

Auch wenn der „Arabische Frühling" derzeit im restaurativen Frost zu erstarren scheint – langfristig werden sich die Frauen in dieser Region nicht mehr aus der Öffentlichkeit verdrängen lassen. Sie erinnern ihre westlichen Schwestern an die Wurzeln der Frauenbewegung, an die Utopie einer neuen Gesellschaft, in der Männer und Frauen als Freie und Gleiche zusammenleben.

Eine Utopie, die sowohl in den USA, von Wissenschaftlerinnen wie der Neoaristotelikerin Martha Nussbaum, als auch in Europa, von der ungarischen unorthodoxen Marxistin Agnes Heller, am Leben erhalten oder wieder zum Leben erweckt wird. Martha Nussbaum fordert in ihrer Theorie vom „guten Leben" eine Balance zwischen Rationalität und Emotionalität bei Frauen und Männern – als Voraussetzung für ein gelungenes Leben und eine weltweit gerechte Gesellschaft. Für Agnes Heller ist die Revolution der Frauen, die auf Gewalt verzichtet hat, „die größte Revolution in der Weltgeschichte, im Unterschied zu allen anderen wird sie vielleicht einmal vollendet sein" (Heller 2014, Interview *Süddeutsche Zeitung*).

Partizipation an allen Kämpfen für eine Verbesserung der Welt – was könnte zu Beginn des 21. Jahrhunderts ein besseres Ziel für die Frauenbewegung sein? „Wir wollen die Hände nicht in den Schoß legen, auch nicht in unbefriedigenden Zeiten", so Eric Hobsbawm (2003, 471), „soziale Ungerechtigkeit muss immer noch angeprangert und bekämpft werden. Von selbst wird die Welt nicht besser."

Rainer Metzger

•

35. 5. 1914
Marcel Duchamp geht einkaufen
Auch ein Jahrhundertereignis –
Die Entwicklung des Readymade

•

Une sorte de Nominalisme pictural
Notizzettel von Marcel Duchamp,
auf der Rückseite datiert: 1914

1914: Engagement und Indifferenz

Im März 1913 fuhren der Münchner Maler Franz Marc und seine Frau Maria für einige Wochen nach Südtirol, zur Inspiration und zur Erholung. Marc hatte gerade die aufregendsten Monate seines Künstlerdaseins hinter sich, gemeinsam mit Wassily Kandinsky war er die treibende Kraft jener Gruppierung gewesen, die als „Blauer Reiter" Kunstgeschichte geschrieben hat. Typisch für das Ungestüm dieser Zeit, war derlei urbaner Elan dann auch gleich schon wieder vorbei, Marc suchte das Idyll. Ländlichkeit sollte Einzug halten in sein Metier, entsprechend tragen zumindest zwei Gemälde den Namen „Tirol" schon im Titel. Eines davon, heute in der Münchner Pinakothek der Moderne beheimatet, war, nachdem es auf die Leinwand gebracht worden war, nach Berlin gegangen, zu Herwarth Walden, dem Galeristen und Impresario des soeben zur Attraktion der Saison avancierten Expressionismus, wo das Bild nun den legendären „Ersten Deutschen Herbstsalon" zierte. Hier waren, dem nationalbewussten Motto widersprechend, die Progressiven versammelt, sie kamen aus ganz Europa, waren Franzosen und Italiener, Russen und eben Deutsche und galten als die Kadertruppe jener Bewegung, die sich nach einem militärischen, vom Vordenker des Sozialismus, Saint-Simon, in die Ästhetik übertragenen Begriff als Vorhut, als „Avantgarde" verstand.

Nachdem Marc sein „Tirol"-Bild vom Herbstsalon zurückerhalten hatte, legte er abermals Hand an sein Werk, und es ergab sich die Version, wie sie heute vor Augen steht. Es ist – mit einem Wort, das Marcs Kollege Ludwig Meidner damals seinen eigenen Bildern gab – eine „apokalyptische Landschaft", mit grell gefurchten Silhouetten, drastisch Versehrtheit vorführender Vegetation und einer Madonna auf der Mondsichel, wie man sie von den Illustrationen zur biblischen Apokalypse kennt. Marcs geheime Offenbarung, wie sie also 1914 in die Welt trat, lässt sich füglich als eine Art Vorahnung darauf verstehen, wie die Gegenden bald tatsächlich aussehen werden: zerfurcht, mit tiefen Schründen, dabei zugleich hochgetürmt und emphatisch, eine einzige Anklage – ein Schlachtfeld.

Derlei Sensibilität für das Kommende billigt man Künstlern gerne zu. Ob sich solche Nähen wirklich einer speziellen Begabung verdanken oder nicht vielmehr dem durchaus banalen Mechanismus einer Interpretation, die etwas nachträglich erklärt und dadurch mit Sinn auflädt, sei dahingestellt. Gemeinhin werden jedenfalls zwei Möglichkeiten benannt, Dinge der Kultur in der Situation der Zeit, in der sie entstehen, zu verorten. Möglichkeit eins wäre jene, die Franz Marc demonstriert, sie gilt als die avanciertere, jene, die die politische Linke bevorzugt, denn bekanntlich bestimmt das Sein das Bewusstsein, und sie ließe sich nennen: Widerspiegelung; im Werk kommt zur Kenntlichkeit, was die Verhältnisse sind. Die zweite Möglichkeit gilt als die prekärere, die konservative, sie gilt ihren Verächtern als diejenige, die das Werk darauf verpflichtet, auszugleichen, für Harmonie zu sorgen und unter den Teppich zu kehren, was als Status quo womöglich zum Himmel stinkt; sie ließe sich nennen: Kompensation; das Werk hat etwas anderes zu tun, als sich in die Niederungen der Umstände zu begeben, denn stattdessen gibt es einem Besseren statt.

Vielleicht sollte man dieses Gegensatzpaar indes durch ein anderes ersetzen, das eigentlich keine Alternative dazu liefert, sondern den Blickwinkel ein wenig anders justiert: Engagement und Indifferenz. Will Kunst eingreifen, intervenieren, verändern – und das kann man aus der Perspektive der Widerspiege-

Ein Vertreter des Münchner „Blauen Reiter" sucht ländliches Idyll,
am Ende kommt eine „apokalyptische Landschaft" heraus.
Franz Marc, *Tirol*, Öl auf Leinwand, 1913/14.

lung wie der Kompensation –, oder nimmt es einen Standpunkt der Beobachtung ein, der ein „Ohne mich" signalisiert. Franz Marc und mit ihm die Bewegungen, die sich in der klassischen, der orthodoxen Moderne allesamt in Begriffe kleiden, die das Suffix Ismus tragen, sind ohne Zweifel dem Engagement verschrieben. Ihnen gegenüber stehen ein paar Positionen, die notgedrungen einzelgängerisch daherkommen, die der Unbeteiligtheit frönen, dem demonstrativen Nicht-Konsum von Aufgeregtheit, einer Coolness, die bis zur Blasiertheit geht, einer gewissen Abgehobenheit und Gespreiztheit. Gustave Flaubert, der vielleicht virtuoseste Vertreter dieser Haltung in der Literatur, hat sie „désinvolture" genannt. Dem Paradevertreter einer solchen Haltung in der bildenden Kunst sollen die folgenden Ausführungen gewidmet sein.

Bezeichnenderweise bringt Marcel Duchamp diese Haltung in eben dem Jahr zu vollendetem Ausdruck, das wie kein anderes für Aufregung steht. 1914 geht also Duchamp, geboren am 28. Juli 1887, in eines der berühmten Pariser Großkaufhäuser, den Bazar de l'Hôtel de Ville, und kauft dort ein Allerweltsprodukt. An welchem Tag des Jahres 1914 das geschah, lässt sich nachträglich nicht ermitteln. Es könnte, um mit Erich Kästner (1931) zu sprechen, der 35. Mai gewesen sein. Und am 35. Mai müsse der Mensch auf alles gefasst sein, wie Kästner schreibt. Mit dem Kauf lässt Duchamp es jedenfalls nicht sein Bewenden haben, sondern funktioniert die Erwerbung zu einem Kunstwerk um: Aus einem schlichten Flaschentrockner, jenem Gerät, auf das man kopfüber Gefäße stülpt, nachdem man sie gereinigt hat, wird der *Porte-Bouteilles*, später auch – Titel spielen in der textlastigen Bilderwelt der Moderne generell eine große Rolle – *Egouttoir* oder *Hérisson* überschrieben. Es ist nicht sehr sicher, dass der junge Künstler, der soeben mit seinem Gemälde *Akt, eine Treppe herabsteigend (Nue descendant un escalier)* ein skandalträchtiges Spektakel auf der New Yorker „Armory Show" bewerkstelligt hatte, ein Spektakel, das das füglich kubistisch-futuristische Bild allein seinem das Pornographische streifenden, aber durch keine Darstellung bestätigten Titel verdankte, gleich wusste, was er in die Welt und in die Zukunft setzte. Allein, das Readymade war geboren.

Es wird die erfolgreichste Strategie in der Kunst der 20. Jahrhunderts daraus entstehen, Marcel Duchamp wird zum einflussreichsten Künstler des Säkulums werden und sein künstlerisches Credo das womöglich meistgeschätzte.

Zeit seines Lebens hat sich Duchamp Notizen gemacht, immer wieder hat er diese Schriftstücke ediert, 1975 gab es eine Anthologie unter dem Titel *Duchamp du signe*, die auch die Quelle der im folgenden benutzten Zitate abgibt. Seinem Schrifttum ist zu entnehmen, dass der Meister den Begriff, auf den er sein Verfahren brachte, immer wieder anders zu Papier brachte. Ob „Ready-made", „Readymade" oder „Ready made": In dieser englischen Wortschöpfung, die der Franzose Duchamp irgendwann in den 1910er Jahren aufbrachte, arbeitet sich, wie gern bei ihm, ein Wortspiel durch, es ist meistens auch ein wenig schlüpfrig, und „Ready made" alias „ready mate" lässt jedenfalls die

Bereitschaft zu gewissen Dingen anklingen, die man einem Gegenstand nicht unbedingt ansehen würde.

Für den Moment aber ist folgender Eintrag von Duchamp festzuhalten: „Beauté d'indifférence" (Duchamp 1994, 46). Eine Schönheit der Indifferenz hat Duchamp im Sinn, wenn er seine Gegenstände nimmt, einschlägig auch das Vorderrad eines Fahrrads, die an einem Brett befestigten Kleiderhaken oder eine mit Zuckerstücken gefüllte Mausefalle, um aus ihnen ein Kunstwerk zu machen – ein Kunstwerk, das sich zum einen der Auswahl durch den Künstler verdankt, zum anderen gewissen inszenatorischen Zusätzen wie etwa einer Signatur oder der Tatsache, dass ihm ein Sockel untergeschoben wurde, und zum dritten der Deklaration, der dezidierten, also von Wörtern geleisteten Erklärung, die vor allem aus einem Titel besteht. So indifferent ist das gar nicht, könnte man nun erwidern, Duchamp hat nur gewisse Aktivitäten, die bislang im Status des Unproblematisierten und damit Unbemerkten geblieben waren, auf die Ebene des Expliziten gebracht. Aber natürlich ermangelt es gründlich allen Engagements, aller Reaktion auf die Zeit.

Duchamp hatte auch alles Lebensglück in diesem Jahr 1914. Als der Krieg ausbrach, wurde er zunächst zurückgestellt, die Einberufungskommission diagnostizierte im Januar 1915 ein „rheumatisches Herzgeräusch" (Tomkins 1999, 167), das ihn von der Armee suspendierte, doch um ganz sicher zu gehen, landete er im Juni 1915 schließlich in New York. Dort wird er bleiben, seine weitere Karriere wird sich in der Metropole der Neuen Welt, in der sie mit einem kleinen Skandal ohnedies begonnen hatte, fortan ergeben.

Skeptizismus

Im Jahr 1884 veröffentlicht der viktorianische Autor Edwin A. Abbott einen Roman, der Welten beschreibt, in denen die Dimensionen verrückt sind. *Flatland (Flächenland)*, ist, wie der Name es besagt, auf das Vorhandensein zweier Dimensionen beschränkt, der Erzähler sieht alle Erscheinungen seiner Wirklichkeit nur als Striche, denn die Draufsicht ist ihm verwehrt. Es gibt sogar, so weiß der Held der Geschichte, eine Realität, die nur aus Punkten besteht, doch *Flatland* vollzieht sich kennzeichnenderweise eben in der Fläche. Abbotts schräger Platonismus stimmt sein ureigenes Höhlengleichnis an, und wie beim antiken Vordenker gibt es eine Art Erweckungserlebnis, das die Einsicht auf den Weg bringt. Eine Kugel erscheint nämlich in *Flatland* und bringt den Erzähler buchstäblich auf die Höhe der perspektivischen Möglichkeiten: „Ich sah hinab und erblickte mit meinem physischen Auge all die Individualitäten meines Hauses, die ich bis jetzt lediglich verstandesmäßig begriffen hatte. Und wie armselig und schattenhaft war dieses Schlußfolgern, verglichen mit der Realität, die ich nun sah" (Abbott 1982, 93). Als guter Engländer schreibt Abbott den Erkenntnisgewinn, den er hier absteckt, der Empirie gut. Was man sieht, ist die „Realität", alles andere ist „armselig und schattenhaft". Es gilt jedenfalls, so lautet die

Botschaft dieser skurrilen Utopie, skeptisch zu sein und nur zu glauben, was man im „physischen Auge" hat.

Auf seine Art arbeitet Marcel Duchamp an Abbotts Projekt der Aufklärung, doch dem Optischen gilt gerade sein Zweifel. Die Readymades sind Verstehensapparate und damit einer Zeit sehr gemäß, die an der Abhängigkeit aller Erkenntnis vom Standpunkt des Erkennenden gemessen sein wollte. Man mag an Albert Einsteins 1905 publizierte spezielle Relativitätstheorie denken, doch für Duchamp wichtiger war ein französischer Physiker, der Einstein immerhin zugearbeitet hat: Henri Poincaré. In den Monaten vor seinem epochalen Kauf eines Alltagsgegenstands arbeitete Duchamp als Gehilfe an der renommierten Bibliothèque Sainte-Geneviève in Paris, hier kam er mit Poincarés Skeptizismus in Berührung. Was er fortan entwickelte und was alsbald Readymade genannt wird, sind Maschinen, die mittels Optik Zweifel an der Optik hervorrufen sollen. Und wie immer bei Duchamp gibt es einen manifesthaften Satz dazu, er lautet in Übersetzung so: „Jeder gewöhnliche dreidimensionale Körper, Tintenfass, Haus, Fesselballon, ist die Perspektive, die zahlreiche vierdimensionale Körper in das dreidimensionale Milieu werfen" (Molderings 1997, 47).

Tatsächlich inszeniert Duchamp seine Objekte auf eine Art und Weise, dass sie zum einen beleuchtet sind und zum anderen dadurch Schatten werfen. Nach Duchamps Theorie sollen sie veranschaulichen, wie es einem vierdimensionalen Ding geht, wenn es in unsere Wirklichkeit der drei Dimensionen gerät und damit als das fungiert, was wir Gegenstand nennen. Die Readymades sind Bilder dieses Mechanismus, sie können nur, gleichsam stellvertretend, das Ganze um eine Dimension reduziert vorführen: Wie es einem dreidimensionalen Ding geht, das sich zweidimensional als Projektion an der Wand wiederfindet; es geht ihm, mit Abbott zu reden, „armselig und schattenhaft".

Entsprechend hat Duchamp seinen *Flaschentrockner* einem speziellen Arrangement unterworfen, als er ihn von Man Ray, dem Lichtbildner des Surrealismus, fotografieren ließ. Man Rays Foto, wie es Anfang der 20er Jahre entstand, ist nämlich eine raffinierte Retusche. Der vermeintliche Schatten, den das Gerät zu werfen scheint, ist die Zweitversion von dessen Silhouette, er ist eine geschwärzte Schablone, die bei der Bearbeitung in der Dunkelkammer neben die eigentliche Aufnahme des Porte-Bouteille gesetzt wurde. Dieser vermeintliche Schatten ist die grafische Wiederholung der Konturen des Gegenstands, er ist damit unabhängig von jeder Räumlichkeit, die wieder nur die dritte Dimension bestätigen würde. Duchamp aber will die zweite Dimension herausstellen, die in purer Materialiät – und das heißt in jener Flächigkeit, die die zweite Dimension nun einmal ausmacht – vorgeführt wird.

Duchamp möchte Schaubilder, er möchte Denkbilder liefern, und seine Methode, die Selbstverständlichkeit, die einen gemeinhin vom Denken abhält, außer Kraft zu setzen, ist dabei denkbar schlicht: Die alltägliche Bedeutung von Dingen ist ihre Funktion, also gilt es, das Funktionieren zu unterbinden. Die Aufsockelung, die Signatur, die Integration in einen Zusammenhang der

Ausstellung sorgen dafür, dass es kein Funktionieren gibt. Die Readymades geben einem vertrauten Reflex statt: Berühren verboten.

Wirklichkeit ist immer nur ein Ausschnitt, Extrakt aus einem umfassenderen, umfänglicheren Zusammenhang. Und die Readymades machen davon Meldung. Auch das Fahrrad-Rad hat Duchamp zum Beispiel stets dergestalt drapiert, dass es nahe der Wand steht, dass es von der Seite beleuchtet wird und Felge und Speichen ein fragiles Geflecht an Linien bilden, die als Schatten in einer Sphäre begreifbarer Ungreifbarkeit befangen sind. Auf geschickte Weise inszeniert Duchamp also seine Schaubilder von der Existenz einer größer, besser: vielfacher dimensionierten Welt. Ein Schatten ist physikalische Notwendigkeit, ist Evidenz, und wo er geworfen ist, gibt es mit Notwendigkeit ein Ding, das ihn wirft. Die Readymades sind Indizien, sie zeugen mit gleichsam axiomatischer Ausschließlichkeit von der Anwesenheit einer unsichtbaren, aber umso deutlicher vorhandenen Sphäre eines Darüberhinaus.

Exakt im gleichen Jahr 1914 begann auf der anderen Seite Europas, in Russland, Kasimir Malewitsch mit der Entwicklung seines nicht minder berühmten Schwarzen Quadrats, des Gemäldes, das in weißer Rahmung nichts anderes enthält als eben das Karree aus Schwärze: Auch er möchte Mitteilung geben von einer Welt, für die das Werk, das er der Betrachtung anbietet, Medium ist. Malewitsch arbeitet in die Gegenrichtung, doch auch für ihn ist das Gemälde nicht nur Zeuge, sondern, wie bei Duchamp ebenso, ein Garant: in seinem Fall der Garant purer Flächigkeit.

Malewitsch schreibt: „Alles ist Einbildung von etwas, was tatsächlich gar nicht vorhanden ist. Eine Birke, ein Stein, Wasser, sind eingebildete Erscheinungen. Den besten Beweis liefert ein Maler, der eine Landschaft auf seiner Leinwand darstellt: Birke, Stein, Wasser sind gar nicht wirklich vorhanden" (Malewitsch 1962, 45). Malewitsch ist überzeugt von der, so sein berühmter Slogan, „gegenstandslosen Welt". Der beste Beweis dafür ist ihm das gegenstandslose Bild.

Auf ihre Art artikulieren Duchamp wie Malewitsch ihre fundamentalen Zweifel an der Welt. Beide finden den Beweis dafür, dass etwas nicht stimmt mit der Art und Weise, wie die Realität sich darbietet, in gewissen materiellen und medialen Bedingungen ihrer eigenen künstlerischen Arbeit. Malewitsch findet ihn in der Flachheit seiner Leinwände, die für ihn auf die Flächigkeit der Wirklichkeit verweisen, Duchamp in der Objekthaftigkeit seiner Gegenstände, die davon zeugen, dass Dinglichkeit nur eine Möglichkeit ist, sich mit der Welt ins Benehmen zu setzen. Beide wussten sie mutmaßlich nichts voneinander. Beide gehen sie durchaus verschroben zu Werke, idiosynkratisch, ein wenig selbstgestrickt in den Weltbildern, von denen sie durch ihr tägliches Hantieren so überzeugt sind und sich täglich neu überzeugen lassen. Und beide misstrauen sie der Welt, wie sie sich darbietet in eben dem Jahr 1914. Heute wissen wir, dass es allzu wenige gab in diesem Misstrauen. Und wir wissen, dass sie recht hatten. Kunst und Unbehagen: Hier spiegelt es sich wider.

Nominalismus

Weitaus wichtiger aber als Duchamps Zeitgenossenschaft zu den radikalen Momenten, die ästhetisch, politisch und sozial im Ersten Weltkrieg kulminierten, ist die Langfristigkeit, man könnte sagen: Nachhaltigkeit von Duchamps Entscheidung zum Readymade. Für sich selber hat er seine Künstlerschaft über die Jahrzehnte hinweg mit einer durchaus ähnlichen Skepsis bedacht, wie er der Welt begegnete. Berühmt wurde seine Entscheidung Anfang der 20er Jahre, in erster Linie Schach zu spielen: Nicht ohne ab und zu eine Ausstellung zu organisieren – so seine New Yorker Gruppenschau „First Papers of Surrealism" von 1942, bei der er die Räume leidlich unbetretbar machte, indem er viele hundert Meter Schnur quer hindurchzog; nicht ohne bisweilen Wiederaufnahmen seiner Werke in Miniaturformat und Kofferpräsentation auf den Markt zu bringen; und nicht ohne abrupt als sphingenhafte Erscheinung in Veranstaltungen des Kunstbetriebs aufzutauchen. Er blieb seinem Ruf treu.

Werner Hofmann, der Gründungsdirektor des Wiener Museums Moderner Kunst, veranstaltete 1962 eine Retrospektive zur Kunst der Moderne und brachte als eines der Exponate Duchamps mittlerweile höchst einschlägigen Flaschentrockner – als Replik, denn das Original war längst verschollen. Nach Ende der Schau fragte Hofmann beim Meister nach, ob sein Haus nicht ein Exemplar des *Porte-Bouteilles* als Dauerleihgabe, notfalls auch in weiterer Replizierung, zeigen könnte. Hier nun in Übersetzung Duchamps Antwort, die seiner Reputation als ästhetische Autorität des Jahrhunderts schlechthin eine weitere Facette hinzufügte: „Lieber Herr Hofmann, leider besitze ich nur die eine Replik, die ich Ihnen schickte – aber ich schlage vor, daß Sie einen Flaschentrockner kaufen können, in Paris im Bazar de l'Hotel de Ville. Dort, denke ich, haben sie noch dasselbe Modell. Mit meinen besten Wünschen für 1963 Marcel Duchamp" (Fischer/Daniels 1988, 76).

Die Dinge hatten eine spezielle Wendung genommen – und Duchamp hatte augenscheinlich nichts dagegen. Waren seine Readymades zum Zeitpunkt ihrer Entstehung veritable Instrumente einer ganz persönlichen, aber umso seriöser gemeinten Perspektive auf die Welt, waren sie Träger einer Ikonografie und waren gemeint als Medien, die getränkt waren von Bedeutung – und läge diese Bedeutung auch in fundamentaler Skepsis: Waren sie dies einst, so hatten sie sich nun gewissermaßen demokratisiert und leisteten sich die Verfügbarkeit für einen generellen Kunstbegriff, auf den man sich berief, indem man seine Instanzen bediente. 1959 war Robert Lebels Monografie des Künstlers erschienen, das Buch lieferte den Schlüssel in die zweite, diesmal weltumspannende Karriere Duchamps.

Die Probleme, die nun aufgeworfen wurden, galten weniger der Erkennbarkeit der Welt als jener der Kunst. Mit den Jahren um 1960 war ohnedies offenbar geworden, dass bestimmte Automatismen der ästhetischen Entwicklung sich erschöpft hatten. Vor allem hatte sich das Selbstläufertum der Radikalisierung zerfranst, auf das die orthodoxe Moderne, man könnte auch sagen: die Avant-

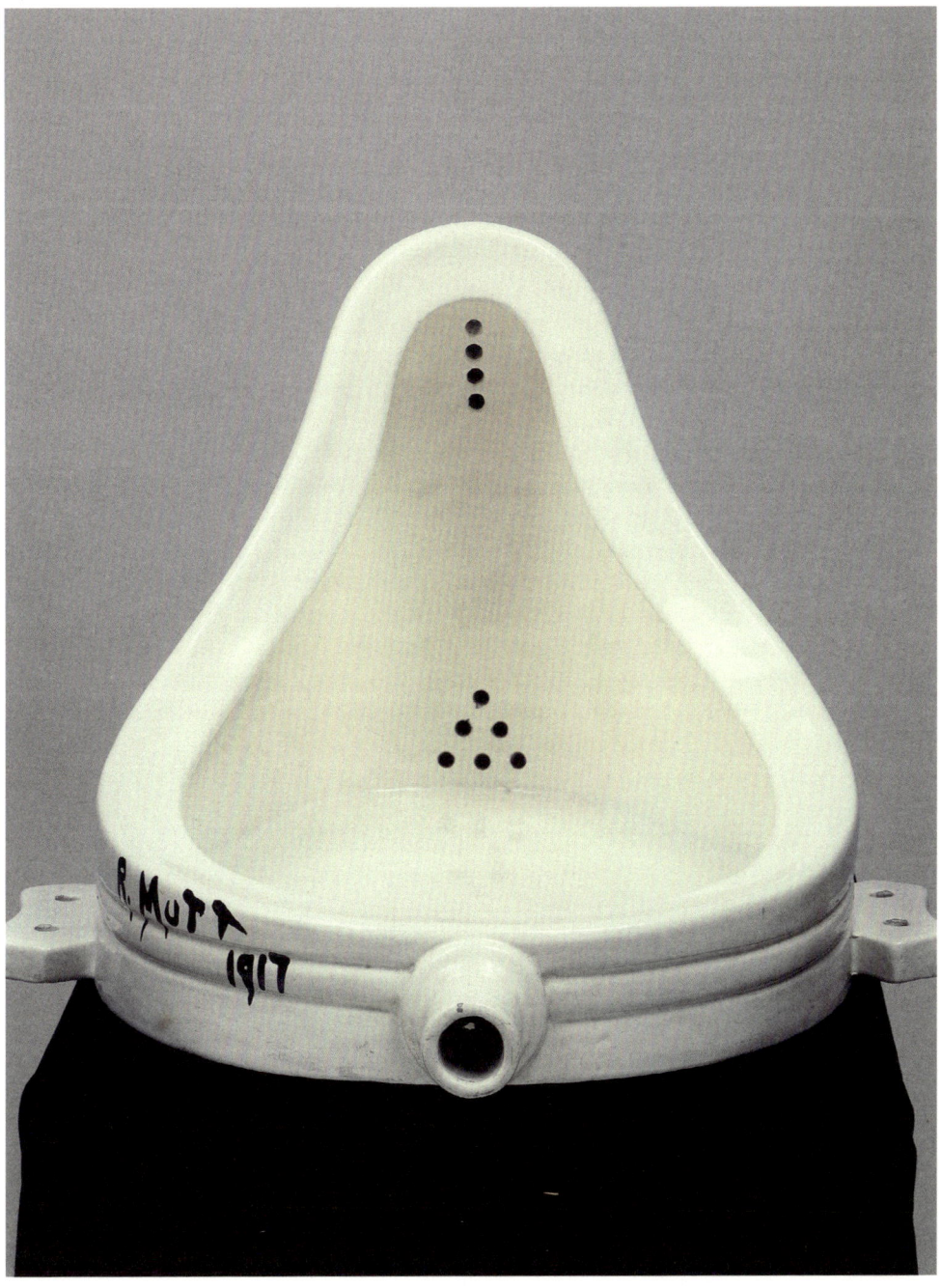

Marcel Duchamp signierte 1917 ein Pissoir mit dem
Pseudonym „R. Mutt" und reichte es bei einer New Yorker
Gruppenschau ein, um zu sehen, was passiert.
Marcel Duchamp, *Fountain*, Replikat, 1964.

garde so emphatisch, so manifesthaft gesetzt hatte: Wenn mit der Konkreten Poesie eine so singulär wie undechiffrierbar aufs Papier gebrachte Buchstabenfolge als Literatur firmierte, wenn bei forcieren Positionen des Informel eine zerschlitzte Leinwand als Malerei oder das Husten des Publikums als Musik galt, dann war absehbar, dass es vorbei sein würde mit der Eigenbewegung immer formloser werdender Formen. Eine Morphologie, die ihr Ende umkreiste, war nicht mehr Garant für den Anspruch ästhetischer Setzungen, Kunst zu sein. Alles Wesenhafte, Essenzielle, in ihrem ureigenen Zuständigkeitsbereich Beheimatete hatte sich verflüchtigt, es galt nun, die Probleme anders in den Griff zu bekommen. Nelson Goodman, der amerikanische analytische Philosoph, hat die Umformulierung auf den folgenden schönen Punkt gebracht: Statt zu problematisieren „Was ist Kunst?" gelte nun „Wann ist Kunst?" Die Frage lautet also: Unter welchen Umständen, nach welcher Maßgabe, in welchen Kontexten, Situationen, Konstellationen wäre es angezeigt, Kunst wirksam sein zu lassen? Duchamps fast ein halbes Jahrhundert alte Strategie des Readymade zeigte sich bei Beantwortung dieser Frage schnell auf der Höhe der Zeit.

Speziell wieder aufgelegt wurde dabei eine Arbeit von ihm aus dem Jahr 1917. *Fountain* war sie betitelt, es war das berühmte Pissoir, das Duchamp, auf den Sockel gestellt, mit dem Pseudonym „R. Mutt" signiert, in eine Gruppenschau der New Yorker Society of Independent Artists verfrachtet hatte, um zu sehen, was passiert. Die Präsentation vollziehe sich ohne Jury, hieß es im Vorfeld der Ausstellung, aber plötzlich gab es dann doch eine Autorität, die Duchamps ein wenig bodenlose Provokation schlechterdings entfernte. Duchamp protestierte unter eigenem Namen; dass er ohne Erfolg bleiben würde, war absehbar. *Fountain* ist auf seine Art ein Readymade, doch anders als etwa der Flaschentrockner ist der Allerweltsgegenstand des Urinoirs durchaus besetzt von kulturellen Zwängen. Und anders als beim Fahrrad-Rad geht es weniger um die Wirksamkeit des Dimensionalen in der Welt als um den Effekt eines durchaus kleinlichen, am *Akt, eine Treppe herabsteigend* schon durchexerzierten Skandals. *Fountain* war, passend zum Jahr 1917, ein Stück Dadaismus, es hatte letztlich damit auch sein Bewenden. Bis die Jahre um 1960 kamen: Plötzlich wurde das Objekt wahrgenommen im Tunnelblick auf das Situative. Kunst ist es dann, so lautete die Formel, die etwas brachial war, aber in dieser Brachialität der unumwundenen Geste von *Fountain* auch entsprach, Kunst ist es dann, wenn es im Museum, in der Ausstellung, in den Orten des Kunstbetriebs auftaucht. Kunst wird zur Institutionenfrage, Goodmans oben zitierte Alternative zweier Fragen bringt es auf den Punkt. Letztlich aber wird das Problem damit nur delegiert: Denn wer bestimmt, was eine Ausstellung ist? Wodurch zeichnet sich ein Museum aus? Und was ist, um Himmels willen, überhaupt der Kunstbetrieb?

Ein Notizzettel Duchamps, auf dessen Rückseite das Datum 1914 appliziert ist, trägt die folgende Bemerkung: „Eine Art piktoraler Nominalismus" (Duchamp 1994, 111). Nominalismus ist ein Kampfbegriff der mittelalterlichen

Philosophie, doch er meint auch generell die Verwiesenheit auf den Namen, auf nichts als den Namen, auf das Wort, das man in Anwendung zu bringen hat, will man sich mit der Welt ins Benehmen setzen. Ein solcher Nominalismus, so Duchamp, sollte nun auch piktoral, also dann, wenn es um Bilder ginge, funktionieren. Die ein wenig mysteriöse Formulierung stammt ganz speziell aus der Zeit, da die Readymades entworfen wurden, doch wie es aussieht, bedurfte es auch hier vieler Jahrzehnte, um zur Kenntlichkeit und auch zu einer gewissen Banalisierung zu bringen, was gemeint ist.

Im Jahr 1957 nahm Duchamp an einer Konferenz der American Federation of Arts in Houston teil, er bereitete dafür ein Paper vor, in dem unter anderem Folgendes stand (zitiert in eigener Übersetzung nach Battcock 1973, 47): „Was ich sagen will ist, dass Kunst schlecht, gut oder indifferent sein kann, aber welches Adjektiv auch immer benutzt wird, wir müssen es Kunst nennen. Schlechte Kunst ist immer noch Kunst in dem Sinn, dass ein schlechtes Gefühl immer noch ein Gefühl ist." Wir müssen es Kunst nennen: Das ist in der Tat das Vermächtnis des Marcel Duchamp, es ist der Mechanismus der Readymades, den sie nicht erfunden haben, aber den sie dank der Popularität, den sie in der ästhetischen Debatte, im sogenannten „Diskurs", einnehmen, verkörpern.

Wenn man es nicht Kunst nennt, ist es keine; und umgekehrt gilt es genauso: Um Kunst zu sein, müssen wir es Kunst nennen. So einfach ist das. Ob man will oder nicht, es bejaht oder verneint: Das ist die Antwort auf die einst hehre, vom Wahren, Guten, Schönen umrankte Frage: Was ist Kunst?

Duchamp sagte im englischen Original: „Bad art is still art in the same way as a bad emotion is still an emotion." Bezeichnenderweise macht Duchamp, gleichsam unter der Hand, einen gewichtigen Unterschied zwischen den beiden Teilen seines Vergleichs: „art", Kunst, kommt ohne Artikel daher, „emotion", Gefühl, dagegen mit dem unbestimmten. Wenn es „ein Gefühl" gibt, gibt es auch ein anderes Gefühl. Eben das gilt für Kunst gerade nicht: Kunst gibt es nur im Singular, im Kollektivsingular, es ist ein stark besetzter Begriff, der ebenso alles oder nichts bedeutet wie andere Kollektivsingulare, wie Geist etwa oder wie Volk; gerade deswegen ist er universal einsetzbar – und jeder kann ihn anfüllen nach Maßgabe der eigenen Bedürfnisse.

Als Begriff in der Einzahl unterliegt Kunst eben dem Nominalismus. Wie auch anders: Seit 200 Jahren, mit dem Beginn der Moderne – und genau das macht diese Moderne im Gegenzug aus –, hat Kunst sich von allem emanzipiert, was vorher ihre Signaturen waren: von Technik, von Handwerk, von Meisterschaft, von Virtuosität, und es wurde an die Stelle einer materiellen eben eine nominelle Bestimmung gesetzt. Kunst – und man müsste im Grunde stets formulieren: Was man Kunst nennt – hat im Gegenzug auf das Prinzip Aneignung gesetzt. Sie hat ihrem Geltungsbereich Phänomene einverleibt, die bis dato außerhalb waren, sie hat kanonisiert, was Anti-Kanon war, und man konnte fortan Kunst nennen, was bis dato als etwas anderes gegolten hatte: das Leben in Luft und Sonne, Gefühle und Expressionen, die Bildnerei des Primitiven, die Alltags-welt, die Dispositionen des Körpers, die reine Deklaration, das Tabuisierte und das Immaterielle. Duchamp hat in seinen Readymades diese Verfahren der An-eignung und Appropriation auf bis dahin ungekannt radikale Weise strapaziert: Er hat einen Gegenstand genommen, ein Ding der Dingwelt, das er nicht herge-stellt, aber ausgewählt, das er nicht weiterbearbeitet, aber inszeniert, das er nicht per Material, aber per Namensgebung, per Signatur und Titel, zu seinem eigenen gemacht hat. Dabei, damit und dadurch hat er diesem Ding Kunstcha-rakter auferlegt.

Wir müssen es also Kunst nennen: Genau das hat Duchamp schon am An-fang des 20. Jahrhunderts beherzigt – auf eine Art und Weise deutlich und mit einer Vehemenz antizipierend, dass er es knapp ein halbes Säkulum später nur noch aussprechen musste. Träger dieser Formulierung waren die Readymades. Die Kunstgeschichte der Moderne hat ihm nichts anderes als recht gegeben. Spät, aber umso überzeugter.

Marcel Duchamp.

Natalie Lettner

◆

6. 10. 1927
Premiere „The Jazz Singer"
Der Tonfilm und das
Prinzip Hollywood

◆

„Warten Sie! Warten Sie! Sie haben noch gar nichts gehört!" – Diese Worte sollten die Welt verändern. Al Jolson, einer der berühmtesten Broadway-Stars der zwanziger Jahre, rief sie seinem Publikum am 6. Oktober 1927 zu. Nicht von der gewohnten Showbühne aus, sondern von der Kinoleinwand. Erstmals hatte damit in einem abendfüllenden Spielfilm ein Schauspieler lippensynchrone Worte gesprochen. Seither gilt *The Jazz Singer*, der in New York vor 1200 Zuschauern seine Premiere feierte, als erster Tonfilm überhaupt. Zwar hatte es bereits seit der Erfindung des Films, also bereits ab den 1890er Jahren, Versuche gegeben, die bewegten Bilder mit Ton zu kombinieren, und 1926 waren einige Kurzfilme mit Sprechszenen herausgekommen. Doch erst *The Jazz Singer* brachte den Durchbruch und löste einen Wirbelsturm in der Filmwelt aus. Wer mitmachte, überlebte, wer glaubte, am Stummfilm festhalten zu können, ging unter.

Al Jolson hatte nicht zu viel versprochen: „You ain't heard nothing yet." Bald sollten sich die Filme nicht mehr mit wenigen Minuten Dialog und einigen

Sie zählten wie die anderen großen Studiobosse zur ersten bzw. zweiten Generation von osteuropäischen jüdischen Immigranten und wurden zu „Big Playern" in Hollywoods Filmindustrie: Jack, Harry, Albert und Sam Warner.

Liedern begnügen wie *The Jazz Singer*. Mit dem Ton entstanden zugleich ganz neue Genres. Virtuose Filmmusicals brachten bisher unvorstellbare Musik- und Tanzeinlagen, rasante Screwball-Komödien boten spritzige Dialogfeuerwerke, und sozialkritische Gangsterfilme konfrontierten das Publikum nicht nur mit knatternden Maschinengewehrsalven, sondern auch mit dem rauen Slang der New Yorker Unterwelt.

The Jazz Singer war ein „point of no return" und ein entscheidender Schritt auf dem Weg Hollywoods zur global beherrschenden Unterhaltungsindustrie. Schon drei Jahre nach der Premiere, im Oktober 1930, bezeichnete das *Fortune Magazine* den Wechsel vom Stummfilm zum Tonfilm als „die schnellste und erstaunlichste Revolution in der gesamten Geschichte industrieller Revolutionen". Erst über die Umwälzungen durch Computer, Digitalisierung und Internet sollte wieder ähnlich geurteilt werden.

Der Film – das Medium des 20. Jahrhunderts

Die Auswirkungen der Tonfilmrevolution sind nur zu verstehen, wenn man sich den Stellenwert des Mediums Film überhaupt vergegenwärtigt. Der Film hat unser Bild von der Welt, unsere Wahrnehmung der Wirklichkeit, unser Freizeitverhalten und nicht zuletzt das Verhältnis zwischen Hoch- und Populärkultur massiv verändert. Obwohl er in seinen frühesten Anfängen nur als billige Jahrmarktsattraktion für die ungebildeten Massen galt, forderte er schon bald in herausragenden Meisterwerken die traditionellen Kunstformen – Literatur, Musik, bildende Kunst – heraus. Mehr noch: Der Film wurde zu *der* genuinen Kunstform des 20. Jahrhunderts.

Aufgrund der hohen Produktionskosten verschränken sich im Film allerdings mehr als in anderen Künsten künstlerisches und wirtschaftliches Interesse. Je nach Gewichtung überwiegt einmal das eine, einmal das andere, und oft genug stehen Kunst und Geld zueinander im Widerspruch. Dabei bedeutet ein vorwiegend kommerzieller Anspruch nicht automatisch einen schlechten Film. Genauso wenig führt viel investiertes Geld notwendigerweise zu einem Meisterwerk.

Es gab keinen Urknall oder den einen entscheidenden Erfinder, dem das Medium seine Existenz verdankt. Der Film entstand in den 1890er Jahren mehr oder weniger gleichzeitig in Frankreich, Großbritannien, Deutschland und den USA. Die Entwicklung verlief rasant, innerhalb von nur zwanzig Jahren eroberte das Kino die gesamte industrialisierte Welt. Bis zum Ausbruch des Ersten Weltkriegs 1914 beherrschte Europa den internationalen Filmmarkt. Die Zentrale befand sich in Paris, wo die französische Firma Pathé das weltweit größte Filmstudio betrieb. Auch die Italiener, Russen, Skandinavier und Deutschen spielten eine wichtige Rolle. Nach 1918 verschoben sich jedoch die Kräfteverhältnisse. Mit Ausnahme von Deutschland und für kurze Zeit auch Österreich lag die europäische Filmindustrie danieder. Der innovative Georges Méliès, einer der Pioniere des erzählerischen Films, musste sein Pariser Studio verkaufen und betrieb gegen Ende seines Lebens ein Spielzeuggeschäft in der Pariser U-Bahnstation Montparnasse. Vielen anderen europäischen Filmschaffenden und Betrieben erging es nicht anders.

Nun war es Hollywood, das 80 Prozent aller weltweit und 95 Prozent aller in den USA gezeigten Filme produzierte. Viele erfolgreiche europäische Regisseure, Schauspieler und andere Talente kehrten Europa den Rücken. Die deutsche Filmwirtschaft konnte sich bis Ende der 1920er Jahre eine gewisse Unabhängigkeit bewahren, was allerdings nichts daran änderte, das auch die deutschen Zuschauer vielfach amerikanische Filme vorzogen und zahlreiche Filmschaffende von Hollywood abgeworben wurden – zu den berühmtesten zählten die Regisseure Friedrich Murnau und Ernst Lubitsch.

In weniger als zwanzig Jahren hatte sich die amerikanische Filmindustrie zur fünftgrößten Industrie des Landes gemausert – nach der Landwirtschaft, dem Transportwesen, Öl und Stahl. „The industry", wie man das Filmbusiness nannte, war nun der wichtigste Arbeitgeber in Los Angeles, wo sich mittlerweile über 100 Filmproduktionsfirmen angesiedelt hatten. 1921 war ein absolutes Rekordjahr: Hollywood produzierte 854 Spielfilme. 40 Prozent aller Amerikaner gingen einmal pro Woche ins Kino. Der Film war gesellschaftsfähig geworden und hatte die Mittelklasse erobert. Längst war Hollywood zumindest auch in Teilen der europäischen Kulturelite angekommen. Einer der leidenschaftlichsten, wenn auch kritischen Kinobesucher in Wien war etwa Arthur Schnitzler. Er ging mehrmals pro Woche ins Kino, oft genug sah er sogar zwei Filme hintereinander, neben deutschen und österreichischen vor allem Produktionen aus Hollywood. Um vieles seltener besuchte er das Theater – eine Gewichtung zugunsten des Films, die gerade in seinem Fall überrascht, schließlich war er einer der erfolgreichsten Dramatiker seiner Zeit.

Das Filmgeschäft boomte derart, dass Produzent Nick Schenck einmal im Scherz meinte, mittlerweile könne man selbst mit unbelichtetem Film Geld verdienen.

Wie ist dieser Siegeszug Hollywoods zu erklären? Hatten die Europäer noch eine Chance? Und welche Rolle spielte dabei der Tonfilm? Antworten darauf finden sich in der exemplarischen Erfolgsgeschichte jenes Hollywood-Studios, das *The Jazz Singer* produziert hat.

Die Warner Brothers – vom Underdog zum Big Player

Die Warner Brothers bescherten der Welt nicht nur den ersten „Talkie", sondern auch so großartige Filme wie *Casablanca* (1942), *Rebel Without a Cause* (*Denn sie wissen nicht, was sie tun*, 1955) oder *Who's afraid of Virginia Wolf?* (1966) – drei unter vielen möglichen Beispielen aus drei Jahrzehnten. Abgesehen von kleinen Abweichungen ähneln sich die Biographien der ersten großen Studiobosse von Hollywood, also der Gründer von Paramount, Universal, Fox, Columbia, MGM oder Warner Brothers. Wie so viele gehörten auch die Warners zur ersten oder zweiten Generation von osteuropäischen jüdischen Immigranten. Harry, Albert und Sam kamen noch im damals russischen Polen auf die Welt, Jack, der jüngste, wurde bereits in Kanada geboren, wo sich die mittellose zwölfköpfige Familie einige Jahre durchzuschlagen versuchte, bevor sie sich endgültig in den USA niederließ. Der Vater, Benjamin Warner, arbeitete als Flickschuster, als Hausierer, als Lebensmittelhändler – was immer ein bisschen Geld zu bringen versprach.

Ein entscheidender Schritt auf dem Weg Hollywoods zur global beherrschenden Unterhaltungsindustrie war der erste Tonfilm: *The Jazz Singer* im Warners' Theatre am Broadway, New York, 1927.

Die frühesten Formen des Kinos erfreuten sich besonders in den armen Einwandererierteln der großen amerikanischen Städte großer Beliebtheit. Es überrascht daher wenig, dass auch viele Einwanderer zu den Pionieren des Filmbusiness gehörten. Film galt ursprünglich nicht als Kunst, sondern als technische Sensation und billiges Unterhaltungsmedium.

Bürgerliche Kreise pflegten den Film zu verachten, renommierte Theaterschauspieler versuchten sich davon fernzuhalten. Für viele jüdische und andere Immigranten dagegen, die in etablierten Wirtschaftszweigen wenig Aufstiegsmöglichkeiten gehabt hätten, entwickelte sich das Filmgeschäft zu einem hochenergetischen Magneten. Der Film war *die* Chance für kreative, innovative und ehrgeizige junge Leute. Auch die vier Warner-Brüder stiegen sehr jung ins Filmbusiness ein. Nur Harry, der älteste, war bereits 21 und erwachsen. Albert war 19, Sam 17 und Jack, der spätere mächtige Studioboss, war gerade erst 11 Jahre alt. Um 1000 Dollar – der Vater versetzte seine goldene Uhr und das Pferd, mit dem er seine Waren auslieferte – erwarben die Brüder ein Vorführgerät und eine Kopie von *The Great Train Robbery* (1903).

Der zwölfminütige Film gilt nicht nur als frühester Western überhaupt, sondern war auch einer der erfolgreichsten Filme der Zeit und gehörte zum Standardrepertoire eines sogenannten Nickelodeons, also eines jener frühen Kinos, in denen um 1900 in einem provisorisch bestuhlten Vorführraum mit handgekurbelten Projektoren die ersten wackeligen Kurzfilme auf einem Leintuch gezeigt wurden. Eintritt: fünf Cent, ein „Nickel", daher der Name. Das erste Nickelodeon der Warners in Newcastle, Pennsylvania, war nicht mehr als ein Raum über einem Lagerschuppen, für den sie die Stühle beim örtlichen Bestattungsunternehmen ausborgten – immer in der Sorge, dass diese während einer Filmvorführung für ein Begräbnis gebraucht werden könnten. Die Rollenverteilung unter den Brüdern etablierte sich rasch und sollte mehr oder weniger ihr ganzes Leben lang so bleiben: Harry, der Älteste und Besonnenste, war fürs Geld zuständig. Der technikbegeisterte Sam bediente den Projektor, das Verkaufstalent Albert vertrieb die Tickets und Jack, der Jüngste, ein Hallodri und Spaßmacher, warb die Zuschauer an und trat zwischen den Filmvorführungen als Sänger auf.

Das Geschäft boomte. 1916 gab es in den USA bereits 21.000 Kinos mit durchschnittlich 500 Plätzen. Die prächtigen großen Kinopaläste in den Großstädten boten sogar bis zu 3000 Zuschauern Platz. Die Warners beschränkten sich mittlerweile nicht mehr aufs Vorführen, sondern bauten einen lukrativen Filmverleih auf. Der nächste logische Schritt war es, selbst Filme zu produzieren. Nach diversen nur mäßig erfolgreichen Projekten – u. a. einem Informationsfilm für die US-Armee im Ersten Weltkrieg, der die Soldaten vor Geschlechtskrankheiten warnen sollte – gelang ihnen genau der richtige Film zur richtigen Zeit: kein künstlerisches Meisterwerk, sondern ein holzschnittartiger antideutscher Propagandafilm, *My Four Years in Germany* (1918), der noch vor dem Ende des Ersten Weltkriegs herauskam und den Nerv des kriegsmüden Publikums traf – ein Wendepunkt in der Karriere der Warners. Die Produktion kostete nur 50.000 Dollar und spielte 1,5 Millionen ein. Mit dem Geld finanzierten sie die Übersiedlung an die Westküste, in das neue Mekka des Filmgeschäfts: nach Hollywood.

Bereits um 1910 hatten Filmleute begonnen, die Vorzüge der Westküste zu entdecken. Die kalifornische Sonne bot nicht nur ideale Wetterbedingungen für die lichthungrige Filmindustrie, sondern auch eine Vielfalt an landschaftlichen Settings. Innerhalb weniger Stunden waren schneebedeckte Gebirgszüge, glühende Wüsten sowie traumhafte Strand- und Küstenlandschaften zu erreichen.

Nicht zuletzt lag Hollywood weit entfernt vom damals noch mächtigen Edison Trust in New York, der die amerikanische Filmbranche der frühen Jahre mit seinen Patentrechtsforderungen für Kameras und Filmprojektoren beherrschte und keineswegs bereit war, dieses Terrain kampflos aufstrebenden jungen Leuten mit Migrationshintergrund zu überlassen. Bis nach Kalifornien reichte der lange Arm des Trusts jedoch nicht – und schon bald sollte ihn das expandierende Hollywood vom Markt verdrängen.

Die Warners waren erfolgreich, konnten aber zunächst nicht mit den großen Hollywood-Studios wie Paramount und MGM mithalten. 1925 jedoch kauften sie eine Radiostation in Los Angeles und investierten damit in ein weiteres brandneues und hochaktuelles Medium. Die Idee war, damit ihre Filme zu bewerben. Nur einer der Brüder hatte weitreichendere Visionen: Sam, der Technikfreak. Für ihn war die Radiostation nur ein Schritt hin zu einer wirklich umwälzenden Neuerung. Er glaubte an eine multimediale Zukunft, in der sich die bewegten Bilder mit sprechenden und singenden Menschen, mit klingenden Instrumenten, prasselndem Regen, knarrenden Treppen und nicht zuletzt auch pfeifenden Revolverschüssen vereinen sollten.

Der Tonfilm – eine Revolution ohne Krise

Die Tonfilmrevolution passierte ohne Not – und das ist außergewöhnlich, denn die meisten technischen Innovationen entstehen in Krisenzeiten. Als sich etwa in den 1950er Jahren das Fernsehen zum gefährlichen Konkurrenten mauserte und die Kinobesuche massiv einbrachen, versuchte Hollywood – durchaus mit Erfolg – seine Zuschauer mit technischen Attraktionen zurückzugewinnen. Farbenprächtige Monumentalfilme in spektakulärem Breitwandformat machten den Kinobesuch wieder zu einem besonderen Erlebnis, das der Schwarzweißfernseher im Wohnzimmer nicht bieten konnte.

Die Situation vor dem Siegeszug des Tonfilms war jedoch eine ganz andere: Der Stummfilm erreichte ab Mitte der 1920er Jahre – sowohl wirtschaftlich als auch künstlerisch – einen ungeahnten Höhepunkt. Es entstanden Meisterwerke der Filmgeschichte wie etwa Charlie Chaplins Goldgräber-Komödie *The Gold Rush* (USA, 1925), Buster Keatons Bürgerkriegssatire *The General* (USA, 1926) oder Fritz Langs expressionistischer Science-Fiction-Klassiker *Metropolis* (D, 1927). Es gab keinen

Grund, das erfolgreiche Geschäftsmodell aufzugeben und sich in waghalsige technische Innovationen zu stürzen. Insbesondere für die mächtigen Studios, die auch die größten Kinoketten besaßen, war das Risiko zu hoch. Sie hätten nicht nur ihre Produktion, sondern auch ihre zahlreichen Spielstätten auf Sound umstellen müssen – eine kostspielige Investition mit ungewissen Erfolgsaussichten. Damit war die Stunde für Underdogs wie die Warner Brothers gekommen, für die sich ein solches Wagnis lohnen konnte. Sie besaßen kaum nennenswerte Kinos und mussten demnach „nur" in die Produktion investieren. Und das taten sie. Sam gelang es, seinen für die Finanzen zuständigen Bruder Harry zu überzeugen, das gerade erst entwickelte Vitaphone-Tonsystem zu kaufen. Der Ton wurde dabei auf eine Schallplatte aufgezeichnet, die dann von einem mit dem Filmprojektor synchronisierten Grammophon abgespielt wurde – ein fehleranfälliger Prozess, der schon wenige Jahre später zugunsten der viel praktikableren Aufzeichnung von Ton direkt auf Film aufgegeben wurde. Zunächst jedoch verhalf Vitaphone dem Tonfilm zum Durchbruch.

Sam Warner produzierte in den folgenden Jahren mindestens zwei Kurztonfilme pro Woche, die als Vorprogramm vor den (stummen) Hauptfilmen liefen. 1926 schließlich wagten sich die Warners an das erste Spielfilmprojekt mit dem Vitaphone-System, den Kostümfilm *Don Juan*, mit Stummfilmstar und Shakespeare-Schauspieler John Barrymore in der Titelrolle, der in 191 Kussszenen auftritt – ein Allzeitrekord. Nicht zuletzt deswegen wurde der Film ein Hit, aber auch die eindrucksvolle Hintergrundmusik, eingespielt von den New Yorker Philharmonikern, sowie die klirrenden Degen, läutenden Glocken und ähnliche Soundeffekte begeisterten das Publikum. Was allerdings fehlte, waren Dialoge, sprechende Menschen. Die meisten in der Branche glaubten noch nicht an den Erfolg von sogenannten „Talkies". Jack Warner beispielsweise argumentierte, das Publikum würde den Dialog ohnehin in seinem Unterbewusstsein schaffen. Und außerdem fürchtete man, durch die Sprachbarriere Probleme auf dem internationalen Markt zu bekommen – eine durchaus berechtigte Sorge, wurde doch nur die gestische Sprache des Stummfilms in der ganzen Welt verstanden.

Wie es dann schließlich doch gute 350 Wörter gesprochenen Dialogs in den *Jazz Singer* von 1927 schafften, gilt als umstritten. Manche Zeitzeugen berichten, Hauptdarsteller Al Jolson habe einfach zwischen den Musiknummern improvisiert und Sam habe später seine Brüder überredet, die Dialogszenen im Film zu behalten. Tatsächlich sind sie in keinem Skript verzeichnet. Gegen diese attraktive Zufallstheorie spricht jedoch ein Artikel in der Filmzeitschrift *Motion Picture News*, der bereits drei Monate vor der Premiere und noch vor dem Dreh der entsprechenden Szenen ankündigte, Warner Brothers plane für *The Jazz Singer* einige Dialogaufnahmen.

Wie auch immer dieser erste „Part-Talkie" entstanden war – die Filmwelt war danach eine andere. Der Film spielte 3,5 Millionen Dollar ein und katapultierte die Warner Brothers von einem unbedeutenden Player in die erste Reihe der Hollywood-Studios. 1927 hatten die Warners nur ein großes Kino besessen, 1930 kontrollierten sie bereits über 700. Ihr Gewinn erhöhte sich von 1928 bis 1929 um sagenhafte 900 Prozent auf 17 Millionen Dollar. Der Triumph der Warners wurde allerdings von einer familiären Tragödie überschattet: Ausgerechnet Sam, der sich so unermüdlich für den Tonfilm eingesetzt hatte, sollte die Früchte seiner Arbeit nicht mehr ernten können. Im Alter von nur 40 Jahren starb er am Tag vor der Weltpremiere des *Jazz Singer* an einer komplizierten Infektion. Keiner der Warner Brüder war daher bei dem zukunftsweisenden Gala-Abend anwesend.

Erfolgsrezepte Hollywoods – Universalismus und Illusionismus

Der Aufstieg der Warners erinnert selbst ein wenig an ein Hollywood-Drehbuch, nicht zuletzt an die Geschichte des *Jazz Singers*. Auch die Warners kamen aus einer sehr traditionellen jüdischen Familie und auch sie suchten den Erfolg im amerikanischen Traum, jenseits aller konfessionellen Schranken. *The Jazz Singer* erzählt die Geschichte des jüdischen Kantorensohns Jakie Rabinowitz, der eine steile Karriere als Jazzsänger am Broadway macht – gegen den Willen seines orthodoxen Vaters. Schon seit fünf Generationen singen die Rabinowitz in der Synagoge, und auch für den musikalisch begabten Jakie ist dieser Weg vorgezeichnet. Doch aus Jakie Rabinowitz wird Jack Robin. In einer Schlüsselszene plaudert Jack beiläufig mit seiner Mutter – der erste Dialog in einem Spielfilm überhaupt – und singt ihr ein jazziges Lied vor. In diesem Moment betritt der Vater den Raum. In seinem Gesicht spiegelt sich blankes Entsetzen und er schreit sein einziges (hörbares) Wort heraus: „Stop!" Im nächsten Augenblick wechselt der Film wieder in den Stummfilm-Modus zurück. Die Tradition, der Patriarch und der Stummfilm haben noch einmal für kurze Zeit gesiegt.

Der folgende „Dialog" – er besteht, wie im Stummfilm üblich, aus eingeblendeten Zwischentiteln – bietet eine Grundsatzdiskussion über Kultur. Jack berichtet seinem Vater stolz von seiner Jazzkarriere. Der Vater reagiert als (europäischer) Kulturchauvinist: „Ausgerechnet du, der du von fünf Generationen Kantoren abstammst!" Jack antwortet mit der Arroganz der Jugend und mit dem Selbstbewusstsein der zweiten Einwanderergeneration gegenüber der ersten: „Du bist aus der Alten Welt. Wenn du hier geboren wärst wie ich, würdest du genauso fühlen wie ich!" Und Jack verteidigt seinen Kulturauftrag. Es sei genauso ehrenvoll am Broadway zu singen wie in der Synagoge. Außerdem – und damit ist das Sakrileg perfekt – habe das Showbusiness seine eigene Religion, nämlich: „The show must go on!"

Interessanterweise ist es gerade dieses Hin- und Herwechseln zwischen Ton- und Stummfilmmodus, das den Stummfilm altmodisch und zukunftslos wirken lässt - mehr als das wahrscheinlich mit jedem sogenannten „All-Talkie" der Fall gewesen wäre. Der Konflikt zwischen Ton- und Stummfilm steht stellvertretend für eine Reihe von weiteren Konflikten: zwischen den Ansprüchen der Väter und den Träumen der Söhne, zwischen Hoch- und Populärkultur, zwischen Tradition und Moderne, zwischen Europa und Amerika.

Die kluge Dramaturgie, die diese Stränge miteinander verknüpft, machen *The Jazz Singer* zu einem Schlüsselwerk der Film- und Kulturgeschichte – trotz seines etwas sentimental geratenen Plots und des heute sehr kritisch zu beurteilenden Auftritts von Al Jolson in stereotypem „Blackface", also mit schwarz geschminkter Haut, dicken Lippen und Kraushaarperücke.

Die bitteren Auseinandersetzungen zwischen Vater und Sohn münden schließlich in einem versöhnlichen Happy End. Doch es bleibt kein Zweifel, wem die Zukunft gehört: dem Jazzsänger, der Moderne, dem „american way of life" – und dem Tonfilm. Im *Jazz Singer* triumphiert die Neue über die Alte Welt. Dieser durchschlagende Erfolg der amerikanischen Populärkultur – ob es sich dabei um den Jazz, um den Comic oder den Hollywoodfilm handelt – wurde und wird von kulturpessimistischen Europäern gerne beklagt. Schon in den 1920er Jahren versuchten europäische Regierungen – teilweise auch gemeinsam – durch Importbeschränkungen von US-Filmen und Filmförderungen die Dominanz Hollywoods zu brechen.

Ein wesentlicher Grund für die Potenz der amerikanischen Filmindustrie lag im sogenannten integrierten Studiosystem, bei dem Produktion, Verleih und Vorführung unter einem Dach vereint waren und das ein hohes Ausmaß an Kontrolle ermöglichte. Zunächst schien zwar der Tonfilm den Europäern einen Vorteil zu verschaffen, konnten sie doch nun den Zuschauern Filme in der eigenen Sprache bieten. Hollywood allerdings, das einen viel größeren gleichsprachigen heimatlichen Markt bedienen konnte, hatte mehr Ressourcen, um in die neu zu entwickelnde Synchronisationstechnik zu investieren. Europa dagegen war in die einzelnen Sprachgruppen zersplittert und verlor international maßgeblich an Terrain. Mit dem Tonfilm waren die Weichen für die amerikanische Dominanz am Filmmarkt endgültig gestellt.

Trotz aller Bemühungen der Europäer den eigenen Markt zu schützen, zog das Publikum amerikanische Filme großteils vor, die die europäische Konkurrenz in vielem überflügelten: in gut konstruierten Plots, durch überzeugende technische Effekte und mit glamourösen Stars. Hollywood erzählte zwar amerikanische Geschichten, aber in einem universalistischen kosmopolitischen Gewand. Die Filme wurden und werden in der ganzen Welt verstanden.

In der klassischen Ära Hollywoods waren es mit wenigen Ausnahmen die Studiobosse und nicht die Regisseure, die Ästhetik und Themen der Filme festlegten.

Diese Studiobosse waren vor allem osteuropäische jüdische Einwanderer, die sich ein ideales Amerika erträumten und es in den von ihnen produzierten Filmen tausendfach auf die Leinwand bannten. Es waren diese Außenseiter, die überhaupt erst die Mythen, die Amerika bis heute ausmachen, massenwirksam über ihre Filme in die Welt setzten – so die überzeugend argumentierte These des Filmkritikers Neal Gabler.

Das „Prinzip Hollywood" heute: keine Experimentierfreude,
aufwändiges Marketing, spektakuläre technische Effekte –
exemplarisch steht dafür der Film *Avatar* (2009), der bis heute
das größte Einspielergebnis aller Zeiten erzielte.

Und dieses Fantasie-Amerika funktioniert als Projektionsfolie für die Sehnsüchte und Träume der Menschen – nicht nur in den USA, sondern, wie der Erfolg Hollywoods beweist, in der ganzen Welt. Gleichzeitig zog die Traumfabrik Schauspieler aus aller Welt an und machte sie zu universellen Stars. Diese Stars wiederum trugen zum Erfolg der Filme in den ehemaligen Herkunftsländern bei. Greta Garbo, Maurice Chevalier und später Audrey Hepburn sind dafür gute Beispiele.

Das klassische Hollywood gewann, indem es sowohl das Ideal der amerikanischen Mittelstandsfamilie propagierte als auch immer wieder Außenseiter feierte, die als Einzelkämpfer den Aufstieg schafften. Die Filme strahlten einen radikalen Optimismus aus, ein ungebrochenes Vertrauen in die Verwirklichung des amerikanischen Traums – nicht zuletzt daher rührte auch die Vorliebe Hollywoods für ein Happy End. Dazu trug auch die Erzählweise sehr viel bei, die den Illusionismus des Kinos perfektionierte. Während die Meisterwerke des sowjetischen oder des deutschen expressionistischen Films nie die Kamera und den Schnitt vergessen ließen – ganz im Gegenteil, sie zelebrierten die Sprache des Films als solche geradezu –, war es im klassischen Hollywood das oberste Gebot, sämtliche filmische Mittel unsichtbar zu machen, die Illusion von Kontinuität entstehen zu lassen und den Zuschauer emotional zu überwältigen.

Hollywood in der Krise?

Trotz seiner exorbitanten Erfolgsgeschichte hat Hollywood seit seinen Anfängen immer wieder schwere Krisen durchlebt: von den 1930er Jahren, als die Weltwirtschaftskrise viele Studiobosse zum Verkauf zwang, über die 1950er Jahre, in denen sich der Konkurrent Fernsehen zum Massenmedium entwickelte und die antikommunistische Paranoia der McCarthy-Ära zu einem nachhaltigen kreativen Aderlass führte, bis zu den 1960er Jahren, als das Studiosystem zusammenbrach und von gigantischen Medienkonzernen abgelöst wurde. In den 1980er Jahren wiederum bedrohte der Videomarkt das Kino, heute ist das Internet der große Gegenspieler – nicht zuletzt, weil es den illegalen Download von Filmen ermöglicht.

Längst ist auch nicht mehr die amerikanische, sondern die indische Filmindustrie, bekannt als Bollywood, die größte der Welt, zumindest was das Produktionsvolumen und die Zuschauerzahlen betrifft. Bollywood bringt heute etwa 1300, Hollywood 500 Filme pro Jahr heraus. Dennoch: Im globalen Maßstab kann die indische Filmindustrie Hollywood nicht das Wasser reichen. Während Hollywood 50 bis 80 Prozent seiner Einnahmen auf dem internationalen – zunehmend auch auf dem indischen – Markt lukriert, sind das bei Bollywood nur 20 Prozent, denn nach wie vor produziert Indien vor allem für den – allerdings riesigen – heimischen Markt. Das internationale Publikum für Bollywoodfilme setzt sich mehrheitlich aus der weltweiten indischen Diaspora und aus Fangemeinden in Westafrika sowie Zentral- und Südostasien zusam-

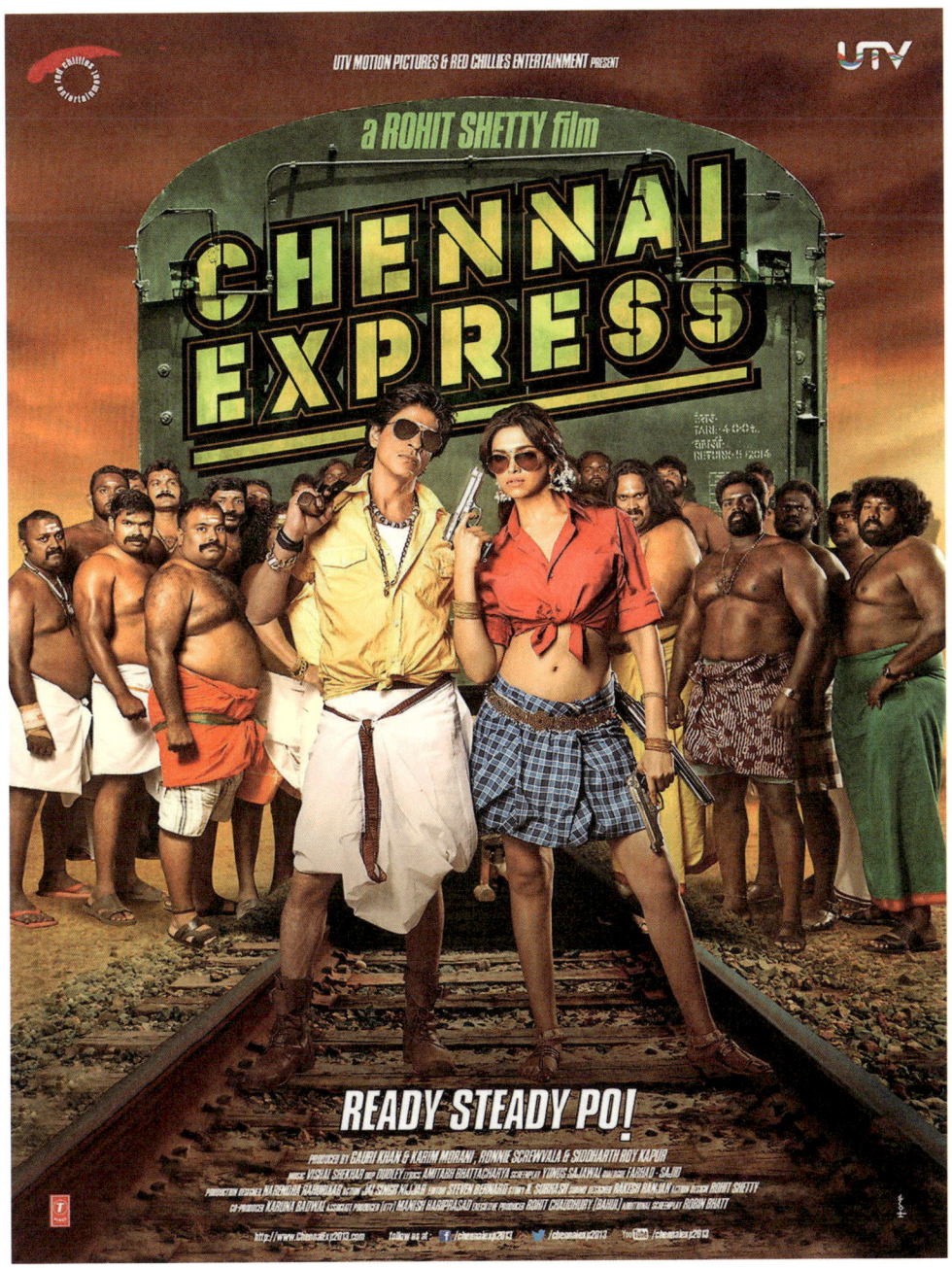

Die indische Filmindustrie, bekannt unter der Bezeichnung Bollywood, hat, obwohl sie in erster Linie für den heimischen Markt produziert, in Bezug auf Produktionsvolumen und Zuschauerzahlen Hollywood längst überholt. Filmplakat zum bislang erfolgreichsten Bollywoodfilm, *Chennai Express* (2013), der rund 50 Millionen Euro einspielte.

men. Auch bei den Einnahmen liegt Hollywood trotz der geringeren Anzahl an Filmen und Zuschauern weit vorne: 2008 verdiente die indische Filmindustrie 1,6 Milliarden Dollar, während Hollywood im selben Jahr 9,7 Milliarden Gewinn machte.

Was den künstlerischen Anspruch betrifft, durchlebt Hollywood allerdings heute eine seiner schwierigsten Phasen. Auch wenn ehemalige Außenseiter wie Quentin Tarantino, Ethan und Joel Coen, Steven Soderbergh oder auch Wes Anderson einen Platz in Hollywood gefunden haben, zu den profitträchtigen Blockbustern gehören ihre Filme nicht.

Um ein internationales Massenpublikum zu erreichen, sucht die amerikanische Filmindustrie bei den Plots, den Charakteren und Botschaften meist nur mehr den kleinsten gemeinsamen Nenner. Ecken und Kanten, kontroverse Themen oder widersprüchliche Figuren haben dabei häufig wenig Platz – weit weniger als noch im klassischen Hollywood. Aufgrund der immer höheren Produktionskosten hält sich die Experimentierfreude in Grenzen, man versucht, auf Nummer Sicher zu setzen. Die Folge ist ein regelrechter Sequel-Wahn. Hat sich ein Handlungsmuster einmal bewährt, wird es so oft wie möglich aufgekocht. Die Verkaufszahlen scheinen dieser Strategie recht zu geben: Die weltweit erfolgreichsten Filme der letzten Jahre waren *Toystory 3* (2010), *Harry Potter 2* (2011) und *Iron Man 3* (2013). Für 2015 ist *Fluch der Karibik 5* in Planung.

Vor allem spektakuläre technische Effekte und aufwändiges Marketing sorgen für den Erfolg. Exemplarisch dafür steht der Film *Avatar* (USA, 2009), der bis heute das größte (nicht inflationsbereinigte) Einspielergebnis aller Zeiten – 2,78 Milliarden Dollar – erzielte. Für den Film wurden eigene Kameras und ein neues Motion-Capturing-Verfahren entwickelt, das es erlaubt, Gestik und Mimik von Schauspielern in besonders realistischer Weise auf computeranimierte Figuren zu übertragen und den Kinobesuchern ein völlig neues Seherlebnis zu verschaffen. Hyperrealistische blauhäutige Aliens bewegen sich durch faszinierende außerirdische 3D-Landschaften.

Avatar ist zwar keine seelenlose Technologieschlacht, sondern ein pazifistisches Science-Fiction-Öko-Märchen, einen ausgefeilten Plot und interessante Charaktere bietet es allerdings nicht. Diese findet man dagegen zunehmend in einem Genre, dem das vor zwanzig Jahren niemand zugetraut hätte: in hochkarätigen Fernsehserien wie *Mad Men* (seit 2007), in denen sich heute künstlerischer und kommerzieller Erfolg treffen. Doch auch dahinter steht letztendlich das Prinzip Hollywood. Der renommierte Kabelsender Home Box Office (HBO), der u. a. die vielfach ausgezeichneten Serien *The Sopranos* (1999–2007) und *The Wire* (2002–2008) produziert hat, ist beispielsweise eine Tochter von Time Warner, jenes weltweit größten multinationalen Medienkonzerns, von dem die Filmindustrie nur eine unter vielen Branchen bildet und in dessen Namen sich noch die beiden ursprünglich getrennten Firmen spiegeln: das 1923 gegründete *Time Magazine* und das Filmstudio Warner Bros.

Ausgefeilte Plots und interessante Charaktere finden sich heute nicht mehr in Hollywoodfilmen, sondern in hochkarätigen Fernsehserien. Szene aus *Mad Men* (seit 2007).

Hollywood bewies schon immer ein hohes Maß an Anpassungsfähigkeit, immer wieder gelang es den Studios, sich einstige Feinde und Konkurrenten, wie etwa das Fernsehen oder den Videomarkt, einzuverleiben. Längst investiert Hollywood auch in die neuen Medien und in diversifizierte Vertriebswege. Und auch wenn der heutige Time-Warner-Konzern mit dem Warner-Bros.-Filmstudio, das 1927 *The Jazz Singer* herausbrachte, nur mehr wenig gemein hat – seine Metamorphose spiegelt plastisch wider, wie sich Hollywood durch zahlreiche Krisen verändert und modernisiert hat. Totgesagt wurde es schon oft, untergegangen ist es bis heute nicht.

Rudolf Taschner

◆

7. 9. 1930

Kurt Gödels Auftritt bei der
Königsberger Tagung
*Die Erschütterung der
exakten Wissenschaften*

◆

D ie berühmte „Tagung der Erkenntnislehre der exakten Wissenschaften"
vom 5. bis zum 7. September 1930 in Königsberg sollte den Schlussstein
auf ein vermeintlich großartiges gedankliches Gebäude setzen. Es sollten bei
dieser Tagung vornehmlich die Nebel um die endgültige Begründung der Physik, vor allem der Quantentheorie, und dem vorgelagert: um die endgültige
Begründung der Mathematik gelichtet werden. Physik und Mathematik galten
nämlich damals als die tragenden Pfeiler des Gebäudes, das alle exakten Wissenschaften beherbergt. Und das Fundament dieses Gebäudes ist der unbedingte
Glaube an die Kraft des menschlichen Verstandes. Trotz des dem Worte inne-
wohnenden Pathos ist es nicht ganz falsch, dieses Gebäude den „Tempel der
Vernunft" zu nennen.

Die „newtonsche Religion"

Am 10. November 1793 wurde Nôtre Dame in Paris tatsächlich von den
eifrigsten Verfechtern der Französischen Revolution zum für alle Citoyens
sichtbaren „Tempel der Vernunft" umgewandelt, und die dort versammelte
Menge hatte einer Schauspielerin, die mit der Trikolore, dem „Bleu-Blanc-
Rouge", bekleidet war und die Freiheit symbolisieren sollte, ihre devote Eh-
rerbietung zu zollen. Zwar machten die eher besonnenen Vertreter der Aufklärung die dabei aufgeführte Maskerade lächerlich, aber der Idee eines
vernunftgeleiteten Weltverständnisses schlossen auch sie sich wie die meisten
Apologeten der so erfolgreich gewordenen exakten Wissenschaften trotzdem
an. Nicht ohne Grund sprach Henri de Saint-Simon ernsthaft von einer „newtonschen Religion" (Saint-Simon 1803). Ihre Anhänger waren überzeugt, dass
es mithilfe der allein auf der Ratio gründenden Wissenschaften gelingt, die
alten Mythen, die archaischen Religionen und die mit ihnen einhergehenden
Traditionen ein für alle Male in den Orkus des Vergessens zu bannen. In politischer und gesellschaftlicher Hinsicht empfanden diese Anhänger die Jahre
1814/15 des Wiener Kongresses als Symbol des Rückschritts: Wandte man sich
doch von den Errungenschaften der Französischen Revolution und der Napoleonischen Ära ab, versuchte unter Berufung auf Legalität und Stabilität die
Tradition und das alte Gottesgnadentum zu restaurieren. Nicht umsonst wurde die damals deklarierte Vereinigung der europäischen Mächte die „Heilige
Allianz" getauft. Aber die Vertreter der „newtonschen Religion" wussten: das
Rad der Geschichte lässt sich nicht zurückdrehen. Am allerwenigsten bei den
von Erfolg zu Erfolg eilenden Naturwissenschaften. Mag der Abklatsch des
Ancien Régime das Gebäude Nôtre Dame als Kathedrale der alten Religion
restaurieren – dass damit die „Göttin Vernunft" vertrieben wird, soll in den
Augen der Verkünder der alles durchdringenden rationalen Erkenntnis nicht
mehr gelingen.

Wie sehr die Vorkämpfer der „newtonschen Religion" von der ungestü-
men Leidenschaft für ihren neuen Glauben getrieben wurden, zeigt ein be-

rühmter Holzstich vom *Wanderer am Weltenrand*: Die Darstellung zeigt einen vorwitzigen Wandervogel, der es wagt, von seinem heimatlichen Gefilde in die Ferne zu ziehen, so weit weg wie nur möglich. Endlich, am Horizont der Erdscheibe angelangt, steckt er den Kopf in die Himmelssphäre und erblickt dahinter die eigenartigsten Gebilde, die eigentlich nur den Engeln zugänglich sein sollten. So sah man, will dieses im 19. Jahrhundert hergestellte, aber auf alt getrimmte Bild den Betrachtern weismachen, im Mittelalter, von der Religion dumm gehalten, die Welt. Doch dann, so wird von den Missionaren der „newtonschen Religion" verkündet, kam die „kopernikanische Revolution" und der Glaube, der Mensch befinde sich als Krone der Schöpfung im Zentrum des Universums, wurde hinweggefegt.

In Wahrheit ist das pure Propaganda und nichts davon wahr: Die Idee des heliozentrischen Systems wurde nicht von Kopernikus in die Welt gesetzt, sie geht vielmehr bis in die Antike zu Aristarch von Samos zurück und geriet seither nie mehr in Vergessenheit. Tatsächlich gab es gute Gründe, gegen sie Stellung zu nehmen, die keineswegs irrational waren. Kopernikus behauptete auch nicht, die Wirklichkeit selbst durchblickt zu haben, er schlug bloß ein gegenüber dem ptolemäischen System einfacheres Modell vor. Nur dessen Einfachheit, nicht dessen Richtigkeit machte es für die Astronomen attraktiv – was die Genauigkeit der Übereinstimmung von Berechnungen und Messdaten anlangt, war das ptolemäische dem ursprünglichen kopernikanischen Modell überlegen, hätte es, wenn die Wissenschaftsgeschichte im Sinne Poppers verlaufen würde, sogar falsifiziert. Schließlich wurde das Wort „Revolution" vom Titel des Buches entlehnt (Copernicus 1543), das der fromme Kopernikus dem Papst gewidmet hat, und in dem „de revolutionibus" mit „von den Umdrehungen" der Himmelssphären zu übersetzen ist. Ein Umsturz eines Weltbildes war von ihm nie geplant.

Ebenso geschönt wurden andere Heldenepen, erfunden von den Gläubigen der „newtonschen Religion": Der Verlust der „vis vitalis" durch die Experimente von Friedrich Wöhler, vor allem seine Synthese von Harnstoff aus Ammoniumcyanat im Jahre 1828. Der Verlust der „causa finalis" des Aristoteles, ja die Abkehr von jedweder Teleologie nach der Entdeckung der Evolution durch Charles Darwin. Ebenso von Darwin ausgelöst wurde die Verleugnung der Sonderstellung des Menschen in der Schöpfung durch seine vor allem von Ernst Haeckel propagierte Eingliederung in die Abstammungskette aller Arten des Lebendigen. Als vehementer Prophet der „newtonschen Religion" nannte Sigmund Freud die Verbannung des Menschen aus dem Zentrum des Weltalls und die Verbannung des Menschen aus dem gezielten Schöpfungsplan eines Weltenbauers die beiden „großen Beleidigungen", denen er seine Psychoanalyse, kulminierend in der These, der Mensch sei nicht Herr in seinem eigenen Hause, eine dritte und seiner Auffassung nach die beiden vorhergenannten noch übertrumpfende „Beleidigung" hinzu gesellte (Freud 1917). Freud war alles andere denn ein exakter Naturwissenschaftler. Er wollte aber immer zu diesen gezählt werden und hätte es als Schmach empfunden, nicht den von ihm so begehrten Nobelpreis für Medizin, sondern den für Literatur zu erhalten – der ihm als begnadetem Schwadroneur zu Recht zugestanden hätte. Und mit der Einreihung seiner waghalsigen Thesen in die von der „newtonschen Religion" der Menschheit angetanen „Beleidigungen" glaubte er sich im erlauchten Kreis der exakten Wissenschaftler aufgenommen.

Nicht alle – dies sei zur Ehre mancher exakter Wissenschaftler betont – folgten der Ideologie einer „newtonschen Religion". Am allerwenigsten Newton selbst, der sein ganzes Leben hindurch tiefgläubiger Christ, geheimer und überzeugter Anhänger des Arianismus war. Auch Gauß nicht, der „princeps mathematicorum", der einem konservativen Weltbild anhing und sich – für viele Heißsporne der vermeintlich besseren, weil von der Wissenschaft geprägten Zeit unverständlich – ostentativ von den Protesten der „Göttinger Sieben" gegen die Aufhebung der liberalen Verfassung im Königreich Hannover zurückhielt.

„Wir müssen wissen, wir werden wissen"

Anders war es vielleicht bei David Hilbert bestellt, dem neben dem tiefsinnigen und in seinen philosophischen Betrachtungen gar nicht dem Zeitgeist folgenden Henri Poincaré unbestritten größten Mathematiker um 1900. Wenn der durch und durch selbstbewusste, aus Königsberg, der Stadt Kants, stammende Hilbert von etwas überzeugt war, dann von der grenzenlosen Kraft seiner Wissenschaft. Im Jahre 1930, am Ende seines Wirkens als Professor in Göttingen, hielt er eine Ansprache für das damals neue Radio (siehe den Link im Literaturverzeichnis). Man kann sich lebhaft ausmalen, wie der schon ergraute und von seinen Kollegen verehrte Herr Geheimrat vor das Mikrophon gesetzt wurde, ihm erklärt wurde, dass nun Tausende an den Geräten seiner Stimme lauschen werden, und er in seinem ostpreußischen Akzent möglichst deutlich Wort für Wort die nachfolgende Rede deklamierte:

„Das Instrument, welches die Vermittlung bewirkt zwischen Theorie und Praxis, zwischen Denken und Beobachten, ist die Mathematik. Sie baut die verbindende Brücke und gestaltet sie immer tragfähiger. Daher kommt es, dass unsere ganze gegenwärtige Kultur, soweit sie auf der geistigen Durchdringung und Dienstbarmachung der Natur beruht, ihre Grundlage in der Mathematik findet. Schon Galilei sagt: ‚Die Natur kann nur der verstehen, der ihre Sprache und die Zeichen kennengelernt hat, in der sie zu uns redet. Diese Sprache aber ist die Mathematik, und ihre Zeichen sind die mathematischen Figuren.' Kant tat den Ausspruch: ‚Ich behaupte, dass in jeder besonderen Naturwissenschaft nur so viel eigentliche Wissenschaft angetroffen werden kann, als darin Mathematik enthalten ist.'"

Nach einigen weiteren Zitaten, mit denen Hilbert die Bedeutung der Mathematik beschwört, endet seine Radioansprache mit den Worten: „Wir dürfen nicht denen glauben, die heute mit philosophischer Miene und überlegenem Tone den Kulturuntergang prophezeien und sich in dem Ignorabimus gefallen. Für uns gibt es kein Ignorabimus, und meiner Meinung nach auch für die Naturwissenschaft überhaupt nicht. Statt des törichten Ignorabimus heiße im Gegenteil unsere Losung: Wir müssen wissen, wir werden wissen."

Uns Heutigen sind diese abschließenden Worte schwer verständlich. Von wem spricht Hilbert, wenn er auf Propheten des Kulturuntergangs anspielt, die „sich in dem Ignorabimus gefallen"?

Um dies beantworten zu können, muss man bis zum Jahr 1872 zurückblicken: auf eine Rede des hervorragenden Physiologen Emil Heinrich du Bois-Reymond, mit der er die damalige Gelehrtenwelt in Erstaunen, ja in blankes Entsetzen versetzte (Bois-Reymond 1912). Bois-Reymond war als entschiedener Verfechter des Darwinismus bekannt, er vertrat vehement die Meinung, die Naturwissenschaft sei das „absolute Organ der Cultur" und das einzige menschliche Bestreben, das vorankommt. Im Gegensatz dazu seien die anderen Kulturgüter wie Politik, Kunst und Religion letztlich wertlos. Eben dieser du Bois-Reymond, der die Naturwissenschaft verherrlichte und in der Geschichte der Naturwissenschaft die eigentliche Geschichte der Menschheit erblickte, behauptete anlässlich der Tagung der „Gesellschaft Deutscher Naturforscher und Ärzte" in Leipzig, es gäbe „Grenzen des Naturerkennens". Nie, so meinte er, werde man wissen, was Materie und Kraft sei, nie das bewusste Empfinden in den unbewussten Nerven zu orten vermögen, nie den Ursprung des Denkens und der Sprache ergründen, nie begreifen, woher der freie, sich zum Guten verpflichtende Wille stamme. „Ignoramus et ignorabimus", ruft er seinen Kollegen zu: „Wir wissen es nicht und wir werden es niemals wissen."

Über Jahrzehnte hinweg war David Hilbert als einem von vielen das „Ignorabimus" ein Dorn im Auge. Schon zu Beginn seiner Radioansprache verdeutlichte er seine Haltung gegen den Skeptizismus des du Bois-Reymond: Wer Mathematik betreibt, so beteuert Hilbert steif und fest, wird letztlich jedes „Ignorabimus" zu Fall bringen. Hat doch die Naturwissenschaft seit Galilei diesen unaufhaltsamen Siegeszug angetreten. Vor Isaac Newton glaubten die Menschen, die Wandelsterne am Himmel werden von den Flügelschlägen der Engel Gottes angetrieben – ein wunderbares poetisches Bild. Die mathematische Physik Newtons zerriss es. Die Bewegungen aller Himmelskörper folgen, so Newton, Gleichungen. Gäbe es nur zwei Himmelskörper im ganzen Universum, führen die Lösungen dieser Gleichungen tatsächlich zu den Gesetzen, die Galileis Zeitgenosse Johannes Kepler aus seinen Messungen und Berechnungen entnommen hatte. Bei den unzählig vielen Himmelskörpern, die im Universum hausen, ist es sowohl für Menschen wie auch für Rechenmaschinen aussichtslos, den Gleichungen Newtons die exakten Lösungen zu entlocken. Aber nur Mathematik und nicht mehr, davon sind die Astronomen überzeugt, liegt dem Geschehen im Weltall zugrunde.

Pierre-Simon Laplace übertrug diesen Gedanken auf die Bewegungen aller Atome des Universums (Laplace 1814). Damit sei alles in unserer Welt, vom Flügelschlag des Insekts über den Ausbruch des Vesuvs bis hin zum Zerbersten eines Sterns als Supernova, von Gleichungen bestimmt. Nichts gäbe es, wo nicht die Mathematik letztlich das Spiel in ihren Händen halte. Auch wenn die Relativitäts- und die Quantentheorie die Gleichungen Newtons korrigierten, am Prinzip dieser Aussage ändert dies nichts. In der Quantentheorie wird ein physikalisches System, sei es ein Atom, ein DNS-Molekül, eine Katze in einer Kiste, eine Wolke, was auch immer, mit dem geheimnisvollen griechischen Buchstaben ψ, psi, beschrieben. Er symbolisiert den sogenannten Zustand des Systems. Dieses ψ enthält alle Informationen, die dem System zueigen sind. Und ψ ist nichts und niemand anderem als der Mathematik unterworfen. Denn ψ gehorcht einer mathematischen Gleichung, die nach Erwin Schrödinger benannt ist.

Folglich durchdringt die Mathematik buchstäblich alles. Und sie selbst, davon war das mathematische Genie Hilbert felsenfest überzeugt, widerlegt du Bois-Reymond. Pathetisch formulierte Hilbert seinen Leitspruch: „In uns schallt der ewige Ruf: Hier ist das Problem. Suche nach einer Lösung! Du findest sie durch reine Überlegung, denn in der Mathematik gibt es kein ‚Ignoramus et ignorabimus'."

Widerspruchsfreiheit und Vollständigkeit

Was veranlasste den großen Mathematiker im Jahre 1930 an ein Diktum du Bois-Reymonds zu erinnern, das schon mehr als zwei Generationen alt war? Und dessen Zutreffen noch unglaubhafter schien als zu du Bois-Reymonds Zeit? Denn die beiden um 1900 noch als „letzte große Rätsel" der Physik benannten Fragen nach der Natur der Hohlraumstrahlung und nach der Natur des Äthers lösten sich in der Zwischenzeit auf einzigartige Weise, die geradezu exemplarisch die durchschlagende Kraft der mathematischen Wissenschaften belegte:

Die Frage nach der Hohlraumstrahlung führte zur Quantenphysik Plancks, Bohrs, Paulis, Schrödingers, Heisenbergs. Nicht nur, dass sie das Wesen des Lichts, so seltsam die mathematischen Modelle auch waren, zu beschreiben erlaubte, sie klärte auch darüber auf, wie die vielfältigen Regeln der Chemie, die im 19. Jahrhundert nur empirisch überprüft, nicht aber ihrem Wesen nach erfasst wurden, aus der von Hilbert massiv betriebenen mathematischen Theorie entstehen, die später unter dem Namen „Funktionalanalysis" firmiert. Die letztgültige Deutung der Quantentheorie selbst war nicht zuletzt deshalb ein zentrales Thema der zu Beginn angesprochenen Tagung des Jahres 1930 in Königsberg.

Und die Frage nach der Natur des Äthers wurde von Einsteins Relativitätstheorie beantwortet: Den Äther gibt es gar nicht, er ist ein Gespenst wie einst der ominöse Wärmestoff Phlogiston. Dafür sind die von Kant als Transzendentalien betrachteten Kategorien Raum und Zeit, die Kant zufolge dem Erkenntnisprozess vorausgehen und ihm folglich nicht unterliegen, nach Einstein zu Objekten mathematischer Untersuchungen geworden. Hilbert selbst hat dafür maßgebliche Beiträge geliefert. Insbesondere entlarvte er den Charakter der euklidischen Axiome: sie sind keine absoluten Postulate, sie teilen keine Wahrheiten über den Raum mit, sie sind vielmehr willkürliche Setzungen, die bloß den Regeln der Denkökonomie zu gehorchen haben. Diese lauten, dass erstens die aus den Axiomen gezogenen Folgerungen einander nie widersprechen dürfen, man sagt: Das Axiomensystem ist *widerspruchsfrei*. Und dass zweitens jede Frage, die man im Rahmen der vom Axiomensystem formulierbaren Begriffe und Aussagen formulieren kann, mit den aus den Axiomen gezogenen Folgerungen beantwortet werden kann, man sagt: Das Axiomensystem ist *vollständig*. Es war eine der Meisterleistungen Hilberts, für die Geometrie ein System von Axiomen, abgerundeter als das antike des Euklid, zu präsentieren und zu beweisen, dass es widerspruchsfrei und vollständig ist (Hilbert 1899). Allerdings geht sein Beweis von der Voraussetzung aus, dass die Mathematik selbst ein widerspruchsfreies und vollständiges System darstellt. Was ist dabei unter der „Mathematik selbst" gemeint?

Darunter versteht man nicht bloß die Arithmetik, also das aus den Zahlen 1, 2, 3 ... gebildete System. Dieses ist von Giuseppe Peano zwar axiomatisch beschrieben, liegt aber in Wahrheit *vor* jeder Axiomatisierung in unmittelbarer und nicht zu bezweifelnder Evidenz vor Augen. Man sagt dazu, die Arithmetik besitzt *intuitive* Klarheit. Die „Mathematik selbst" geht jedoch über die Arithmetik hinaus. Sie erstreckt sich auf das *Kontinuum*, auf die sogenannte Analysis. Unter dem Kontinuum versteht man anschaulich die mit den beiden Punkten 0 und 1 geeichte geradlinige Skala, auf der nicht bloß die ganzen Zahlen, sondern auch Brüche wie $22/7 = 3.1428571428...$ oder sogenannte irrationale Größen wie $\pi = 3.1415926535...$ ihren Platz finden. Wie hier die Brücke von der Anschauung zum exakten Verstehen zu schlagen sei, war seit der Zeit des Pythagoras bis in Hilberts Tagen ein Rätsel. Und genau darüber entwickelte sich knapp nach dem Ersten Weltkrieg ein wissenschaftlicher Disput, den Hilbert als skandalös empfand.

Ein Haus, auf Sand gebaut

Besonders schmerzlich empfand Hilbert den Skandal deshalb, weil sein bester Schüler, der ihm in der Mathematik ebenbürtige und im philosophischen Denken sogar überragende, außerordentlich vielseitige Mathematiker und Physiker Hermann Weyl, 1918 ein Buch unter dem Titel *Das Kontinuum* veröffentlichte, in dessen Vorwort die folgenden, in den Augen Hilberts unerhörten Worte zu lesen waren: „In dieser Schrift handelt es sich nicht darum, den ‚sicheren Fels', auf den das Haus der Analysis gegründet ist, im Sinne des Formalismus mit einem hölzernen Schaugerüst zu umkleiden und nun dem Leser und am Ende sich selbst weiszumachen: dies sei das eigentliche Fundament. Hier wird vielmehr die Meinung vertreten, dass jenes Haus zu einem wesentlichen Teil auf Sand gebaut ist. Ich glaube, diesen schwankenden Grund durch Stützen von zuverlässiger Festigkeit ersetzen zu können; doch tragen sie nicht alles, was man für allgemein gesichert hält; den Rest gebe ich preis, weil ich keine andere Möglichkeit sehe" (Weyl 1918, III).

Einige Jahre später trieb Weyl seine sachliche Opposition gegen den von ihm nach wie vor über alles geschätzten Lehrer Hilbert weiter und schloss sich begeistert den Ideen des holländischen Mathematikers Luitzen Egbertus Jan Brouwer an (Weyl 1921). Folgt man ihnen, lauert in der Mathematik des Kontinuums an allen Ecken und Enden ein unüberwindliches „Ignorabimus". Sogar die simpel scheinende Frage, ob irgendein Punkt des Kontinuums mit 0 übereinstimmt oder aber von 0 verschieden ist, lässt sich – wenn der fragliche Punkt nur hinreichend gewitzt definiert wird – prinzipiell nicht entscheiden. Für fast alle Mathematiker klang – und klingt noch heute – diese Aussage schockierend. Weyl hingegen war von Brouwer fasziniert. „Brouwer, das ist die Revolution", prangt wie eine Parole in seinem Artikel – die politischen Umstände der Nachkriegszeit in Deutschland mit ihren Putschversuchen und Ansätzen zur Revolution machen die Emphase seines Wortes verständlich.

Hilbert hingegen tobte. In einem Aufsatz über die *Neubegründung der Mathematik* schreibt er zu Beginn noch einigermaßen gefasst: „Angesehene und hochverdiente Mathematiker, Weyl und Brouwer, suchen die Lösung des Problems" – gemeint ist die Sicherung der Analysis – „auf einem meiner Meinung nach falschem Wege." Aber zwei Seiten später spürt man seinen aufgestauten Grimm: Weyl und Brouwer, so schreibt er, „suchen die Mathematik dadurch zu begründen, dass sie alles ihnen unbequem Erscheinende über Bord werfen und eine Verbotsdiktatur" errichten. Danach folgen die zornigen Worte: „Dies heißt aber unsere Wissenschaft zerstückeln und verstümmeln, und wir laufen Gefahr einen großen Teil unserer wertvollsten Schätze zu verlieren, wenn wir solchen Reformatoren folgen." Und direkt auf seinen Schüler Weyl gemünzt: „Nein, Brouwer ist nicht, wie Weyl meint, die Revolution, sondern die Wiederholung eines Putschversuches mit alten Mitteln" (Hilbert 1922, 160).

Nicht der längst verstorbene du Bois-Reymond, die beiden „Putschisten" Brouwer und Weyl hatte Hilbert im Visier, als er sich mit aller Vehemenz gegen das „Ignorabimus" zur Wehr setzte. Und er hatte sogleich ein Programm im Auge, wie man die Analysis so auf einem sicheren Grund errichten könne, dass schließlich alle innerhalb ihres Systems formulierbaren Fragen jedenfalls prinzipiell einer Beantwortung zugänglich sind (Hilbert 1926). Das, was im obigen Zitat Weyl den „Formalismus" nannte, war aus Hilberts Sicht der Königsweg zu diesem Ziel: Es gilt, so lautet sein Programm, der Analysis ein Axiomensystem zugrunde zu legen, das beweisbar sowohl widerspruchsfrei als auch vollständig ist.

Mit großer Begeisterung begannen die besten der Schüler Hilberts, unter ihnen Paul Bernays, Wilhelm Ackermann, Jacques Herbrand und John von Neumann, an der Verwirklichung seines Programms zu arbeiten. Nach ersten Teilerfolgen schien sich diese Arbeit zu lohnen. Die „Tagung der Erkenntnislehre der exakten Wissenschaften" vom 5. bis zum 7. September 1930 in Königsberg sollte diesen vielversprechenden Weg der wissenschaftlichen Öffentlichkeit verdeutlichen. Die Tagungsleiter ihrerseits waren bemüht, nicht die Protagonisten des erbitterten Streits, Hilbert und Brouwer, sondern deren Schüler zu Wort kommen zu lassen, weil nach einem unheilbaren Zerwürfnis dieser Protagonisten in den Jahren zuvor nun nicht mehr kämpferische, sondern versöhnliche Töne erklingen sollten. In John von Neumann erblickte Hilbert einen beredten Vertreter seiner Position. Es herrschte die einhellige Auffassung, dass sich in Kürze die Nebel lichten und Hilberts Programm die Mathematik so festigen werde, dass der Idee eines „Ignorabimus" endgültig der Garaus gemacht sei.

Kurt Gödel und die von der exakten Wissenschaft hinterlassene Leere

Genau das Gegenteil bewahrheitete sich. Kurt Gödel, aus Brünn gebürtig, in Wien lebend und damals, im Jahre 1930, keine 25 Jahre alt, bewies mit einer von ihm erfundenen genialen Methode, die allein auf der Arithmetik der Zahlen fußt, die folgende Aussage: In jedem logisch widerspruchsfreien System, das die Arithmetik der Zahlen in sich trägt, gibt es Sätze, von denen prinzipiell nicht entschieden werden kann, ob sie wahr sind oder nicht. Dabei ist wichtig, dass man den Beweis oder die Widerlegung aller Sätze des Systems nur mit den innerhalb des Systems zur Verfügung stehenden Mitteln durchführen darf. Die Analysis ist ein derartiges System und daher von Gödels Satz betroffen.

Ja es kommt für Hilberts Programm noch schlimmer. Gödel zeigte sogar Folgendes: Nur „von außen", das heißt von einem außerhalb des formalen Systems befindlichen Standpunkt aus, kann man feststellen, dass das System logisch widerspruchsfrei ist. Denn der Satz „Das formale System ist logisch widerspruchsfrei" ist einer dieser Sätze, von denen – innerhalb des Systems – prinzipiell nicht entschieden werden kann, ob sie wahr sind oder nicht.

Metaphorisch brachte der auch bei Hilbert studierende französische Mathematiker André Weil, Bruder der Philosophin und Mystikerin Simone Weil, diese Erkenntnis Gödels so auf den Punkt: „Gott existiert, weil die Mathematik widerspruchsfrei ist. Und der Teufel existiert, weil wir es nicht beweisen können."

Spektakulär war zudem, wie diese Erkenntnis Gödels ins Licht der Öffentlichkeit trat: Es geschah bei eben dieser Tagung in Königsberg. Gödel nahm an ihr als junger Absolvent der Universität Wien teil, trug über seine Dissertation vor und erntete dafür Anerkennung.

Nur vier Jahre nach seinem Auftritt bei der Königsberger
Tagung hielt Gödel erstmals Vorlesungen an der US-Eliteuniversität
Princeton, aus dieser Zeit rührt auch seine Freundschaft mit
Albert Einstein. Princeton, 1950.

Am Ende der Tagung meldete er sich bei der Abschlussdiskussion zu Wort und tat seine neuste Erkenntnis kund, die er in der Habilitationsschrift veröffentlichen werde: Dass formale Systeme, welche die Arithmetik der Zahlen beinhalten, notwendig unvollständig sind (Gödel 1931).

Diese Wortmeldung schlug bei denen, die ihren Inhalt verstanden, wie eine Bombe ein. Hilbert selbst nahm an der Diskussion nicht teil, weil er gerade auf dem Weg zu seiner Radioansprache war, bei der er sein „Wir können wissen, wir werden wissen!" verkündete. Aber Bernays und von Neumann waren sich des Stellenwerts der Aussage Gödels bewusst: Das Programm Hilberts, so wie sich sein Erfinder dies vorstellte, ist hoffnungslos zum Scheitern verurteilt. Das „Wir können wissen, wir werden wissen!" stimmt schlicht nicht. Erst Monate später wagten sie es, Hilbert davon zu informieren, so sehr fürchteten sie den Ärger ihres alten Lehrers und Meisters. Bis zum Ende seines Lebens weigerte sich Hilbert, den Unvollständigkeitssatz Gödels in seiner Tragweite anzuerkennen.

So stellte man sich lange Zeit das mittelalterliche Weltbild vor: der Horizont als Rand der Welt, den ein Mensch durchbricht und dahinter Befindliches erblickt. „Flammarions Holzschnitt", erstmals 1888 in Camille Flammarions Werk *L'atmosphère. Météorologie populaire* veröffentlicht.

Gödel, ein in seinem Denken höchst eigenartiger Mensch, fand seine Erkenntnis außerordentlich ermutigend. Er selbst war felsenfest überzeugt, dass die Mathematik, auch die Analysis, widerspruchsfrei ist. Nimmt man diesen Standpunkt ein, ist Hilberts Programm eine unnötige Fleißaufgabe. Und es ist wenig verloren, wenn man erkennt, dass diese Fleißaufgabe undurchführbar ist.

Dafür aber viel gewonnen. Denn wenn es eine Aussage gibt, von der man feststellt, dass sie innerhalb des logischen Systems, in dem sie formuliert wurde, weder beweisbar noch widerlegbar ist, dann steht diese Aussage als mögliches neues Axiom zur Verfügung. Das bedeutet, man könnte gleichsam per Dekret erklären, dass die Aussage Gültigkeit besitzt, und hat damit das bisherige System um diese Aussage bereichert. Und auch das um diese Aussage erweiterte System bleibt widerspruchsfrei. Man könnte aber genauso willkürlich verfügen, dass die Negation dieser Aussage zutrifft. Dann erhält man aus dem bisherigen System ebenfalls ein erweitertes, aber anderes System, das genauso widerspruchsfrei ist.

Und nie wird man um Aussagen verlegen sein, von denen feststeht, dass sie innerhalb des logischen Systems, in dem sie formuliert wurden, weder beweisbar noch widerlegbar sind. Es gibt sie zuhauf. Und in den jeweils bereicherten Systemen mindestens so viele wie zuvor: unendlich viele.

Darum, so erkennt Gödel, gibt es eine überbordende Unzahl von verschiedenartigsten Möglichkeiten, Mathematik zu betreiben. Abgesehen vom festen Kern der Arithmetik, die in allen Variationen Gültigkeit besitzt, gelten in der einen Spielart von Mathematik Aussagen, die in der anderen als falsch verworfen werden, und umgekehrt. Aber jede der verschiedenen Lesarten von Mathematik ist, wenn man sich auf sie einlässt, widerspruchsfrei. Bei der Wahl der jeweiligen Variante ist man völlig frei. Schon Georg Cantor, der Erfinder der Mengentheorie, schien dies geahnt zu haben, als er das eigenartige Wort prägte: „Das Wesen der Mathematik liegt in ihrer Freiheit." Alles durchdringende Welterkenntnis, die einst das Ziel der Vertreter der „newtonschen Religion" war, ist jedoch für immer verloren.

Mit der Machtübernahme Hitlers ebbte der Grundlagenstreit in der Mathematik abrupt ab, ohne je zu einer endgültigen Entscheidung gelangt zu sein. Europa verlor die zentrale Stellung innerhalb des Wissenschaftsbetriebs – der Weggang Gödels nach Princeton und sein Verbleiben in den Vereinigten Staaten symbolisiert den Wechsel der Paradigmen wissenschaftlichen Denkens und Handelns: Die formale Mathematik in ihrer Spiegelwelt war durch Gödels Einsicht bereichert worden. Und die intuitionistische Mathematik Weyls und Brouwers, zwar nahe an der Wirklichkeit, aber voller unüberwindbarer Rätsel, verlor dramatisch an Zuspruch. Fast alle Mathematiker machten sich die für die Neue Welt typische pragmatische Haltung zu eigen und betreiben ihre Wissenschaft in der einen oder anderen formalen Spielart, ohne sich um ihre Rechtfertigung im philosophischen Sinn zu kümmern. In einem gewissen Sinn gab die exakte Wissenschaft den Anspruch auf, Welterklärung zu liefern, und gefällt sich – nebenbei bemerkt: mit großem Erfolg – als eine Art höhere Ingenieurdisziplin.

Die einstige Anwartschaft der exakten Wissenschaften, die existenzielle Erfahrung der Welt in all ihren Facetten in ein unerschütterlich gefestigtes rationales Verstehen verwandeln zu können, ist wohl für ewig dahin.

Diese Ernüchterung hinterlässt bei Nachdenklichen das Empfinden einer Leere. Es ist eine Leere, die mit der Geschäftigkeit im Sammeln von Einzelresultaten im alltäglichen Forschungsbetrieb und der möglichst raschen Eingliederung junger Leute in den Wissenschaftszirkus, ohne bei den jungen Menschen grundsätzliche Fragen nach dem Weltbezug ihres künftigen Tuns aufkommen zu lassen, großartig übertüncht wird. Aber niemand kann mehr darauf hoffen, dass sie die exakte Wissenschaft jemals wird beseitigen können.

Karl-Heinz Leitner

•

18. 1. 1936
Joseph Schumpeters Vortrag
„Can capitalism survive?"
*Der Theoretiker der Innovation und
der Untergang des Kapitalismus*

•

E s war eine gezielt provokante Frage, die der Vortragende an jenem 18. Januar 1936 seinen Zuhörern, angehenden Regierungsbeamten in Washington, stellte: „Can capitalism survive?" Es war eine rhetorische Frage, bereits im nächsten Satz folgte die Antwort, dass der Kapitalismus das nicht könne und nur noch ungefähr 50 Jahre Lebensdauer habe, bevor er sich immer schneller zum Sozialismus hin entwickle.

Der österreichische Nationalökonom Joseph Schumpeter, der 1936 diese Prophetie wagte, war aber kein Verfechter der sozialistischen oder marxistischen Lehre. Sechs Jahre später veröffentlichte er eines der wichtigsten und einflussreichsten wirtschaftswissenschaftlichen Bücher des 20. Jahrhundert, das teilweise auf jenem Vortrag basierte. Schumpeters *Capitalism, Socialism and Democracy* fragt nach den zentralen Funktionsprinzipien der Ökonomie, um zu verstehen, wie sich die kapitalistische Wirtschaft entwickeln wird. Schumpeters Prognose ist düster: Gerade weil der Kapitalismus erfolgreich und innovativ sei, werde er untergehen. Nach einer Phase des Monopolkapitalismus werde er durch den Sozialismus abgelöst.

Wir stehen heute vor einer globalen Wirtschaft, in der eine überschaubare Anzahl von Unternehmen einen dominanten Einfluss hat. Und nach der aktuellen weltweiten Wirtschafts- und Finanzkrise wurden die von den Banken eingefahrenen Verluste sozialisiert. Sind wir damit also in Schumpeters Vision vom Ende des Kapitalismus angekommen? Es mag sich herausstellen, dass die Wirkung Schumpeters über die Frage, ob er „recht" hatte, hinausgeht. Für Schumpeter sprachen 1942 alle Tatsachen gegen den Kapitalismus. Eine entsprechende Argumentation müsse die Tatsachen lediglich zusammentragen, „denn diese enthalten alles, was am endgültigen Ergebnis wissenschaftlich ist", so der Ökonom (Schumpeter 1993, 105).

Capitalism, Socialism and Democracy entstand während der 1930er Jahre an der Harvard University, an der er ab 1932 als Professor lehrte. Das Buch ist, wie er in seinem Vorwort schreibt, das Ergebnis einer beinahe 40-jährigen Auseinandersetzung mit dem Sozialismus. Schumpeter adressiert damit die große Frage nach der Zukunft unterschiedlicher Wirtschafts- und Gesellschaftssysteme, wie sie in der ersten Hälfte des letzten Jahrhunderts diskutiert wurden: Weltwirtschaftskrise, der Zweite Weltkrieg und die sozialistischen Revolutionen, deren weltweiter Siegeszug damals noch möglich schien, bilden den Hintergrund der großen politischen und ökonomischen Debatten jener Zeit.

Kapitalismus, Sozialismus und Demokratie, 1946 erstmals auf Deutsch publiziert, ist Schumpeters populärstes Buch. Kein anderes seiner Werke wurde so oft verkauft und so breit diskutiert. Es wurde in nicht weniger als 20 Sprachen übersetzt. Rund 100 Jahre nach dem Erscheinen von Marx' *Kapital* entwickelt Schumpeter darin eine eigene Version vom Ende des Kapitalismus: Dieser schafft sich selbst ab. In dialektischer Weise lässt Schumpeter den Sozialismus über den Kapitalismus siegen, seine Botschaften sind unmissverständlich: Der Kapitalismus könne nicht weiterleben, der Sozialismus werde ihn ablösen – und das sei nicht die schlechteste Entwicklung, denn, wie Schumpeter argumentiert, der Sozialismus sei ein funktionierendes Wirtschaftsmodell.

Innovation und Unternehmertum – die Triebkräfte des Kapitalismus

Um diese Herleitung zu verstehen und einschätzen zu können, ob daran möglicherweise auch heute noch etwas Geltung beanspruchen kann, lohnt sich der Blick auf die Frage, die Schumpeter in seinem gesamten Schaffen fesselte, nämlich jene nach den Triebkräften der wirtschaftlichen Entwicklung. Seine Antwort lautet, dass die Entwicklung der Wirtschaft aus sich selbst heraus – endogen – erfolgt. Der Unternehmer ist nach Schumpeter die wesentliche Kraft für Erneuerung, Wandel und Wachstum. Er ist der Innovator, der ökonomische Pionier, der schafft, weil er nicht anders kann. Bereits in seinem Frühwerk *Theorie der wirtschaftlichen Entwicklung* aus dem Jahr 1911 skizziert Schumpeter diese Figur des Unternehmers. Ein idealtypischer Unternehmer im Sinne Schumpeters ist nicht am Gleichgewichtszustand der Wirtschaft interessiert und trägt auch nichts dazu bei. Ein Unternehmer bringt die Wirtschaft durch Innovationen immer wieder aus dem Gleichgewicht und schraubt sie somit gleichsam auf immer höhere Ebenen der technologischen und ökonomischen Entwicklung.

Es geht Schumpeter um die Dynamik – nicht um statische Gleichgewichte, wie sie neoklassische Ökonomie Anfang des 20. Jahrhunderts lehrte. Im Zentrum dieser kapitalistischen Dynamik steht der innovative Unternehmer als ihr Motor: Zwar können auch veränderte Kundenpräferenzen oder demographische Entwicklungen Ursachen für Veränderung der Wirtschaft sein, Schumpeter schreibt jedoch der Innovation die weitreichendsten Folgen zu. So entsteht das alles verändernde Neue in der Regel nicht, weil Kunden neue Bedürfnisse entwi-

Politischer Ökonom, streitbarer Zeitgenosse und zeitweiliger Finanzstaatssekretär: Joseph Alois Schumpeter, um 1920.

ckeln, diese werden vielmehr durch die Initiative des Produzenten geschaffen. Auch wenn innovative Ideen oder Erfindungen von anderen, Nicht-Unternehmern, kommen können, so ist es immer der Unternehmer, der sie durchsetzt. Sichert sich der Innovator durch seine Idee anfänglich noch Monopolgewinne, so kommt es im Prozess der Durchsetzung der Innovation am Markt zu Imitation und Nachahmung durch Konkurrenten. Die Widerstände gegenüber dem Neuen werden geringer und auch weniger dynamische und risikofreudige Unternehmer nutzen die auftauchenden Chancen.

Warum ist der Unternehmer innovativ? Es sind nicht die Gewinne, die ihn antreiben, andere Motive wie der „Traum und Wille, ein privates Reich zu gründen", „Siegerwille" und „Freude am Gestalten" (Schumpeter 1911). Diese Eigenschaften spricht Schumpeter nur einer besonders dynamischen Elite zu. Zu Beginn des 20. Jahrhunderts war ein derartiges Elitedenken nichts Ungewöhnliches. Auch Max Weber oder Vilfredo Pareto hielten Eliten für unabdingbar für den gesellschaftlichen Fortschritt (vgl. Eisermann 1989).

Schumpeter zufolge können wirtschaftliche Entwicklung und Wachstum als Prozesse der Umverteilung von Ressourcen zwischen Industrien und Unternehmen betrachtet werden, die notwendig zu strukturellem Wandel und Ungleichgewicht führen. Innovationen und neue Technologien, die schubweise und nicht stetig entstehen, zerstören unentwegt alte Märkte und schaffen damit die Voraussetzungen für neue Innovationen. Sie sind damit auch für das Auf und Ab der Wirtschaft verantwortlich.

Zwar benötigen die Unternehmer ein kapitalistisches Umfeld für ihr innovatives Schaffen, sie sind jedoch selbst keine Kapitalisten. Wie Schumpeter zeigt, ist die Unternehmerfunktion nicht an den Vermögens- oder Kapitalbesitz gebunden. Das Kapital stammt von den Banken. Schulden sind entsprechend Voraussetzung für wirtschaftliche Entwicklung und Erfolg. Das Risiko liegt damit letztlich bei den Banken, was diese nach Schumpeter dazu verpflichtet, Kredite für Projekte sorgfältig zu prüfen. Eine Forderung, die angesichts der jüngsten Finanz- und Bankenkrise, die nicht nur, aber auch auf fahrlässige Kreditvergabe zurückzuführen ist, aktueller denn je ist, wie einem bei der Lektüre fast schon schmerzlich bewusst wird.

Das Ende des Kapitalismus

Der Prozess der Schöpfung und Verwertung könnte sich nun unendlich fortsetzen, doch in Schumpeters Denken muss auch der Kapitalismus selbst schließlich wie die kreativen Ideen der Zerstörung anheimfallen. Der Kapitalismus muss in der Schumpeter'schen Erzählung an seinem eigenen Erfolg zugrunde gehen. Schumpeter verwendet in *Kapitalismus, Sozialismus und Demokratie* viele Seiten darauf, Karl Marx' Teleologie aufzulösen und dem von ihm bewunderten Philosophen und Ökonom Fehler nachzuweisen. Schumpeter stößt sich unter anderem an der ideologischen Überfrachtung des marxistischen Modells. Er selbst will sich allein an den „Fakten", wie er schreibt, orientieren. In dem einen wesentlichen Punkt jedoch stimmt Schumpeter Marx zu: Nämlich darin, dass die „kapitalistische Entwicklung die Grundlagen der kapitalistischen Gesellschaft zerstören wird" (Schumpeter 1993, 76). Um diese These anzunehmen, so behauptet Schumpeter, brauche man kein Sozialist zu sein, denn die Prognose enthielte „nichts über die Wünschbarkeit des Laufs der Dinge, die sie voraussagt" (ebd., 106).

Welche Begründung liefert nun Schumpeter für den Untergang des Kapitalismus? Die üblichen Verdächtigen wie die Weltwirtschaftskrise nach 1929, ein Ausschöpfen von natürlichen Ressourcen, die ungleiche Einkommensverteilung, Arbeitslosigkeit, ein sich verlangsamendes Bevölkerungswachstum, die Sättigung der Märkte oder die Grenzen technischer Entwicklung kommen für Schumpeter nicht ernsthaft in Betracht. Er habe Vertrauen in die „kapitalistische Maschine" und ihre unbegrenzte Fähigkeit, neue Produkte, Märkte und unbefriedigte Bedürfnisse zu schaffen, schließlich ist der Kapitalismus „gerade auf diesen Zweck hin konstruiert" (ebd., 192).

Sein Argument für den Fall des Kapitalismus entwickelt er im Kapitel, das mit der viel zitierten Redewendung *Der Prozess der schöpferischen Zerstörung* betitelt ist. Hier befasst er sich mit der Theorie der monopolistischen Konkurrenz. Er führt aus, dass vor allem mit der Vorherrschaft der Großkonzerne seit dem Ende des 19. Jahrhunderts die Gesamtproduktion und der technische Fortschritt stark gestiegen sind. Er verweist auf die großen Durchbrüche: die Stahlindustrie mit ihren Hochöfen, die Eisenbahn, das Auto. Diese neue Industrien und Technologien wurden vielfach, vor allem in den USA, durch große Unternehmen am Markt durchgesetzt.

Schumpeter spricht von einem Prozess der industriellen Mutation, „der unaufhörlich die Wirtschaft von innen revolutioniert, unaufhörlich die alte Struktur zerstört und eine neue schafft" (ebd., 138). Dieser Prozess der „schöpferischen Zerstörung" ist für Schumpeter das grundlegende Faktum des Kapitalismus.

Für Schumpeter ist die Kritik, die damals an der monopolistischen Konkurrenz bzw. am Fehlen der vollkommenen Konkurrenz angebracht wurde, unzulänglich. Ihm zufolge gibt es nur sehr wenige Fälle, in denen sich Monopole lange gehalten haben. Selbst Eisenbahngesellschaften und Elektrizitätskonzerne mussten zuerst die Nachfrage für ihre Produkte und Dienstleistungen schaffen, bevor sie so weit waren, ihren Markt gegen die Konkurrenz zu verteidigen (ebd., 163). Eine dominante Marktposition kann ein Unternehmen über einen längeren Zeitraum nur halten, wenn es sich gerade nicht wie ein Monopolist verhält. Die Monopolstellung ist kein „Ruhekissen", so Schumpeter (ebd., 167).

Das Kapitel, das vom Ende des Kapitalismus erzählt, ist sinnigerweise mit *Bröckelnde Mauer* betitelt. Die Mauern des kapitalistischen Gebäudes beginnen zu bröckeln, wenn die „Unternehmerfunktion veraltet". Wenn die Rolle des Unternehmers darin besteht, die Produktionsstrukturen zu reformieren oder zu revolutionieren, wird sie mannigfache Widerstände der Umwelt hervorrufen. Das Unternehmertum besteht darin, diese Widerstände immer wieder zu überwinden. Doch je innovativer der Kapitalismus wird, desto „routinemäßiger" wird das Innovieren. Ja, sogar das Erfinden selbst wird irgendwann dank des technischen Fortschritts quasi automatisch passieren. Der Fortschritt wird damit „zu einer Sache von geschulten Spezialistengruppen" (ebd., 216). „Die frühere Romantik des geschäftlichen Abenteuers schwindet rasch dahin, weil vieles nun genau berechnet werden kann, was in alten Zeiten durch geniale Erleuchtung erfaßt werden mußte".

Da die Widerstände von Produzenten und Konsumenten gegenüber Neuem fast vollkommen verschwunden sind, sinkt zugleich die soziale Stellung des Unternehmers in der Gesellschaft; die Bedürfnisse, die er bislang befriedigte, werden fortan durch „unpersönlichere Methoden" befriedigt: „Da die kapitalistische Unternehmung durch ihre eigensten Leistungen den Fortschritt zu automatisieren tendiert, so schließen wir daraus, daß sie sich selbst überflüssig zu machen, – unter dem Druck ihrer eignen Erfolge zusammenzubrechen tendiert" (ebd., 218). Und er schreibt weiter: „Die vollkommen bürokratisierte industrielle Rieseneinheit verdrängt nicht nur die kleine und mittelgroße Firma und ‚expropriiert' ihre Eigentümer, sondern verdrängt zuletzt auch den Unternehmer und expropriiert die Bourgeoisie als Klasse, die in diesem Prozeß Gefahr läuft, nicht nur ihr Einkommen, sondern, was unendlich viel wichtiger ist, auch ihre Funktion zu verlieren" (ebd., 218).

Durch das Veralten der Unternehmerfunktion kommt mithin der Motor der „kapitalistischen Maschine" zum Erliegen. Die politische Struktur des Volkes wird durch die Beseitigung von vielen kleinen und mittelgroßen Unternehmen zutiefst erschüttert und das wichtige Fundament des Privateigentums zerbröckelt, so Schumpeter. Mit Ausnahme von den wenigen großen Aktiengesellschaften, die im Besitz einzelner Familien oder einer Privatperson sind, ist die Gestalt des Eigentümers, und mit ihr das spezifische Eigentumsinteresse, verschwunden, so Schumpeters Vision. Der Managementkapitalismus hält Einzug. Die großen Aktienbesitzer bestellen Vollzugsorgane, also Manager und Direktoren. Das zukünftige Wirtschaftsleben werde in Zukunft durch eine kleine Anzahl bürokratisierter Gesellschaftsunternehmen kontrolliert und der Fortschritt mechanisiert (ebd., 350).

Die Eigentümer verlieren am Ende den ökonomischen und politischen Willen, für ihre Fabrik zu kämpfen. Er resümiert: „Der industrielle Besitz und die industrielle Leitung sind entpersönlicht worden, da das Eigentum in Aktienbesitz degeneriert ist und die Geschäftsleiter ähnliche Denkgewohnheiten wie Beamte angenommen haben" (ebd., 350).

Die Intellektuellen, die der Kapitalismus selbst schafft, geben ihm schließlich den Rest: Sie stecken das Volk mit ihrer Unzufriedenheit an und untergraben den Kapitalismus. Der Kapitalismus zerstört damit letztlich seine eigene soziale Struktur.

Der Siegeszug des Sozialismus

Dieser monopolistische Kapitalismus höhlt die Grundlagen des innovativen Kapitalismus der kleinen und mittleren Unternehmen aus, indem die Geschäftsführer der neuen großen bürokratischen Konzerne in Denkweise und Habitus immer mehr zu Beamten werden. Dies ist die Geburtsstunde des Sozialismus, den Schumpeter auch als Großunternehmungskapitalismus „in Fesseln" bezeichnet.

Was aber ist dieser Sozialismus, den Schumpeter vor Augen hat? „Sozialismus" ist eine Gesellschaftsordnung, die durch einen überbordenden Bürokratismus gekennzeichnet ist. Die „Entpersönlichung", die schon den Unternehmer zum Verschwinden brachte, erfasst alle gesellschaftlichen Institutionen. Eine Zentralbehörde kontrolliert und reguliert die Produktionsmittel und die Produktion (ebd., 268). Schumpeter stellt sich ein Weisungsgefüge vor, bei dem ein Zentralamt oder Produktionsministerium Pläne ausarbeitet, die dem Kongress oder Parlament vorgelegt werden. Schumpeter hält es für durchaus machbar, dass über die Güter, die produziert werden sollen, ihre Eigenschaften und Mengen aufgrund von Daten und Regeln zentral entschieden werden kann. Und nicht nur das: Das Zentralamt legt auch die Preise fest und bestimmt die Höhe der Investitionen. Selbst vor dem Konsumenten macht dieses Zentralamt nicht halt: „Bedeutungsindicis" sollen helfen, Konsumpräferenzen abzubilden (ebd., 295).

In Schumpeters Sozialismus wird mehr und disziplinierter gearbeitet als im alten Kapitalismus. Zwar haben Prestige und Distinktionswert des privaten Reichtums, die soziale Anerkennung von Leistung weiterhin eine große Bedeutung, allerdings, so phantasiert er, könne diese Anerkennung auch auf ungewöhnliche Weise vermittelt werden: „Zudem kann das Prestigemotiv mehr als irgend ein anderes durch die einfache Schaffung anderer Verhältnisse umgeformt werden: es ist durchaus denkbar, daß Menschen, die erfolgreiche Leistungen aufzuweisen haben, fast ebenso gut dadurch zufrieden gestellt werden können, daß sie das Privileg erhalten, eine Briefmarke an ihre Hosen kleben zu dürfen – sofern dieses Privileg mit der notwendigen Sparsamkeit verliehen wird –, als wenn sie jährlich eine Million einnehmen" (ebd., 332).

Ist der Kapitalismus zur „Reife" gelangt, so bewirkt der Fortschritt sodann einen allmählichen Übergang der einen gesellschaftlichen Form in die andere – „unabhängig von irgend jemandes Wollen und von irgendwelchen zu diesem Zwecke ergriffenen Maßnahmen" (ebd., 351). Es würde sodann zu einer Sozialisierung im Rahmen einer Verfassungsänderung kommen, wobei er keine großen Widerstände mehr erwartet, da die Bevölkerung die Natur dieses Schritts nachvollziehen kann.

Es ist aber auch denkbar, dass der Übergang in den Sozialismus im Zustand der Unreife erfolgt. Die Zahl der kleinen und mittleren Unternehmen wäre in einem solchen Zustand der Unreife noch immer relativ groß. In diesem Falle ist es den Sozialisten jedoch möglich geworden, „die Kontrolle über die zentralen Organe des kapitalistischen Staates zu gewinnen, während nichtsdestoweniger Dinge und Seelen noch unvorbereitet sind" (ebd., 356). Er geht davon aus, dass hier ein „revolutionäres Volk" die zentralen Ämter der Regierung übernehmen würde, demnach ein sozialistisches Regime durch eine politische Revolution entstehen wird.

Im Zusammenhang mit dem Übergang zum Sozialismus thematisiert Schumpeter schließlich auch die Frage, ob der Sozialismus mit der Demokratie vereinbar ist. Für Schumpeter ist wie für viele andere Ökonomen und zeitgenössische Beobachter die Demokratie letztlich ein Produkt des kapitalistischen Prozesses. Ob die Demokratie als Produkt des Kapitalismus mit ihm untergehen muss, ist für Schumpeter freilich eine davon unabhängige Frage. Er argumentiert, dass der Sozialismus mit der Demokratie vereinbar ist – dies jedoch unter

Ausgehend von Schumpeters Arbeiten stellt man sich auch heute die Frage nach den Triebkräften der Innovation. Unternehmen wie Amazon illustrieren die Entwicklung der „kreativen Zerstörung" – vom Start-up-Unternehmen, das neue Märkte und Industrien schafft, zum Großunternehmen. Amazon-Gründer Jeff Bezos präsentiert ein neues Tablet, New York, 28. September 2011.

der Annahme, dass Sozialismus und Demokratie so begriffen werden, wie von ihm definiert.

Für Schumpeter kann eine sozialistische Demokratie nur funktionieren, wenn die Gesellschaft die Erfordernisse der „Reife" erfüllt und die sozialistische Ordnung auf demokratischem Wege errichtet wurde. Ferner muss die Bürokratie die entsprechenden Qualifikationen und Erfahrungen mitbringen. Er hält einen demokratischen Sozialismus für möglich, wenngleich er in den abschließenden Kapiteln seines Buches bekundet, dass es schwierig sein wird, den demokratischen Kurs einzuhalten. Er resümiert: „Praktische Notwendigkeit mag dazu führen, dass sich die sozialistische Demokratie letzten Endes als größerer Trug erweist, als es die kapitalistische Demokratie je gewesen ist" (ebd., 480). Eine sozialistische Demokratie wird dabei genauso wenig wie die kapitalistische Demokratie dem Ideal der klassischen Demokratielehre nahe kommen.

Was bleibt von Schumpeter?

Innovation und Unternehmertum

Schumpeters nachhaltigste Wirkung besteht in seiner Konzeption des Unternehmers. Kein Wissenschaftler, der sich heute mit Innovation und Unternehmertum befasst, egal ob aus einer volks-, betriebswirtschaftlichen, soziologischen oder politischen Perspektive, kommt umhin, auf Schumpeter zu verweisen.

Während der frühe Schumpeter davon ausgeht, dass der individuelle Unternehmer durch seine Innovationen die wirtschaftliche Entwicklung vorantreibt, kommt er in seinem späten Werk zur Überzeugung, dass diese Rolle von Großunternehmen mit ihren Forschungsabteilungen übernommen wird. Das große monopolistische – schließlich sogar staatliche – Unternehmen mit integriertem Forschungslabor mechanisiert den Fortschritt. Aus der Perspektive des 21. Jahrhunderts hat weder der frühe noch der späte Schumpeter recht behalten: Was heute Innovation und Wachstum vorantreibt, ist die Koexistenz von kleinen und mittleren Unternehmen und großen multinationalen Unternehmen mit weltweit verteilten Forschungs- und Entwicklungslabors.

Die Frage nach den Triebkräften der Innovation hat viele Wirtschafts- und Innovationsforscher zu Forschungsarbeiten angeregt und wird in der Literatur auch als Schumpeter-Hypothese bzw. Schumpeter-Mark-1- und -Mark-2-These behandelt (vgl. Malerba/Orsenigo 1996). Ein empirischer Befund dieser Arbeiten ist, dass die Branche und Industriestruktur bestimmen, ob die kleinen oder aber die großen Unternehmen die wesentlichen Innovationen hervorbringen. Start-up-Unternehmen sind immer wieder in der Lage, neue Märkte und Industrien zu schaffen und den von Schumpeter beschriebenen Prozess der kreativen Zerstörung voranzutreiben: Google, Amazon und Facebook, mittlerweile selbst große Unternehmen, illustrieren diese Entwicklung gegenwärtig, ebenso der Niedergang einstiger marktbeherrschender Konzerne wie Kodak. Nach wie vor beruft man sich in der weltweit zelebrierten Start-up-Community, die jüngst wieder im Aufwind ist und mittlerweile auch Österreich erfasst hat, auf Schumpeter. Und selbst große Unternehmen sind vielfach auf die Neuerungskraft von kleinen Unternehmen angewiesen, Erstere übernehmen häufig junge technologieorientierte Unternehmen, um die eigene Innovationskraft zu bewahren. Viele Autoren (z. B. March 1991) haben darauf hingewiesen, dass große Unternehmen durch bürokratische Strukturen verkrusten und im Laufe der Zeit an Innovationsdynamik verlieren. Diese sind permanent gefordert, ihre Innovationskraft aufrechtzuerhalten, entsprechend wird immer wieder „unternehmerisches Verhalten" eingemahnt – innerhalb großer Organisation auch vielfach als „Intrapreneurship" bezeichnet.

Der Prozess des Innovierens hat sich in den letzten Jahrzehenten grundlegend verändert: So gibt es heute zahlreiche Pfade und Möglichkeiten, wie in verschiedensten Bereichen von Wirtschaft und Gesellschaft Innovationen entwickelt und umgesetzt werden. Selbst im öffentlichen Bereich werden Innovationen durchgesetzt.

Die Globalisierung, die Individualisierung der Gesellschaft und die Bereitschaft von Konsumentinnen und Konsumenten, sich an Entwicklungsprozessen zu beteiligen, ermöglichen neuartige Formen des Entwickelns und Durchsetzens von Erfindungen bis hin zu Innovationen durch Konsumenten. Innovation wird heute als etwas betrachtet, das jederzeit an jedem Ort von jedem realisiert werden kann. In Anlehnung an Schumpeter und der Frage nach den längerfristigen Auswirkungen von Innovation auf die Gesellschaft mit Blick auf die Zukunft stellt sich heute die Frage, zu welchem Ausmaß alldurchdringende Innovationsaktivitäten in sämtlichen Bereichen der Wirtschaft und Gesellschaft führen wird. Zum einen dringt Innovation in alle Lebensbereiche ein, zum anderen mag permanentes Innovieren irgendwann sogar zu einem Sättigungspunkt gelangen, da die Gesellschaft nur ein gewisses Ausmaß an Neuerungen verkraftet.

Das Wirtschafts- und Gesellschaftssystem

Spätestens der Niedergang der sozialistischen Planwirtschaft des ehemaligen Ostblocks widerlegt Schumpeters These von der Möglichkeit einer sozialistischen Wirtschaft. Der Kapitalismus als Wirtschafts- und Gesellschaftssystem wurde nicht überwunden und von sozialistischen Planwirtschaften abgelöst. Der Kapitalismus hat seine inhärente Kraft nicht verloren, er hat vielmehr den wirtschaftlichen und technologischen Wandel noch beschleunigt, nicht zuletzt aufgrund von Innovationen im Finanzbereich. Wenngleich sich hier zweifelsohne die Frage stellt, ob nicht diese Finanzinnovationen längerfristig zu einem Untergang oder zumindest wesentlichen Transformation des Kapitalismus führen können. Die Frage nach der Funktionsweise, den Auswirkungen und der Nachhaltigkeit des Kapitalismus ist aktueller denn je, wie die aktuelle Diskussion um das Werk von Thomas Piketty (2014) illustriert.

Schumpeters Thesen über den Sozialismus wurden in den 1970er Jahren auch im Rahmen der Debatten über die „postindustrielle Gesellschaft" aufgegriffen. So hat Daniel Bell (1979) etwa die postindustrielle Gesellschaft als planende Gesellschaft beschrieben, bei der künftige Gesellschaften Wissenschaft und Technik nutzen, um wirtschaftliche und soziale Probleme rational zu lösen (Stiefel 1993, 147). Die technokratische Planung durch wissenschaftliche Eliten stellt dabei ein zentrales Moment dar und hat durchaus Ähnlichkeiten mit Schumpeters Vorstellungen einer zentralen Behörde (ebd.). Schumpeter hat zweifelsohne Argumente dieser Autoren vorweggenommen, wenngleich auch diese gesellschafts- und wirtschaftspolitischen Vorstellungen nicht realisiert wurden.

Insgesamt kommen viele Autoren übereinstimmend zum Schluss (vgl. etwa Heertje 1981), dass Schumpeters Vorhersagen wenig überzeugend sind und er mit seinen Thesen nicht Recht behalten hat. Schon die ersten Rezensionen (vgl. Robinson 1943; Machlup 1943) folgern, dass Schumpeters These zwar nicht überzeugend, aber seine Argumentation vielschichtig und faszinierend ist – so spannend, wie ein Krimi, wie einige Autoren konstatierten. Swedberg (1993) fasst es wie folgt zusammen: „Schumpeters Argumentation war falsch – aber sie war brillant".

Ein Grund für das Scheitern des Sozialismus wird heute darin gesehen, dass Wettbewerb und der Anreiz für Innovation fehlen. Wollte man den Sozialismus ähnlich erfolgreich machen wie den Kapitalismus, müsste der Prozess der „kreativen Zerstörung" möglich sein, der jedoch der Idee eines rationalen Mitteleinsatzes durch eine zentrale Planung zuwiderläuft. Die Argumente von Schumpeter, dass technischer Fortschritt von einer Spezialistengruppe alleinig geplant werden kann, technische Neuerungen per Erlass verbreitet werden und Mitarbeiter durch Orden motiviert werden können, haben sich als äußerst wagemutig und lebensfern erwiesen. Schumpeter hat sich in diesem Zusammenhang auch nicht mit der Frage der Wandlungsfähigkeit von Institutionen befasst, die gleichzeitig häufig notwendig ist, damit sich neue Technologien durchsetzen können. Die rezente Innovationsforschung geht von gegenseitigen Anpassungs- und Wandlungsprozessen von Unternehmen und Institutionen aus (Hall/Soskice 2001) und spricht von regionalen und nationalen Innovationssystemen (Freeman 2005).

Schumpeter, ein Denker der Brüche und Paradoxien, der kurzfristig auch Finanzminister und Bankier war, arbeitet in seinem Werk immer mit den Gegensätzen von Kapitalismus und Sozialismus. Die Beziehung zwischen staatlich-bürokratischen Strukturen und privaten Unternehmen ist ein Verhältnis, das ihn immer wieder fasziniert. Er löst den Widerspruch, den er dort erkennt, nicht im Sinne einer „Mixed Economy", sondern als Teleologie. Sozialismus und die Planwirtschaft lösen das Unternehmertum ab.

Die Beziehungen zwischen Marktdynamik und korporativen Strukturen sind ein wichtiges Element realer Marktwirtschaften, wie sie heute im Westen existieren (Landesmann 1993, 91). Hier geht es viel mehr um die Frage der Regulierung und Ausgestaltung einer gemischten Wirtschaft bzw. um die unterschiedlichen Varianten von Kapitalismus (Hall/Soskice 2001), wie sie sich in den letzten Jahrzehnten gebildet haben und zwischen liberalen Marktwirtschaften und koordinierten Marktwirtschaften variieren. Auf den Aufstieg von Chinas Wirtschaft in Form des Staatskapitalismus, als eine „neue Kombination" von Sozialismus und Kapitalismus, weist Bernhard Ecker hin (siehe den Beitrag ab Seite 41).

Sollte man Schumpeters Beitrag daher eher als eine Art literarisches Manifest, eine schwelgerische Dystopie verstehen? Schumpeters Ausführungen sind auffallend düster, was einige Wissenschaftler dazu veranlasst hat, der Frage nachzugehen, ob nicht Schumpeters geistige und soziale Prägung im Wien der Jahrhundertwende hat, in deren Fin-de-Siècle-Kultur Selbstzerstörung etwas vollständig Vertrautes war (Hirschman 1982; Swedberg 1993). Nationalismus, Antisemitismus, Monarchie und Demokratie waren Entwicklungen und Widersprüche, die den jungen Schumpeter Anfang des 20. Jahrhunderts prägten und zeit seines Lebens faszinierten und zur intellektuellen Auseinandersetzung antrieben. Nach Swedberg (1993) war es bereits die Auseinandersetzung mit den Möglichkeiten einer erfolgreichen Sozialisierung der Wirtschaft in Österreich und Deutschland in den Nachkriegsjahren des Ersten Weltkriegs, die ihn über einen möglichen Siegeszug des Sozialismus nachdenken ließ. Bereits 1921 spekuliert Schumpeter, der aus einer mährisch-katholischen Textilunternehmerfamilie entstammt, dass die zunehmende Rationalisierung des Kapitalismus die Dinge näher zum Sozialismus bringt und auch die unternehmerische Funktion verschwinden muss, wenn sich die Wirtschaft in eine einzige riesige Maschine verwandelt (Swedberg 1993, 60).

Ökonomie als Wissenschaft

Schumpeter wollte nach eigenen Angaben der größte Ökonom der Welt, der beste Reiter Österreichs und der beste Liebhaber Wiens sein. Nur eines dieser Ziele hat er nach eigenen Bekundungen nicht erreicht. Wohl ist es ersteres Ziel, da Schumpeter schwer darunter gelitten hat, im Schatten von John Maynard Keynes zu stehen. Während Keynes schon zu Lebzeiten mit seiner Geldtheorie, *Treatise on Money* (1930), ins Zentrum der Aufmerksamkeit rückte, war Schumpeter nicht in der Lage, ein entsprechendes Werk entgegenzusetzen. Seine Geldtheorie konnte er niemals vollenden, auch mit seiner Konjunkturtheorie, den *Business Cycles* (1939), erlangte er nicht den erwarteten Durchbruch. Hier wie auch bei anderen Werken wurde Schumpeter kritisiert, dass er es nicht geschafft habe, konsistente Verknüpfungen zwischen seinen wesentlichen Konzepten – im Falle der Konjunkturtheorie zwischen Innovation und der zyklischer Fluktuation der wirtschaftlichen Aktivität – herzustellen (z. B. Kuznet 1940, 279).

Schumpeters Arbeit wird heute von vielen Ökonomen kaum als geschlossenes Theoriegebäude gesehen. Dies liegt an der fehlenden Kohärenz ebenso wie an der mangelnden empirischen Fundierung und der geringen Formalisierung. Schumpeter wurde aber einflussreich in Gebieten, wo sich Sachverhalte noch (nicht) formalisieren lassen oder einer Formalisierung nicht zugänglich sind (Kurz 2005). Ebenso wie die Aussagen in *Kapitalismus, Sozialismus und Demokratie* als vielschichtig und rätselhaft gesehen werden, bleibt er als Person voller Widersprüche. So hat er formale Methoden propagiert – er war sogar ein Gründungmitglied der Econometric Society –, hat Formalismen und exakte Methoden für sein eigenes Schaffen aber abgelehnt. Sein Verständnis der Ökonomie ist sozialwissenschaftlich geprägt. Formal-quantitative Methoden interessieren Schumpeter weniger als die gesellschaftliche Wirkung der wirtschaftlichen Dynamik. Er versuchte, Wirtschaftsgeschichte, Statistik, ökonomische Theorie und Wirtschaftssoziologie zu verbinden.

Schumpeter kann damit als Vorreiter eines multidisziplinären Ansatzes gesehen werden. Er selbst verwendet in seinen späteren Werken den Begriff „Sozialökonomik".

Dass Schumpeter mit seinen Thesen zur Entwicklung des Kapitalismus im Ergebnis falschliegt, tut seiner Bedeutung keinen Abbruch. Es schmälert auch nicht die Geltung seines Werks. Joseph A. Schumpeter bleibt einer der letzten großen Universalgelehrten, ein Gesellschaftswissenschaftler, der sich mit wirtschaftlichen, sozialen, kulturellen und psychologischen Phänomenen befasste und nicht mit einzelnen, eng abgegrenzten Fragestellungen. Er gab Anstöße oder gilt gar als Begründer für zahlreiche Theorien, Ansätze und Schulen, angefangen von der Evolutionären Ökonomie (Nelson und Winter 1982), der Public-Choice-Theorie (Downs 1957), der Neuen Wachstumstheorie (Romer 1990), der Entrepreneurshipforschung (Drucker 1980) oder der Theorie langer techno-ökonomischer Wellen (Freeman/Perez 1990). Seit 2009 gibt es die Schumpeter-Kolumne über *Innovation, Entrepreneurship und Dynamism* im *Economist*, in der Fragen des Managements und aktueller Geschäftstrends thematisiert werden. Auch zukünftig wird er in den zahlreichen Schumpeter-Gesellschaften Zündstoff für Debatten und Forschungsarbeiten liefern.

Alexandra Föderl-Schmid

◆

12. 3. 1989
Tim Berners-Lee skizziert
das World Wide Web
*Von der Aufklärung
zur Datendiktatur*

◆

E s sollte eine Lösung für das Kommunikationschaos am Kernforschungs-
zentrum Cern werden: Der Informatiker Tim Berners-Lee beschrieb in
30.000 Zeichen das Problem der Mitarbeiter am Cern, dass „Informationen über
komplexe Probleme verlorengehen", und schlug „eine Lösung basierend auf einem Hypertext-System" vor (Föderl-Schmid 2014, 3). Wie das aussehen soll,
zeichnete er auf einer Skizze auf: ein paar kleinere Kreise, einige wolkenförmige
Gebilde, dazwischen viele Linien, die Interaktionen darstellen sollten.

Was der gebürtige Brite am 12. März 1989 unter dem bescheidenen Titel *In-
formationsmanagement: Ein Vorschlag* veröffentlichte, war der Grundstein für
das World Wide Web, jenen Teil des Internets, den die meisten heute benutzen.
Die dadurch ausgelösten Entwicklungen und Eruptionen sind mit jenen, die die
Erfindung des Buchdrucks durch Johannes Gutenberg nach sich zog, zu vergleichen. Dabei wollte Berners-Lee eigentlich nur ein System zum Austausch von
Informationen zwischen Wissenschaftlern aufbauen, das Wissen nicht nur archi-
viert, sondern auch anderen zur Verfügung stellt und gleichzeitig als Kommuni-
kationsplattform dient.

Was heute alltäglich ist, war damals revolutionär. In den folgenden Jahren
widmete sich der studierte Physiker der Umsetzung des Konzepts World Wide
Web und entwickelte HTML, die Hypertext Markup Language. Später kam noch
HTTP (Hypertext Transfer Protocol) dazu. Er nutzte als Basis dafür ein kleines
Programm namens Enquire, das er selbst 1980 bei seinem ersten Aufenthalt am
Cern entwickelt hatte. Er koppelte die Hypertext-Idee mit bereits existierenden
Techniken wie dem Transmission Control Protocol und dem Domänen-Namens-
system. Bis dahin war ein zehnstelliger Code notwendig, um Computer am ande-
ren Ende der Welt anzuwählen.

Von Anfang an trat Berners-Lee dafür ein, eine offene, erweiterbare und
kostenlose Infrastruktur zu schaffen: „Von Menschen lesbare Informationen, die
ohne Einschränkungen verknüpft werden können", schrieb er in seinem Aufsatz
im März 1989. Durch eine einheitliche Adressierung sollte jedes Dokument im
Web von jedem Zugangspunkt aus dank eines einheitlichen Übertragungsstan-
dards abrufbar sein. Just am Heiligabend 1990 legte der Brite mit info.cern.ch
den ersten Webserver der Welt an. Er stellte die ersten, in HTML geschriebenen
Web-Seiten der Welt zur Verfügung. Am 17. Mai 1991 schaltete Berners-Lee die
erste www-Anwendung frei. World Wide Web nannte der Physiker sein Projekt
deshalb, weil er davon ausging, dass noch weitere Computer rund um den
Globus dazukommen würden.

Am 6. August 1991 wies Berners-Lee seine Cern-Kollegen auf seine Arbeit
hin: „Das www-Projekt wurde gestartet, um es Teilchenphysikern zu ermöglichen, ihre Daten, Neuigkeiten und Dokumente auszutauschen. Wir sind sehr daran interessiert, das Web auf andere Bereiche auszudehnen und weitere Server
an unser Netz anzuschließen, die für andere Daten sorgen. Alle, die mitarbeiten
wollen, sind willkommen!" (Mertens 2011). Er bat seine Kollegen explizit um
Rückmeldungen: „Falls euch der Code interessiert, schickt mir eine Mail. Es kos-

Mittlerweile wird eine ausgedehnte Infrastruktur benötigt, um das
World Wide Web und seine „Big Player" am Laufen zu halten.
Serverhalle des in Betrieb genommenen Facebook Data Centers in Lulea, Nordschweden.

tet nichts" (Schlenk 2012, 4). Später entschuldigte sich der Brite in einem Artikel in der *Times* öffentlich dafür, dass die Schrägstriche am Beginn jeder Website (http://) eigentlich unnötig seien. Zwei Jahre später entwickelte ein Student
namens Marc Andreessen einen benutzerfreundlichen Browser. Seither hat das
Web überall Einzug gehalten. Von Beginn an setzte sich Berners-Lee dafür ein,
Web-Seiten online editierbar zu machen, sodass an Texten weiter gearbeitet
werden konnte, wenn der Anbieter entsprechende öffentliche Schreibrechte für
die Dateien vergab. Doch die Web-Browser, die sich schließlich durchsetzten,
waren reine Lese-Software.

Berners-Lee hat mit seiner Erfindung, mit der er nicht einmal Geld verdiente, die Kommunikationswelt revolutioniert. Aber nicht nur das: Das Netz berührt alle Lebenssphären: die Arbeit, den Güteraustausch, den Konsum, die Privatsphäre, die Medien. Mit Hilfe des Internets kann man von einer Sphäre zur anderen wechseln, sogar zwischen ihnen oszillieren.

„Information auf einen Fingerdruck hin", so hat Microsoft-Gründer Bill Gates 1995 in einer auf Youtube auffindbaren Grundsatzrede diese Möglichkeit genannt, jederzeit alles wissen zu können. Das Netz ermöglicht uns, uns zu jeder Zeit am Weltgeschehen, am Lokalgeschehen, am Individualgeschehen zu beteiligen. Das vom kanadischen Medientheoretiker Marshall McLuhan 1962 vorhergesagte „globale Dorf" ist Wirklichkeit geworden. Durch sein bloßes Vorhandensein hat das Internet, so wie wir es heute kennen, unsere Existenz verändert. Unsere Art, die Welt wahrzunehmen, und die Art, von ihr wahrgenommen zu werden.

Das erfolgreichste soziale Netzwerk ist Facebook mit weltweit 1,3 Milliarden Mitgliedern (2014), in Österreich verwendet jeder Zweite mehrmals täglich soziale Netzwerke. Facebook-Gründer und -Geschäftsführer Mark Zuckerberg bei der Eröffnung der vierten „Facebook f8"-Konferenz, bei der er die Timeline, eine Chronik, als neues Feature präsentierte, San Francisco, 22. September 2011.

Die Zahlen sind bekannt: In acht von zehn Haushalten gab es laut Statistik Austria 2013 einen Internetanschluss (Statistik Austria 2014). Bereits 2010 hat nach Angaben des Forums Mobilkommunikation die Handyverbreitung 140 Prozent betragen – das heißt, statistisch gesehen hat jeder Österreicher 1,4 SIM-Karten (Forum Mobilfunk 2010). Wir mailen, skypen und twittern mit einer Selbstverständlichkeit, obwohl wir mit diesen Begriffen vor wenigen Jahren noch gar nichts oder nicht viel anfangen konnten. Die im April 2013 vorgestellt Sinus-Studie hat ergeben, dass junge Österreicherinnen und Österreicher im Durchschnitt 275 Minuten pro Tag im Internet verbringen und fast jeder Zweite mehrmals täglich soziale Netzwerke verwendet (Sinus-Studie siehe Online-Quellen). Laut Studien greifen wir bis zu 150 Mal pro Tag zum Handy.

Der Marsch des Menschen ins Netz ist eine geschichtsformende Wendung wie die Erfindung des Buchdrucks, die gleichermaßen die Reformation, die Renaissance, die Aufklärung, die Alphabetisierung und die Wissensgesellschaft beförderte. Durch die Verwendung beweglicher metallener Lettern in seiner Druckerpresse ab 1450 machte Gutenberg die Verbreitung des Buches einfacher und zu einem Trägermedium der Bildung.

Wie die US-Historikerin Elizabeth Eisenstein in ihrer bahnbrechenden Arbeit *The Printing Press as an Agent of Change* beschrieb, wurde damals der Veränderungsprozess durch Gutenbergs Erfindung gar nicht als revolutionär wahrgenommen, sondern viel mehr als chaotisch. Erst im Nachhinein hätten sich Wendepunkte als solche herausgestellt, etwa als der venezianische Drucker und Verleger Aldus Manutius Ende des 15. Jahrhunderts das Format verkleinerte und somit Bücher günstiger und leichter transportierbar machte. Es war eine Referenz, dass sich eine Firma, die 1985 das Layout-Programm PageMaker auf den Markt brachte und damit Desktop-Publishing den Weg bahnte, Aldus Corporation nannte.

Im Kommunikationsbereich und hier insbesondere in und bei den Medien hat dieser Wandlungsprozess viel ausgelöst. So waren die Telegrafisten im 19. Jahrhundert die Ersten, die mittels Unterwasserkabeln ein weltweites Netz spannten und schon damals das praktizierten, was später Echtzeitkommunikation genannt wurde. Das war die erste Globalisierung, denn man konnte von Paris aus Aktien an der Wall Street ordern und umgekehrt. In der Seefahrt war das Telegrafieren ein Meilenstein – bis GPS kam. Um das Jahr 2000 endete die Verwendung der Telegrafie in fast allen Bereichen.

Genauso ist es mit den Fotolaboren und der Industrie des Kleinbildfilms, die durch die Digitalfotografie obsolet geworden sind. Ein Beispiel dafür ist der Niedergang der 1892 gegründeten Firma Kodak. 2009 wurde nach 74 Jahren die Produktion des weltweit ersten Farbdiafilms (Kodachrome) eingestellt, 2012 die Produktion von Kameras und Videogeräten, 2013 wurde die Filmproduktion verkauft. Seither konzentriert sich Kodak nur noch auf den Druckbereich. Aber ob just dieser Bereich angesichts der Entwicklung der 3-D-Drucker und der Probleme von Printmedien zukunftsträchtig ist?

Wie sich die Umwälzungen im Kommunikationsbereich auf ein etabliertes Medium wie die 1780 erstmals herausgegeben *Neue Zürcher Zeitung* auswirkt, beschrieb Markus Spillmann, ihr Chefredakteur: „Der Strukturwandel frisst rascher weg, als ihm Futter hingeworfen werden kann. Es gilt, dem Unabwendbaren ins Auge zu sehen" (Spillmann 2010, 15). Der *Süddeutsche*-Journalist Heribert Prantl beschrieb den Transformationsprozess so: „Der Journalismus ändert seinen Aggregatszustand, aber er löst sich nicht auf" (Prantl 2012, 23).

Schon ein halbes Jahrhundert früher gab es ähnliche Befürchtungen durch das Aufkommen des Fernsehens, eine Verdrängung der Zeitung und des Radios wurde erwartet. Der kanadische Medientheoretiker Marshall McLuhan rief 1962 in seinem Buch *Die Gutenberg-Galaxis* zwar das Ende des Buchzeitalters aus, gleichzeitig beschwichtigte er: „Wenn eine neue Technologie einen oder mehrere unserer Sinne in die soziale Welt ausdehnt, werden sich neue Verhältnisse zwischen allen unserer Sinne ergeben. Dies ist vergleichbar mit dem Hinzufügen einer neuen Note zu einer Melodie. Wenn sich die Verhältnisse der Sinne in irgendeiner Kultur ändern, wird das, was vorher klar war, trüb werden, und was unklar oder trüb war, wird durchsichtig werden" (McLuhan 1962, 41).

Über das Verschwinden der Zeitungen wird auch 50 Jahre später noch trefflich gestritten und diskutiert in der Medienbranche. In seinem 2004 erschienen Buch *The Vanishing Newspaper* sagte Philip Meyer den letzten Erscheinungstermin einer Zeitung in den USA für das erste Quartal 2043 voraus. Nicht so weit in die Zukunft blickte Microsoft-Gründer Bill Gates beim Weltwirtschaftsforum in Davos 1998, als er das Ende der Printmedien im Jahr 2000 prophezeite, weil das Internet einen „großen Hebeleffekt" habe (APA 1998). Zwei Jahre später klagte er über die Informationsflut: „Die Menschen werden förmlich vom Müll überschwemmt" (APA 2000). Damals gab es Twitter und Facebook noch nicht.

Aber für den Abgesang auf Zeitungen ist es auch im 21. Jahrhundert noch zu früh. Der Wiener Kommunikationswissenschaftler Hannes Haas sprach sich gegen „voreilige Nachrufe" aus. Seine These: Journalismus ist und bleibt unverzichtbar (Haas 2010, 62). Der deutsche Philosoph Jürgen Habermas warnte 2010 vor einer Gefährdung der Qualitätspresse und stellte einen direkten Bezug zum demokratischen System her: „Keine Demokratie kann sich das leisten" (Habermas 2010, 13). Denn der Bürger, die Bürgerin soll das Geschehen um ihn herum in seiner Komplexität verstehen und Widersprüche einordnen können, damit er diesen Ereignissen nicht hilflos ausgesetzt und auch befähigt ist, als Wählerin, als Wähler eine Entscheidung treffen zu können.

Medien, insbesondere jene im Qualitätsbereich, sind die modernen Aufklärer, ganz im Sinne des Philosophen Immanuel Kant, der Aufklärung als „Ausgang des Menschen aus seiner selbstverschuldeten Unmündigkeit" beschrieben hat. „Sapere aude! Habe Mut, Dich Deines eigenen Verstandes zu bedienen!" (Kant 1784, 481).

Vor dem Mut steht die Meinungsbildung, die Befähigung zur Nutzung seiner Möglichkeiten als Staatsbürger in einer Demokratie. Zentrale Aufgabe von Qualitätsmedien ist, diese Lebensadern der Demokratie offen zu halten, dafür zu sorgen, dass sie nicht abgeklemmt werden. „Journalismus ist es, der Wirklichkeitsbeschreibungen der Gesellschaft und gesellschaftlicher Vorgänge bereitstellt. Er bedarf der Förderung, aber auch des Schutzes, da seine Macht durch journalistische wie außerjournalistische Akteure missbrauchsgefährdet ist", schrieb Hannes Haas (2012, 11).

Medien sind besondere „Dienstleister der Demokratie", und zu ihren Aufgaben gehört es, die Mächtigen – sei es in Politik oder Wirtschaft, manchmal auch im Kulturbereich – mit ihren Recherchen zu stören, Herrschaftsstrukturen auszuleuchten, Kritik an Missständen zu üben und manchmal so simple Fragen wie jene zu stellen, was mit dem Geld der Steuerzahler eigentlich angestellt worden ist. Daraus entsteht eine mündige Zivilgesellschaft, die sich keine „Fassadendemokratie" vorgaukeln lässt, Rechenschaft und Transparenz einfordert. Aber ist jeder Wutbürger, der mit Internet und neuen Medien umgehen kann, gleich ein Journalist, ein Verleger? Welche Rolle hat jemand, der eine Nachricht in die Welt setzt? Ist er Informant, handelt er im eigenen Interesse, in dem von anderen? Welche Auswirkungen hat es, wenn jeder „die Druckerpresse in der Hosentasche hat und jederzeit aktivieren kann", wie es Richard Gingras, Direktor News and Social Products bei Google, beim Journalistenfestival in Perugia im Mai 2014 formulierte?

Dass soziale Netzwerke sehr wohl etwas ändern können, zeigte sich beim sogenannten „Arabischen Frühling", der im Dezember 2010 begann. Bei der Organisation der Protestbewegung spielten Facebook und Twitter eine entscheidende Rolle, aber auch bei der Kommunikation mit den Medien: Informationen wurden direkt von Bürgern an Journalisten weitergegeben, häufig erfolgte die Weiterverbreitung ohne die üblichen journalistischen Überprüfungen.

Das wirft im Zeitalter sozialer Netzwerke Fragen auf, nicht nur für den Journalismus, der Verifizierung zu seinen obersten Sorgfaltspflichten zählen sollte. Eine Internet-unterstützte Demokratie ist auch in Europa im Entstehen. Der Erfolg einiger Online-Petitionen wie jener, als binnen weniger Tage im Frühjahr 2014 mehr als 100.000 Österreicherinnen und Österreicher für die Einrichtung eine Hypo-Untersuchungsausschusses im Parlament eintraten, zeigt: Das Internet kann auch ein Weg sein, dass sich wieder mehr Menschen für die Politik interessieren und aktiv engagieren – und nicht nur alle paar Jahre ihr Wahlrecht wahrnehmen.

In den USA hat man schon viel früher auf diesen Trend reagiert. „Digitale Medien führen unserem System neue Energie zu. Normale Menschen spielen mit ihren PCs eine wesentlich größere Rolle in der Politik als jemals zuvor", beschreibt Simon Rosenberg, der Leiter des einflussreichen liberalen Think Tank New Democratic Network in Washington die Entwicklung (Moorstedt 2008, 8). Barack Obama hat bereits in seiner ersten Präsidentschaftswahlkampagne 2008 darauf reagiert: „Er hat verstanden, dass interaktive Werkzeuge wie E-Mails, Weblogs, Videoportale, soziale Netzwerke, Podcasts oder die ultraschnellen Kommunikationsmittel Instant Messenger und Twitter nicht nur Politikern zur

Verfügung stehen, sondern auch und vor allem Gewerkschaftern, politischen Aktivisten und Bürgern – allen Menschen also, die an der gesellschaftlichen Debatte teilnehmen wollen", schreibt der deutsche Journalist Tobias Moorstedt in seinem Buch *Jeffersons Erben* (Moorstedt 2008, 9). Die sozialen Medien lösten in den USA das Fernsehen als Leitmedium ab. „Über fünf Jahrzehnte hinweg war das Fernsehen das wichtigste politische Medium. Die Menschen saßen auf der Couch und hörten brav zu, was die Mächtigen ihnen zu sagen hatten. Alle paar Jahre stand ein kleiner Teil der Zielgruppe auf und ging wählen, machte es sich danach jedoch wieder auf dem weichen Sofa vor dem Empfangsgerät bequem – bereit für die nächste Legislatur- und Passivitätsperiode" (ebd.).

Das Internet mit seinen Möglichkeiten verändert auch den Expertendiskurs, weil sich ein Teil der Diskussionen ins Netz verlagert. Daraus kann aber rasch ein sogenannter „Shitstorm" entstehen. Bei einer Diskussion zum Tag des Qualitätsjournalismus zeigte sich *profil*-Chefredakteur Herbert Lackner irritiert, „wie schnell der Erregungspegel in diesen Medien an die Decke geht". Kollegen raten *Falter*-Chefredakteur Armin Thurnher, manches nicht zu schreiben, um Shitstorms zu vermeiden, was er „demokratiepolitisch nicht unbedenklich" findet (Fidler 2014, 33).

Auch anonyme Postings sind häufig kein Beitrag zur Hebung des Diskursniveaus. Ingrid Brodnig führt jedoch in ihrem 2014 erschienenen Buch *Der unsichtbare Mensch* das Beispiel Südkorea an, das eine Realnamenpflicht einführte. Zwar ging die Zahl der Schimpfworte zurück, die User nutzten aber andere Beleidigungen. Schließlich hob die Regierung, nicht zuletzt nach einem Urteil des Verfassungsgerichtshofs, das Gesetz auf (Brodnig 2014, 147).

Einige würden gerne Postings, Twitter-Meldungen oder Fotos löschen, weil sie ihnen inzwischen peinlich sind. Das ist aber schwierig. Was im Netz ist, das bleibt. Viktor Mayer-Schönberger, Professor für Internet-Governance am Oxford Internet Institute, plädiert für ein Ablaufdatum für Daten – so wie bei Produkten, die es im Supermarkt zu kaufen gibt. Er beruft sich auf Umfragen, die besagen, dass sogar 84 Prozent der 18- bis 24-Jährigen ein „Recht auf Vergessen" für sich beanspruchen – und damit genauso viele wie die Über-60-Jährigen (Conolly 2013). Im April 2014 bestätigte der Europäische Gerichtshof ein „Recht auf Vergessen" und entschied, dass personenbezogene Daten unter bestimmten Umständen auf Geheiß der Betroffenen von Suchmaschinen-Betreibern gelöscht werden müssen. Die Richter bezogen sich dabei auf die europäische Datenschutzrichtlinie (Europäischer Gerichtshof 2014).

Die Frage ist auch, ob man all das wissen will, was im Netz an Informationen, Einschätzungen und persönlichen Befindlichkeiten herumschwirrt. Will man wirklich alles über den Prostatakrebs und die Saunagänge wissen, wie dies Jeff Jarvis, Professor an der Journalistenschule der City University of London, Blogger und einer der Gurus in der Internetbranche, meint? (Jarvis 2012). Nicht jeder würde das unter Erneuerung der Welt subsumieren, manche sagen auch schlicht „Geschäftsmodell" dazu.

So wie das Internet die Welt radikal verändert hat, wird auch „Big Data" das Leben fundamental ändern.

Nicht nur Geheimdienste wissen viel über uns und unsere Daten, wie seit den vom *Guardian* 2013 publizierten Dokumenten des ehemaligen NSA-Mitarbeiters Edward Snowden bekannt ist. Wir hinterlassen überall Spuren im Netz: Die Mobilfunkunternehmer wissen, mit wem wir wie lange telefonieren oder wem wir ein SMS geschickt haben, aber auch, wessen Handy wann in der Nähe des eigenen Mobilfunkgeräts ist. Sie müssen diese Daten gemäß einer EU-Richtlinie aus dem Jahr 2006 sogar sechs Monate speichern. Der Buchhändler Amazon weiß über unsere Lesegewohnheiten Bescheid und macht uns, auf bisherige Bestellungen und Interaktionen auf ihrer Website basierend, Vorschläge für neue Produktkäufe – ein Drittel des Umsatzes beruht inzwischen auf diesen Empfehlungen. Google ist informiert, was wir im Internet suchen, und Twitter schlägt uns vor, wem wir sonst noch folgen könnten, und kann einen Soziograph erstellen, mit wem wir wie lange in Kontakt waren. Auch Facebook und LinkedIn sind bestens über unsere sozialen Beziehungen – zumindest im Netz – informiert.

Im analogen Zeitalter war das Sammeln und Auswerten von Daten sehr zeit- und kostenintensiv. Das hat sich inzwischen geändert: Die gespeicherte Informationsmenge wächst vier Mal rascher als die Weltwirtschaft, die Rechenleistung von Computern sogar neunmal schneller. Zwar spricht man seit den 1960er Jahren von der Informationsrevolution und dem „digitalen Zeitalter", Realität begann es jedoch erst nach der Jahrtausendwende zu werden. Noch im Jahr 2000 war erst ein Viertel der weltweit gespeicherten Informationen digital, 2013 sind weniger als zwei Prozent nicht mehr digital. Der digitale Datenberg verdoppelt sich in jeweils weniger als drei Jahren (Mayer-Schönberger/Cukier 2013, 16). So sind riesige Datenberge entstanden: Allein Google sammelt pro Tag 24 Petabyte an Daten, das ist ungefähr tausend Mal so viel wie alle gedruckten Werke der US-Kongressbibliothek zusammen. Die Fotosharing-Webseite Flickr verfügte im Jahr 2011 über sechs Milliarden Fotografien, eingestellt von 75 Millionen Nutzern, bei Facebook werden pro Stunde über zehn Millionen neue Fotos geladen, bei Youtube wird jede Sekunde ein Video eingestellt (Mayer-Schönberger/Cukier 2013, 15, 17, 57).

Aus der Digitalisierung wird die Datafizierung, die Umwandlung von Informationen aller Art – von Geodaten bis zu Inhalten und Mausklicks – in Datenform, um sie quantifizieren und daraus Rückschlüsse ziehen zu können. Nach Einschätzung von Viktor Mayer-Schönberger verlagert sich die Gefahr vom Angriff auf die Privatsphäre des Einzelnen hin zur ungewohnten Beurteilung Einzelner aufgrund von Wahrscheinlichkeiten: So könnten Algorithmen etwa vorhersagen, wann man vermutlich einen Herzinfarkt erleiden, das nächste Verbrechen begehen und seine Kreditrate nicht bezahlen kann. Er spricht von einer drohenden „Diktatur der Daten" (Mayer-Schönberger/Cukier 2013, 26). Die Kommunikationswissenschaftlerin Mercedes Bunz nennt es „stille Revolution", denn selbst wenn wir nichts tun, passiert etwas. Algorithmen verändern oft unbemerkt den Alltag (Bunz 2012).

Es gibt aber auch eine Gegenbewegung. Einer der exponiertesten Vertreter ist der in Berlin lehrende Philosoph Byung-Chul Han. In seinem Buch *Die Transparenzgesellschaft* stellt er ein Zitat von Peter Handke an den Anfang: „Von dem, was die anderen nicht von mir wissen, lebe ich" (Han 2013, 4). Han schreibt, dass die Möglichkeiten des Internets zu immer mehr „Privat- und Ausstellungsräumen des Ich" führten. Der Wahrnehmungsraum werde beim Twittern durch das Verfolgen von Meldungen eines bestimmten Personenkreises eingeschränkt: „Die Personalisierung des Netzes führt zur Insularisierung" (Han 2013, 7).

Das Netz führt aber auch zu einer Entpersonalisierung, was insbesondere auf dem Arbeitsmarkt zu gravierenden Auswirkungen führt. Schon John Maynard Keynes hat die Folgen der technischen Entwicklungen für Jobs vorausgesehen in seinem 1930 veröffentlichten Aufsatz *Wirtschaftliche Möglichkeiten für unsere Enkel*. Darin schreibt er: „Wir sind von einer neuen Krankheit betroffen, von der manche Leser noch nicht einmal den Namen gehört haben mögen, aber wovon sie in den nächsten Jahren viel hören werden – und zwar, die technologische Arbeitslosigkeit. Das heißt, die Entdeckung von Möglichkeiten der Ökonomisierung von Arbeit wird jene Geschwindigkeit übertreffen, mit der wir neue Einsatzmöglichkeiten für Arbeitskräfte finden" (Keynes 1963, 358).

Nach Einschätzung der Autoren Erik Brynjolfsson und Andrew McAfee, die beide am Massachusetts Institute of Technology (MIT) arbeiten, hat das zweite Maschinenalter schon begonnen. Erstmals in der Nachkriegszeit fand in den späten 1990er Jahren in den USA eine Entkoppelung von Produktivität und Arbeit statt. Das heißt, die Produktivität steigt stärker als Arbeit, die häufig durch Maschinen beziehungsweise Roboter ersetzt wird (Brynjolfsson/McAfee 2014, 164f.). Ein konkretes Beispiel: Die Firma Hadoop ist auf die Verarbeitung großer Datenmengen spezialisiert. Während Menschen früher bei der Kreditkartenfirma Visa zwei Jahre für die Verarbeitung von 73 Milliarden Daten brauchten, reduzierte die Firma diese Zeitspane auf dreizehn Minuten (Mayer-Schönberger/ Cukier 2013, 62). Eine Beschleunigung in dieser Größenordnung verändert Arbeits- und Wirtschaftsprozesse entscheidend.

Das Netz ändert in allen Bereichen den Umgang mit Zeit und Geschwindigkeit. Für den Philosophen und IT-Unternehmer Jörg Friedrich hat die Zeitung die wichtige Funktion, den Lebensrhythmus zu strukturieren: „Der Takt der Tages- oder Wochenzeitung zeigt: Was wirklich wichtig ist, hat auch Zeit – Zeit, die benötigt wird, damit der Autor die Nachricht einordnen, bewerten und den Hintergrund recherchieren, ein Bildredakteur die passenden Fotos beschaffen und ein Graphiker Fakten visualisieren kann" (Friedrich 2012, 38).

Der Journalist Florian Opitz machte sich auf die Suche nach der verlorenen Zeit, weil er festgestellt hatte, dass er zu viel Zeit vor allem im Internet verbringt (Opitz 2012). Er fragte Zeitmanager, andere Journalisten und Psychologen, woher dieser ständige Drang nach Beschleunigung komme. Auch hier entwickelt sich eine Gegenbewegung, die auf bewusste De-Kommunikation setzt, auf das Ausschalten des Handys, auch Internet-Fasten kommt in Mode. Es besteht aber auch die Gefahr, dass Wissen verlorengeht. Zwar nimmt die Komplexität bei der Gewinnung und Verbreitung von Wissen zu, aber es geht durch die neuen Kommunikationsmöglichkeiten auch viel verloren oder ist im Netz nicht oder kaum auffindbar. Werden Historiker einmal E-Mails statt Akten auswerten? Entscheiden nicht längst Suchmaschinen darüber, was wir wissen sollen? Wer nicht in Google oder Wikipedia auftaucht, läuft Gefahr, nicht wahrgenommen zu werden.

Seit der Erfindung der Druckerpresse Mitte des 15. Jahrhunderts sind rund 130 Millionen einzelne Bücher publiziert worden. Im Jahr 2012, sieben Jahre nach Beginn ihres Projekts, hatte Google mehr als 20 Millionen Titel eingescannt, also über 15 Prozent des schriftlichen Menschheitserbes. Als eine der weltweit Ersten beteiligte sich auch die Österreichische Nationalbibliothek an dem Projekt. Der komplette historische Buchbestand vom 16. bis in die zweite Hälfte des 19. Jahrhunderts wird sukzessive digitalisiert – das sind rund 600.000 Werke, wie die Nationalbibliothek auf ihrer Webseite bekannt gibt. Die Bücher sollen dann online für jeden zugänglich sein.

Berners-Lee vertrat von Anfang an den Standpunkt: „Das Web muss universell zugänglich sein." Jede Form der Zugangsbeschränkung lehnt Berners-Lee, der inzwischen Direktor des World-Wide-Web-Konsortiums ist, konsequent ab. Auf die Frage, ob er mit dem, was aus seiner Ursprungsidee geworden ist, zufrieden sei, antwortete der Brite in einem *Standard*-Interview:

„Wie bei den meisten der über 20-Jährigen: Das volle Potenzial beginnt sich erst zu entwickeln. Das Web hat als radikal offene, dezentrale und egalitäre Plattform begonnen, die Welt zu verändern. Wir kratzen noch immer an der Oberfläche dessen, was das Web könnte. Jeder, der sich für die Zukunft des Web interessiert, kann eine Rolle bei der Weiterentwicklung einnehmen." Und, wie er betont, jeder solle sich angesprochen fühlen. Jeder – und zwar überall (Föderl-Schmid 2014, 3).

Berners-Lee wies in dem Gespräch auch darauf hin, dass es für ihn „eigentlich undenkbar ist, dass das Web schon 25 Jahre alt ist. Viele von uns können sich ein Leben ohne Web gar nicht vorstellen". Wie er sich die weitere Entwicklung vorstellt? „Wir alle müssen unsere Kreativität, unsere Möglichkeiten und Erfahrungen einsetzen, um das Web zu verbessern: um es mächtiger, sicherer, fairer und offener zu machen. Wir können das Web so gestalten, wie wir es wollen, und die Welt so, wie wir sie wollen." So gesehen hat die Geschichte des World Wide Web gerade erst begonnen.

Anton Pelinka

◆

25. 5. 2014
Wahl des Europäischen Parlaments
*Die Chancen einer supranationalen
Staatengemeinschaft*

◆

Ein demokratisches Friedensprojekt

„Nachdem sich immer mehr abzeichnet, dass die EVP die stärkste Fraktion im EU-Parlament bilden wird, bin ich bereit, das Amt des EU-Kommissionspräsidenten zu übernehmen." Das sagte Jean-Claude Juncker, der von der Europäischen Volkspartei als Präsident der Europäischen Kommission vorgesehene Politiker, zur Presse am 26. Mai 2014, dem Morgen nach der Wahl zum Europäischen Parlament. Erstmals standen bei diesem EU-weiten Urnengang auch Spitzenkandidaten zur Wahl, nicht nur Parteien. Juncker erhob den Anspruch auf den Kommissionspräsident, aber die Regierungschefs taten sich sehr schwer, sich die Entscheidung für den wichtigsten Posten der Europäischen Union durch ein Referendum aus der Hand nehmen zu lassen. Und so waren die Wochen nach der EU-Wahl geprägt von einem permanenten Pro-und-Kontra zur Bestellung Junckers.

Diese Auseinandersetzung zwischen dem gesamteuropäischen Element (dem Parlament) und dem nationalstaatlichen Element (dem Rat) sind die Begleitschmerzen eines Transformationsprozesses hin zu mehr Demokratie. Und die EU hat bereits einen weiten Weg hinter sich. Die EU ist das Produkt der Erfahrungen Europas mit zwei Weltkriegen, die von Europa ihren Ausgang nahmen; mit einer mörderischen Zerstörungsintensität, Folge unbegrenzter nationaler Souveränitätsphantasien; und mit dem Holocaust, der letzten Konsequenz ethnisch-nationalistischen Denkens: Diese Europäische Gemeinschaft wurde Schritt für Schritt als Antwort auf die Welt von gestern aufgebaut.

Die EU ist nicht die Fortsetzung der Reiche von gestern; nicht des Römischen Reiches und nicht des Reiches Karls des Großen. Die Union ist die Antithese zu dem Europa der Vergangenheit, insbesondere zu dem Europa des 20. Jahrhunderts. Nicht Amerika und nicht der Islam ist das „defining other" der EU. Ihr „defining other" ist das alte Europa.

Dass die Union das Produkt des politischen Lernens aus der eigenen, der europäischen Vergangenheit ist, zeigt sich in ihrem demokratischen Anspruch. Das Europäische Parlament, seit 1979 direkt gewählt und durch die Verträge, die der EU als faktische Verfassung dienen, allmählich zu einem mächtigen Akteur neben der Europäischen Kommission und dem EU-Rat geworden, ist ein „Normalparlament": Es ist direkt gewählt, hat eine wesentliche Rolle bei der Bestellung und der Kontrolle der Kommission (der De-facto-Regierung der EU) und bestimmt die Gesetzgebung der Union, grundsätzlich gleichberechtigt mit dem Rat. Das Europäische Parlament arbeitet in Ausschüssen und im Plenum und ist in Fraktionen gegliedert – wie demokratische Parlamente überall in der Welt.

Die Wahl des Parlaments unterstreicht die demokratische Friedensfunktion der Union. Die europäische Integration garantiert den Frieden nach innen. Kriege zwischen den Mitgliedstaaten sind denkunmöglich geworden. Dass innerhalb von 70 Jahren dreimal – 1870, 1914 und 1940 – deutsche Armeen in Frankreich einmarschiert sind, ist für das Europa der Gegenwart politisch so weit entfernt wie der Dreißigjährige Krieg.

Das Friedensprojekt EU ist nicht nur das Resultat von Vereinbarungen zwischen souveränen Regierungen. Die EU ist nicht nur eine intergouvernmentale Einrichtung. Sie hat auch supranationale Züge. Sie reduziert die Machtbefugnisse, die Kompetenzen ihrer Mitgliedstaaten.

Die Möglichkeit des Rates, Beschlüsse mit qualifizierter Mehrheit zu fassen – durch den „Reformvertrag" von Lissabon ausgeweitet –, bindet die Staaten an Entscheidungen, auch wenn diese gegen ihren Willen gefasst werden. Und das Europäische Parlament ist a priori trans- und damit supranational: Seine Beschlüsse sind Beschlüsse eines Europa, das sich nicht mehr als Neben- oder Miteinander von Staaten definiert, sondern als ein Europa jenseits der Nationalstaatlichkeit.

Lernen aus der Geschichte

Das Europa von heute entstand aus der Einsicht, dass die nach dem Ersten Weltkrieg definierte Friedensordnung eine Ordnung zum Unfrieden war. Das „Selbstbestimmungsrecht der Völker" wurde aus mehreren Gründen keine stabile Grundlage eines europäischen Friedens. Das „Selbstbestimmungsrecht", auch von Woodrow Wilson niemals klar definiert, wurde mehrfach durch das alte, angeblich überwundene Prinzip des Rechtes der Sieger verletzt. Vor allem aber baute das Selbstbestimmungsrecht auf einem diffusen Verständnis von Volk und Nation und bot keinerlei Handhabe, wer dieses Recht genießen sollte: ein Stadt, wie Fiume (Rijeka), oder eine historisch gewachsene Region, wie Böhmen, oder eine durch eine gemeinsame Sprache ethnisch definierte Nation? Und was sollte mit den Gebieten geschehen, die – wie in der Vojvodina oder in Transsylvanien – Menschen verschiedener ethnischer Zuordnung mit- und untereinander lebten?

Das „Selbstbestimmungsrecht" bot keine klaren Definitionen. Vor allem aber setzte es fort, was das Grundübel der kriegerischen Geschichte des Kontinents war: das Prinzip unbegrenzter Souveränität. Und so wurde die europäische Politik schon bald nach den Pariser Friedensverträgen von der Konfrontation zwischen „Revisionisten", die Revanche suchten, und den dem Status quo verpflichteten „Anti-Revisionisten" bestimmt. Der Völkerbund, konstruiert, um den Frieden zu sichern, erwies sich dazu nicht fähig, weil er auf dem Grundsatz aufbaute, der die Voraussetzungen für die Kriegsbereitschaft der Staaten war – auf der Souveränität der Staaten.

Aus der Geschichte kann man (frau) lernen. Das zeigt Europa nach 1945. Jean Monnet, der als stellvertretender Generalsekretär des Völkerbundes die Ohnmacht der zwischenstaatlichen Diplomatie und nach 1940 – als Vertreter des „Freien Frankreich" – in den USA die Macht der Vereinigten Staaten von Amerika kennen lernen konnte, entwickelte eine Strategie; und diese überzeugte Robert Schuman, Regierungschef und Außenminister der vierten Französischen Republik: eine friedliche Stabilisierung Europas setzte nicht neue Grenzen,

Einer der Stützpfeiler des europäischen Friedensprojekts: die deutsch-französische Freundschaft.
Oben: Präsident François Mitterrand und Kanzler Helmut Kohl während des Abspielens der Hymnen bei
einer Gedenkveranstaltung für die Opfer des Ersten Weltkriegs in der Nähe von Verdun, 22. September 1984.
Unten: Kanzlerin Angela Merkel und Präsident François Hollande bei den Feierlichkeiten zur Erinnerung
an die Landung der Alliierten in der Normandie, 6. Juni 2014.

setzte auch nicht die Betonung von Grenzen zwischen den Staaten voraus. Der Friede in Europa konnte am besten durch die allmähliche Aufhebung dieser Grenzen gesichert werden. Diese Erkenntnis ist der entscheidende Unterschied zwischen dem Europa, wie es sich nach 1945 entwickelte, und dem Europa nach dem Ersten Weltkrieg.

Das, was als die „Monnet-Methode" bekannt wurde, war die Instrumentalisierung ökonomischer Interessen für politische Ziele. Frankreich sollte erkennen, dass es vom wirtschaftlichen Wohlergehen Deutschlands profitierte – und Deutschland von der Prosperität Frankreichs. Nationale Märkte sollten europäische Märkte werden und so die Voraussetzung, ja die Notwendigkeit für eine europäische politische Ordnung schaffen.

Keir Hardie, britischer Labour-Politiker, hatte im Sommer 1914, in den Tagen vor dem Ausbruch des Ersten Weltkriegs, die Idee der „Vereinigten Staaten von Europa" in den Raum gestellt. Die Zombie-gleich in den Abgrund taumelnden Staaten Europas sollten ihre Souveränität teilweise zugunsten eines vereinigten Europas aufgeben, um so zu verhindern, was zu diesem Zeitpunkt nicht mehr zu verhindern war. Nach 1918 entwickelte der Österreicher Richard Coudenhove-Kalergi sein Konzept von Paneuropa, das zwar die verbale Unterstützung von Aristide Briand und Gustav Stresemann erhielt, aber keine reale Bedeutung bekommen sollte.

Monnet hatte erkannt, dass die Idee eines vereinigten Europa mit den ökonomischen Interessen zu koppeln wäre. Und er hatte auch erkannt, dass die sich zusammenschließenden Staaten eine gemeinsame politische Basis brauchten; eine liberale politische Ordnung, wie sie durch die Deklaration des Europäischen Rates von Kopenhagen 1993 auf den Punkt gebracht wurde: pluralistische Demokratie, Rechtsstaatlichkeit, Menschenrechte, Marktwirtschaft. Europa, wie es sich nach 1945 zunächst im Westen, nach 1990 im gesamten Kontinent entwickelte, war auf gemeinsamen Werten und gemeinsamen Interessen aufgebaut.

Die Europäische Union konnte nur deshalb zu dem werden, was sie ist, weil ihre Mitglieder gemeinsamen Standards verpflichtet sind – und weil es keine national definierte Zentrale gibt, die der Union ihren Stempel aufdrücken könnte. Es ist deshalb auch eine deutliche Botschaft, dass die meisten Institutionen der EU ihren Sitz in Brüssel haben; dass Brüssel die De-facto-Hauptstadt der EU ist, nicht Paris oder Berlin oder Rom. Die Union ist von unten („bottom up") gewachsen und nicht von einer Zentrale, von oben („top down"), diktiert.

Die beiden Integrationslogiken: Vertiefung und Erweiterung

Die Union ist ein unfertiges Gebilde. Und das entspricht durchaus dem Denkansatz Jean Monnets: Es gab und gibt keinen fertigen Plan, wie das „finale" Europa aussehen soll. Es gibt klare Vorstellungen, welche das vereinigte Europa erfüllen soll: Friedensgarantie nach innen, allmähliche Entwicklung einer Friedensfunktion nach außen, Sicherung individueller Menschenrechte, Wahrung der Demokratiestandards in allen Mitgliedstaaten und der Freiheiten des Binnenmarktes. Aber es gibt keinen Plan, wie die Strukturen der Europäischen Union in der Zukunft aussehen sollen. Diese Strukturen entwickeln sich in einem andauernden Prozess, der von bestimmten beabsichtigten, in diesem Sinne geplanten „Logiken“ bestimmt wird.

Am Anfang stand eine wirtschaftliche Gemeinschaft: Das Europa der sechs, die Gemeinschaft für Kohle und Stahl, und ab 1958 die Wirtschaftsgemeinschaft. Das wirtschaftliche Zusammenwachsen brachte den Bedarf nach einem „Mehr“ an Integration hervor. Es entstand der Binnenmarkt. Und dieser „verlangte“ nach einer Währungsunion. Diese wiederum provoziert Diskussionen über eine mögliche, wünschenswerte, schrittweise Integration der Finanzpolitik (Stichwort „Bankenunion“) und der Steuerpolitik. Die Union zog Kompetenzen an sich, die in den Römischen Verträgen von 1957 so nicht explizit vorgesehen waren. Die Union „vertiefte“ sich.

Der Logik der „Vertiefung“ entspricht die Logik der „Erweiterung“. Im Vorfeld der Römischen Verträge wurden alle europäischen Staaten eingeladen, der Gemeinschaft beizutreten. In dem Europa von 1957, bestimmt von der Spaltung des Kalten Krieges, machte es wenig Sinn, genau zu definieren, wer denn zu den europäischen Staaten zu rechnen sei. Wer hätte auch 1957 explizit Estland einladen wollen, eine Republik im Verband der Sowjetunion? Und welchen Sinn hätte es gemacht, die Kriterien im Detail festzulegen, die ein Beitrittskandidat zu erfüllen hätte? Das alles wurde notwendig, als der Kalte Krieg zusammenbrach und eine ursprünglich auf Westeuropa beschränkte Gemeinschaft sich auf Europa in seiner Gesamtheit bezog. In Kopenhagen wurde 1993 festgeschrieben, unter welchen Voraussetzungen ein Staat aufgenommen werden könnte.

Doch wo die Grenzen Europas liegen, wurde auch in Kopenhagen nicht definiert. Erst der Beginn der Beitrittsverhandlungen mit der Türkei zwingen, sich über die Grenzen Europas konkret Gedanken zu machen: In welchem Ausmaß sind auch geographische, geopolitische Kriterien die Voraussetzungen für einen Beitritt – neben Demokratie, Rechtsstaatlichkeit und Marktwirtschaft? Darüber hat die Diskussion nun voll eingesetzt.

Doch die Logik der Erweiterung hatte sich schon vor dem Ende des Ost-West-Konfliktes, in dem die sechs Gründungsstaaten – durchwegs Mitglieder der NATO – die Union als Mitglied des Westens ausgewiesen hatten. 1973 traten drei Staaten bei, die zunächst als Gründungsmitglieder der Europäischen Freihandelszone (EFTA) eine Integration „light“ versucht hatten: Großbritannien, Dänemark und Irland. Die „Süderweiterung“ (Griechenland 1982, Spanien und Portugal 1986) zeigte, wie attraktiv die Union für neue, noch nicht voll gefestigte Demokratien war. Die Erweiterungen der 1980er Jahre waren das Labor für die nach 2000 auf der Tagesordnung stehende „Osterweiterung“.

Das Ende des Kalten Krieges ermöglichte 1995 den Beitritt von drei neutralen Staaten, die wegen ihrer geopolitisch auf den Ost-West-Konflikt bezogenen Neutralität der EU zunächst nicht der mit dem Westen nicht nur ökonomisch verflochtenen Union beitreten wollten. Doch der große Schritt erfolgte 2004, als acht vormals kommunistische Staaten beitraten, 2007 und 2013 von drei weiteren Transformationsstaaten gefolgt.

Jacques Delors, Präsident der Europäischen Kommission von 1984 bis 1994, hatte diese „Osterweiterung" als zu früh kritisiert: Die politische und ökonomische Anpassung der Jahrzehnte hindurch von einem kommunistischen Einparteiensystem und einer kommunistischen Planwirtschaft bestimmten Staaten wäre noch nicht weit genug fortgeschritten. Das Ausmaß an struktureller Ungleichheit zwischen West und Ost sei – noch – zu groß, zuerst müsste die EU sich weiter vertiefen, einen weiteren Schritt in Richtung Bundesstaatlichkeit machen, bevor die „Osterweiterung" stattfinden sollte.

Doch der politische Druck war zu groß, um diese Erweiterung länger hinausschieben zu können. Die Erweiterung wurde rascher vorangetrieben als die Vertiefung. Die Folgen sind Schwierigkeiten, das Wohlstandgefälle zu überbrücken. Dass die Menschen in Mittel-, Ost- und Südosteuropa die Freiheiten des Binnenmarktes in Anspruch nehmen, entspricht dem Grundgedanken der Integration. Doch dadurch werden Spannungen verstärkt, die sich im Wachsen von populistischen Protestparteien in den wohlhabenderen Regionen Europas ausdrücken. Und in manchen Staaten – vor allem in Großbritannien – wächst der Ruf, aus der Union auszutreten.

Ein Austritt aus der Union ist möglich, wie ausdrücklich im Vertrag von Lissabon festgehalten ist. Die Union wird nicht, wie Präsident Lincoln 1861 in den USA, austrittwillige Staaten mit Waffengewalt am Verlassen der Union hindern. Dazu fehlen der Union ja auch die Instrumente: Die Gemeinsame Außen- und Sicherheitspolitik hat zwar einen diplomatischen Dienst der Union hervorgebracht, unterstellt der „Hohen Beauftragten" – der quasi Außenministerin der EU –, die auch Vizepräsidentin der Kommission ist. Aber dem diplomatischen Instrumentarium fehlt die denkmögliche militärische Ergänzung.

Die Erweiterung der Union hat noch nicht einen Endpunkt erreicht. Den Staaten des Westbalkans ist ausdrücklich eine Beitrittsoption gegeben worden. Und die Ukraine wie auch Moldawien und Belarus werden nicht grundsätzlich aus dem Kreis der Beitrittskandidaten ausgeschlossen bleiben, sollten sich diese Staaten zu einer prinzipiellen Orientierung an der Union entschließen und die dafür notwendigen politischen und ökonomischen Maßnahmen setzen. Aber die Aufnahmebereitschaft innerhalb der Union stößt an Grenzen. Der Beitritt Kroatiens 2013 war vermutlich der letzte für einige Zeit. Die EU-Skepsis, in Teilen öffentliche Meinung, innerhalb der Union drückt eine abnehmende Bereitschaft aus, die Erweiterung dynamisch voranzutreiben.

Das wäre nun die Chance, im Sinne der kritischen Anmerkungen von Jacques Delors, die Vertiefungslogik wieder stärker zum Zuge kommen zu lassen. Schritte in Richtung einer Bundesstaatlichkeit könnten mithelfen, die Gemeinschaft zu verdichten. Auf längere Sicht würde dies den Abbau der Unterschiede innerhalb der EU bedeuten. Allerdings ist Vertiefung immer mit einer Verschiebung von Kompetenz und damit von Macht von den Mitgliedstaaten in Richtung Union verbunden. Und das stößt auf erheblichen Widerstand derer, die in der Union vor allem eine Gemeinschaft von Staaten sehen, die nach wie vor grundsätzlich im Besitz ihrer nationalen Souveränität sind.

Die EU – eine (fast) ganz normale Demokratie

Das politische System der Europäischen Union unterscheidet sich nicht wesentlich von den politischen Systemen (anderer) westlicher Demokratien. Ein direkt gewähltes Parlament hat Einfluss auf die Bestellung der Exekutive, der Kommission; das Parlament kontrolliert die Kommission und kann auch – mit qualifizierter Mehrheit – der Kommission das Misstrauen aussprechen.

Die Bindung der Kommission an das Parlament weist – zunächst – die Union als ein parlamentarisches System aus. Die Mehrheitsverhältnisse im Parlament haben wesentliche Auswirkungen auf die Bestellung der Kommission, wie das Parlament schon 2004 und 2009 konkret demonstrieren konnte: Die Nominierung von jeweils einem Mitglied für die Kommission musste wegen des Widerstandes einer parlamentarischen Mehrheit zurückgezogen werden. Und die Krise der Kommission 1999, als die Santer-Kommission zurücktreten musste, um ein drohendes Misstrauensvotum zu vermeiden, demonstrierte die Kontrollkompetenz des Parlaments. Der Rücktritt der Kommission 1999 unterstrich die parlamentarische Verantwortung der Kommission – sie kann nur agieren, wenn sie das politische Vertrauen der Mehrheit des Parlaments besitzt.

Ungewöhnlich ist die Zusammensetzung der Kommission. Sie spiegelt den eben noch unvollendeten Charakter der Union: Jeder Mitgliedstaat nominiert eine Person für eine Position in der Kommission, nachdem davor sich die Regierungen der Staaten auf eine(n) Kommissionspräsidenten(in) einigten, der (die) dann vom Parlament bestätigt werden muss – wie auch die Kommission in ihrer Gesamtheit. Das entspricht der Berücksichtigung nationaler Empfindlichkeiten. Parlamentarische Mehrheiten sind die eine Legitimationsgrundlage für die Kommission – nationale Vertretungswünsche die andere.

Ungewöhnlich ist auch, dass das Parlament sich die Gesetzgebungskompetenz mit dem EU-Rat teilt. Dieser besteht aus den Vertretern der nationalen Regierungen, die auf drei Ebenen die Politik der EU (mit)bestimmen: Auf oberster Ebene agiert der Europäische Rat, die Versammlung der 28 Staats- oder Regierungschefs. Auf der zweiten Ebene handeln die einzelnen RegierungsvertreterInnen (MinisterInnen), die sich freilich der Vorarbeiten der dritten Ebene bedienen – des „Coreper", des Rates der ständigen Vertretungen, das heißt der Beamtenebene, der die

Aufgabe zufällt, die Entscheidungen des Rates nach den generellen Vorgaben der nationalen Regierungen vorzubereiten und Kompromisse zu suchen.

Der Rat entscheidet grundsätzlich mit qualifizierter Mehrheit. Eine wichtige Ausnahme sind die Veränderungen des Vertrages, also der faktischen Verfassung der Union: Hier ist Einstimmigkeit gefordert, und das gibt jedem der Staaten ein Vetorecht. Ebenso ist in der Außen- und Sicherheitspolitik Einstimmigkeit notwendig.

Parlament und Rat sind wie zwei Kammern eines Parlaments. Allerdings erfüllt nur das Europäische Parlament die Kriterien eines Parlaments – direkte Wahl und öffentliche Entscheidungsfindung. Der Rat ist nur indirekt, auf nationaler Ebene, demokratisch legitimiert; er trifft seine Entscheidungen nicht öffentlich. Diese Widersprüchlichkeit ist dem des politischen Systems der USA nicht unähnlich: Bis ins 20. Jahrhundert wurde der Senat nicht direkt gewählt, sondern von den einzelnen Staaten nach Regeln beschickt, die in der Kompetenz der Staaten lagen. Die Widersprüchlichkeit zwischen dem direkt gewählten Parlament

Die Anti-EU-Bewegung in Großbritannien ist eine große Herausforderung für die Europäische Union. Leere Sitze der UK Independence Party (UKIP) während einer Plenarsitzung des Europäischen Parlaments, bei der es um die Nachfolge von Kommissionspräsident José Manuel Barroso ging, Straßburg, 2. Juli 2014.

und dem Rat entspricht der Widersprüchlichkeit zwischen dem direkt gewählten Repräsentantenhaus und dem eben nicht direkt gewählten Senat in einer sich über mehr als ein Jahrhundert erstreckenden Periode der Geschichte der USA.

Der Rat weist eine weitere Besonderheit auf – er kennt zwei Präsidenten. Zum einen nimmt ein Mitgliedstaat, vertreten durch einen Regierungsvertreter, für die Dauer eines halben Jahres die Präsidentschaft wahr. Diese rotierende Präsidentschaft wird – seit dem Vertrag von Lissabon – durch eine „permanente" Ratspräsidentschaft ergänzt, die von einer Person wahrgenommen wird. Die Dauer dieser Präsidentschaft ist 30 Monate, eine einmalige Wiederwahl ist möglich. Gewählt wird der (die) Präsident(in) mit qualifizierter Mehrheit vom Europäischen Rat.

Die Kommission ist ein Kollektivorgan, das Mehrheitsentscheidungen treffen kann, in dem aber Einstimmigkeit der Regelfall ist. Die wöchentlichen Sitzungen der Kommission entsprechen den Abläufen nationaler Regierungen, die – wie etwa der österreichische Ministerrat – ebenfalls einer wöchentlichen Routine folgen. Jedes Mitglied der Kommission hat die Verantwortung für einen bestimmten Politikbereich, also einem Quasi-Ministerium. Der Beamtenapparat der Kommission, strukturiert in „Generaldirektionen", ist ebenfalls nicht verschieden von den üblichen Strukturen einer Regierung, in der Berufsbeamte unter der Verantwortung eines(r) politisch Zuständigen arbeiten.

Dem institutionellen Dreieck, bestehend aus Parlament, Rat und Kommission, steht ein Europäischer Gerichtshof (EUGH) gegenüber, der – einem Höchst- und insbesondere einem Verfassungsgericht gleich – über die Einhaltung des EU-Rechtes wacht. Mit der Umsetzung der Währungsunion ist zu diesen Organen noch die Europäische Zentralbank getreten, die – grundsätzlich wie jede Notenbank – nach bestimmten Vorgaben in einer von den anderen EU-Institutionen grundsätzlich unabhängigen Form die Geldpolitik der Währungsunion bestimmt.

Die Wahl des Europäischen Parlaments 2014 bot eine einschneidende Neuerung, die das Parlament stärken und die Demokratiequalität der EU insgesamt verbessern sollte: Die Europäischen Parteien nominierten Personen, die für das Amt des Kommissionspräsidenten kandidieren. Dadurch sollte die bereits bestehende Verbindung zwischen Parlament und Kommission auch bei der Parlamentswahl unterstrichen werden und eine starke, direkt demokratische Legitimation der Kommission erreicht werden: Wer bei der Wahl des Europäischen Parlaments 2014 für eine der nationalen Parteien stimmte, die der Europäischen Volkspartei (EVP) angehört, stimmte damit auch für den Kandidaten, den die EVP als Kommissionspräsidenten nominiert hat – Jean-Claude Juncker. Und eine Stimme für eine sozialdemokratische Partei war auch eine Stimme für deren Kandidaten für das Amt des Kommissionspräsidenten, Martin Schulz. Dadurch sollte erreicht werden, dass bloß nationale Präferenzen bei der Parlamentswahl durch gesamteuropäische ergänzt werden. Damit sollte auch der in allen Mitgliedstaaten relativ geringen Wahlbeteiligung entgegengetreten werden: Mit der Wahl des Parlaments sollte auch die Bedeutung des Parlaments für die Kommission, also für die „Regierung" der EU, hervorgekehrt werden.

Die geringe Wahlbeteiligung ist Ausdruck eines Identitätsproblems. Die meisten Bürgerinnen und Bürger der EU besitzen zwar auch eine europäische Identität, aber diese ist nachgeordnet, sekundär gegenüber den verschiedenen nationalen Identitäten. Die EU steht vor dem Problem, vor dem auch die USA in den ersten Jahrzehnten ihrer Existenz gestanden sind - aus einer Gemeinschaft bestehender Staaten, die unterschiedliche Identitäten ausdrücken, eine Union mit einer übergreifenden Identität zu machen.

Die EU hat dabei nicht die Aufgabe, die nationalen Identitäten zu ersetzen. Das wäre auch ein sinnloses, aussichtsloses Unterfangen. Was die EU kann: den real existierenden Mix aus verschiedenen Identitäten - nationaler und religiöser, politisch-ideologischer und kultureller, geschlechts- und generationsbezogener oder sonstiger Art - verstärkt mit einer europäischen Komponente zu versehen. Das kann nicht durch Gesetz und Verordnung oder sonstiger politischer Willenserklärung geschehen. Das kann nur das Ergebnis eines Bewusstseinsprozesses sein, der die rationalen Argumente, die für das europäische Zusammenwachsen sprechen, auch emotional absichert.

Die Union als Laboratorium für „global government"

Die Wahl des Europäischen Parlaments und die Bestellung einer neuen Europäischen Kommission 2014 ruft in Erinnerung, wie viel sich in einem Jahrhundert geändert hat. 1914 führten die Regierungen der Staaten - allen voran die Österreich-Ungarns - Europa in eine Katastrophe, die niemand vorhersah und auch niemand wollte. 1919 in Versailles und in den anderen, folgenden Verträgen in den Pariser Vororten versuchten die Siegermächte, Europa eine stabile Ordnung zu geben.

Die historischen Analysen, etwa von Margaret MacMillan, demonstrieren die Kopflosigkeit der Regierungen 1914 - und die Mischung aus Naivität und Zynismus, die 1919 herrschte. Das Europa von gestern war unfähig, seine Konflikte friedlich zu lösen und eine friedliche Ordnung aufzubauen. Das alte Europa hatte versagt - 1914 und - nochmals - 1919.

Der mit dem Namen Versailles verbundene Versuch, eine Wiederholung der Katastrophe zu verhindern, scheiterte - und ermöglichte die nächste, noch schrecklichere Katastrophe. Doch 1945 schien Europa gelernt zu haben. Nicht neue Grenzen, nicht neue Reparationen waren das strategische Rezept, das jedenfalls in Westeuropa bestimmte, sondern die allmähliche Aufhebung der Grenzen. Nicht Nationen, die gesiegt hatten - und solche, die Verlierer waren -, sollten die Zukunft bestimmten, sondern die Relativierung des Nationalen, die allmähliche Aufhebung nationaler Souveränität.

Dabei ging Europa durchaus pragmatisch vor. Die Strategie eines Europa der „konzentrischen Kreise" oder der „unterschiedlichen Geschwindigkeiten" erleichterte die Vertiefungsschritte: Aus der im Vertrag von Schengen verbrieften Aufhebung der Grenzkontrollen kann man ein „Opting-out" nutzen; an der Währungsunion kann und muss nicht jeder Staat teilnehmen – vor allem gilt dieser „innere Kreis" zunächst nur für die Staaten, die bestimmte ökonomische Kriterien zu erfüllen in der Lage sind. Dieses neue Europa kann auf eine Erfolgsbilanz verweisen, die sich in seiner inneren Friedensfunktion ebenso zeigt, wie sehr Staaten nach wie vor in die Union drängen – etwa auf dem West-Balkan. Diese Erfolge sind Europa nicht als Selbstverständlichkeit zugefallen. Es war und ist ein hartes politisches Ringen mit den Kräften, die aus teilweise verständlichen, teilweise überhaupt nicht verständlichen Gründen die europäische Integration politisch bekämpfen – insbesondere ihre Vertiefungslogik, die in Richtung Bundesstaat führt. Die dabei oft angeführten Argumente, etwa das „Demokratiedefizit" der Union betreffend, werden gerade durch die Wahl des Europäischen Parlaments widerlegt; eines Parlaments, das eine wesentliche Rolle bei der Bestellung und der Kontrolle der Exekutive – der Kommission – spielt.

Die Europäische Union ist der Versuch, der Wirtschaft, die schon längst keine „Volkswirtschaft", sondern eine Globalwirtschaft ist, ein politisches Korrek-

Jean-Claude Juncker.

tiv entgegenzustellen. Den Staaten – und nicht nur den kleinen – ist die Fähigkeit allmählich abhandengekommen, der wirtschaftlichen Dynamik etwas entgegenstellen zu können, dass diese Dynamik nicht behindert, sondern sozial und politisch verträglich macht. Der Ökonomie in ihrer Grenzenlosigkeit steht eine in nationale Grenzen gesperrte Politik gegenüber. Will man der wirtschaftlichen Globalisierung eine politische Antwort geben, dann kann diese Antwort nicht national, dann muss sie trans-, dann muss sie supranational sein.

Die Europäische Union ist der Versuch einer solchen Antwort transnationaler Politik. Die EU ist nicht „global government", aber sie zeigt auf, welche Strukturen und Funktion „global government" braucht. Und die EU versucht dies in einer Form, die in Übereinstimmung mit den Erfahrungen und Grundsätzen der Demokratie ist. Diese Demokratie ist niemals perfekt – aber sie garantiert Grundfreiheiten und Grundrechte. Und sie stellt sicher, dass europäische Politik nicht nur die Angelegenheit der Staatskanzleien ist, sondern auch der Wählerinnen und Wähler – und damit der Zivilgesellschaft. Das ruft die Wahl des Europäischen Parlaments in Erinnerung.

Gerald Reischl

◆

17. 8. 2114
Fußball: Sieg der Cyborgs
über die Menschen
Szenarien der Future Technologies

◆

Er nimmt mit seinem rechten Auge den Ball ins Visier, in Bruchteilen von Sekunden errechnet der In-Body-Computer im rechten Backenzahn-Implantat Ballhöhe, Fallwinkel und Anfluggeschwindigkeit und schickt den Befehl an den Impuls-Chip im Sprunggelenk. Emil Rinja, ob seiner Frisur auch „Einstein" genannt, steigt in die Höhe, lässt sich nach hinten fallen und versenkt den Ball mit seinem linken Fuß exakt mit 76 Stundenkilometern in die rechte untere Ecke – 3:2.

Es ist ein Sudden Death, das alles entscheidende Tor in der Nachspielzeit, das die erste Worlds-of-the-Worlds-Championship für die Cyborgs entscheidet. Zu Beginn des Spiels noch haben sich die Cyborgs gegen die äußerst beherzt spielende Mannschaft aus Brasilien schwergetan, auf die adrenalingesteuerte Leidenschaft und Beherztheit der Brasilianer hat sich das Cyborg-Team aus England erst einstellen müssen. Sie haben zwar, wie ein Schachcomputer, alle möglichen Spielzüge abgespeichert, doch schon beim Training sind sie auf die Unberechenbarkeit und Spontaneität der Menschen hingewiesen worden, die sich nicht berechnen lässt; in dieser Phase sind auch die ersten zwei Tore gefallen, was die Brasilianer wie vorzeitige Sieger hat aussehen lassen. Doch mit jeder Minute sind die Cyborgs besser ins Spiel gekommen und haben das neuronale Netzwerk, das die elf Spieler aus England verbindet, für sich nützen gekonnt – sie sind den Menschen praktisch immer um mehrere Spielzüge voraus gewesen und haben spontan die Taktik ändern können – so wie es schon 1996 dem Schachcomputer Deep Blue gelang, als er als erster Computer der Welt den amtierenden Schachweltmeister, damals Garri Kasparow, zu schlagen.

Fußball war der erste Sport, der in den 40er Jahren des 21. Jahrhunderts eigene Ligen einführte – die Fußball-WM wurde nach wie vor von echten Menschen bestritten, doch es gab auch die Cyborg- und die Robot-Liga, in denen ebenfalls (Welt-)Meisterschaften ausgetragen wurden. Diese Ligen dienten nicht nur der Unterhaltung, sondern wurden auch als „Versuchslabor" der Robotik-Ingenieure betrachtet – ähnlich den Formel-1-Autorennen, die von Mitte des 20. bis Anfang des 21. Jahrhunderts der Automobilindustrie Inputs, etwa bei der Motorenentwicklung, lieferten. Viele der Entwickler testeten ihre Ideen erstmals in der Liga, bevor sie auf dem freien Markt für jedermann erhältlich waren. Auch das I-Kju-Brain wurde in der Liga getestet, durch das die Kommunikation der Spieler in den Teams, die naturgemäß aus allen Ecken dieser Erde stammen, verbessert werden konnte.

Der Sieg der Cyborgs über die Menschen ist auch einer des US-Konzerns I-Kju, der sein Produkt I-Kju Brain bereits seit 2065 in Planung hatte und daran im Geheimlabor I-Kju Z in Mountain View forschte. Über Jahrzehnte hinweg gab es Gerüchte, dass der Weltkonzern daran arbeitete, weil er einige der führenden Neurowissenschaftler anheuerte – aber die Gerüchte wurden erst bei der TED-Konferenz 2064 mit der ersten Live-Demo bestätigt. Es war ein Gemeinschaftsprojekt mit der Defense Advanced Research Projects Agency (DARPA). Die Forschungsabteilung des Pentagon hatte Anfang des Jahrtausends damit begonnen, an Gehirn-Implantaten für US-Soldaten zu forschen. Ziel des Projekts war, einen Chip zu entwickeln, der zum einen die Erlebnisse der Soldaten speicherte und quasi für die Nachwelt abrufbar machte, sollte ihnen auf dem Gefechtsfeld etwas zustoßen. Zum anderen sollte das Implantat aus der Ferne gesteuert werden können, um, wie es die DARPA im Jahr 2014 formulierte, „Aufgaben-spezifische motorische Fähigkeiten" wiederherzustellen. Der Chip funktionierte drahtlos, sendete laufend Daten nach außen. Den Wissenschaftlern gelang es, einige Körpersäfte als Energielieferant zu nutzen, speziell Blutinhaltsstoffe wurden zum Treibstoff, mit dem die Chips angetrieben werden konnten. Materialwissenschaftler aus Stanford schafften es, Metalllegierungen zu finden, die von den Inhaltsstoffen nicht angegriffen wurden.

Second Brain

Der damalige US-Präsident Barack Obama hatte im April 2013 die BRAIN-Initiative (Brain Research through Advancing Innovative Neurotechnologies) mit dem Ziel gestartet, dass jede Neuronenaktivität im Gehirn registriert, verstanden und eine Gehirn-Aktivitätskarte entwickelt werden soll. Das ehrgeizige Projekt, an dem die führenden Universitäten und Forschungsinstitute wie Stanford, MIT, Rockefeller University, Princeton oder Harvard beteiligt waren, war bereits wenige Jahrzehnte später ein Erfolg, es wurde ein Second Brain entwickelt. Zuerst setzte dieses das Militär, dann die Medizin ein. Alzheimer und Demenz waren medizinisch betrachtet nach wie vor nicht heilbar, allerdings konnte mit dem Second Brain so etwas wie ein Überbrückungsgehirn geschaffen werden, aus dem fehlende Informationen abgerufen werden konnten.

Jede Neuronenaktivität im Gehirn soll registriert, verstanden und daraus eine Gehirn-Aktivitätskarte entwickelt werden. Präsident Barack Obama verlautbart die BRAIN-Initiative (Brain Research through Advancing Innovative Neurotechnologies) der US-Regierung, 2. April 2013.

Der Second-Brain-Markt war ein äußerst lukrativer geworden. Da an der Ursache für den Ausbruch von Alzheimer nach wie vor geforscht wurde, ließen sich jene, bei denen die Krankheit genetisch prädispositioniert war, sehr früh ein Second Brain einpflanzen, damit rasch die Erinnerung vom Gehirn auf die neue Festplatte transferiert und bei Bedarf abgerufen werden konnte. Einige Jahrzehnte später sollte, wenn die Krankheit medizinisch geheilt werden konnte, der Datentransfer auch umgekehrt funktionieren und vom Second Brain auf das echte Gehirn erfolgen. Dieser Informations- bzw. Wissenstransfer sollte auch bei den anderen Brain-Implantaten möglich sein.

Fähigkeiten downloaden

Diese gab es in verschiedensten Ausführungen. I-Kju hatte ein ganzes Portfolio an I-Kju-Brains zur Auswahl, mit denen verschiedenste Fähigkeiten erlernt werden konnten. Neben den diversen I-Kju-Brain-Communicate-Modellen gab es unter anderem auch die Modelle I-Kju Brain Music, I-Kju Brain Sport, I-Kju Brain Art oder I-Kju Brain Math.

Abhängig vom Talent und den Voraussetzungen, die genetisch determiniert wurden, konnte man etwa mit einem I-Kju Brain Music musikalische Fähigkeiten wie Klavierspielen, Gitarre, Posaune oder Cello downloaden und mit einem Lehrer – entsprechend dem Talent – zur Perfektion bringen. Die Welt der Mathematik war so wie die der Physik in wenigen Sekunden gedownloadet, es hing aber nach wie vor von der Person ab, aus diesem digitalen Zusatztalent etwas zu machen, weil logisches Denken, Kreativität (noch) nicht übertragen werden konnte. An I-Kju Brain Sports – auch hier konnte unter verschiedenen Sportarten gewählt werden – war ein körperlicher Leistungstest gekoppelt, da nur mit den entsprechenden körperlichen Voraussetzungen Sportarten gut bzw. besser ausgeübt werden konnten. Profisportler durften sich keine Brain-Sports-Implantate einpflanzen lassen, ein Brain-Implantat wäre in die Kategorie „Digital Doping" gefallen.

Die Cyborg-Ära

Doch seit den Olympischen Spielen in Tansania 2100 gab es ohnehin keine Dopingfälle mehr, da Profisportler seit einigen Jahren dazu verpflichtet waren, sich – solange sie an Wettkämpfen und Meisterschaften teilnahmen – einen Anti-Doping-Chip zu implantieren. Dieser kontrollierte laufend die Substanzen im Körper und schickte die Daten drahtlos zu einem Zentralcomputer bei der World Anti-Doping Agency. Bei Auffälligkeiten wurde sofort eine Kontrollmaschinerie in Bewegung gesetzt und der Betroffene musste sein Training stoppen.

Brain-Implantate standen ebenso auf der „Digital Doping"-Liste (die war allerdings nur eine rein theoretische), wie diverse andere „Replaceables". Was mit Herzschrittmachern, Cochlea-Implantaten, künstlichen Kniegelenken und bionischen Prothesen bereits im vergangenen Jahrhundert begann, weitete sich in den 50er und 60er Jahren des 21. Jahrhunderts auf den gesamten Körper aus. Auslöser waren Menschen, die sich selbst als Cyborgs bezeichneten, als Mischwesen aus Mensch und Maschine.

Der Brite Kevin Warwick galt als ein solcher. Der Professor der University Reading in Großbritannien ließ sich bereits 1998 einen RFID-Scanner in seine Hand implantieren, mit dem er Türen öffnete, das Licht ein- und ausschaltete und andere computergesteuerte Geräte bediente. Seine Idee, die man damals nur aus Science-Fiction-Filmen kannte, griffen in den Jahren darauf immer mehr Menschen auf, in den 60er Jahren begann die Ära der Cyborgs, der Mischwesen Mensch-Maschine.

100 Jahre dauert es, bis die Idee, die der österreichisch-australische Wissenschaftler Manfred Clynes und der US-Mediziner Nathan Kline vorgeschlagen hatten, Realität wurde. Sie hatten die Vision, den Menschen in eine Art Mensch-Maschine zu verwandeln, damit er an die Umweltbedingungen des Weltraums angepasst werden kann. Damals, in der Anfangsära der Raumfahrt, schien die Idee beinahe absurd, doch 2064 wurde damit begonnen, Menschen für bevorstehende Mars-Missionen zu konstruieren und für die lange Reise zu perfektionieren. Es dauerte aber nur noch 50 Jahre, bis das erste konstruierte Mensch-Maschine-Mischwesen Richtung Mars geschickt wurde.

Der US-Amerikaner Tim Cannon war Anfang des 21. Jahrhunderts der Erste, der sich Sender, Magneten, ja fast Smartphone-große Geräte einpflanzen ließ und mit Freunden das Unternehmen Grindhouse Wetware gründete. Im Angebot hatte er Geräte, die – eingepflanzt – das Leben der Menschen verbessern und ihnen neue Fähigkeiten geben sollten. Implantate sollten Magnetfelder aufspüren und Infrarotstrahlung erkennen, Menschen konnten zu so etwas wie menschlichen Fledermäusen werden – mittels implantierter Ultraschallsensoren sollte der Mensch navigieren können. Cannon selbst ließ sich damals einen Sensor implantieren, der seine Körpertemperatur an sein Smartphone übermittelte. Cannon hatte schon früh erkannt, dass die Ära der Wearables, also der tragbaren Computer wie smarte Uhren, Ringe, intelligente Shirts, die – mit Sensoren bestückt – Körperdaten erfassten und verschickten, nur ein Zwischenstadium waren.

Zum Star unter den Cyborgs mutierte Neil Harbisson, dem eine Art Antenne in den Kopf implantiert wurde, mit der der mit Achromatopsie geborene, also farbenblinde Künstler Farben zwar nicht sehen, sondern hören konnte. Da jede Farbe eine andere Schwingung hat, ließ er eine Antenne an sein Gehirn anschließen. An diesem Stativ, das sich über seinem Kopf befand, war eine Kamera angebracht, die jede Farbe in Schallwellen umwandelte, die über einen Lautsprecher die Gehörknöchelchen zum Vibrieren brachte. Harbisson erlernte, jedem Ton eine Farbe zuzuordnen.

Implantables

Die echte Revolution begann mit den Implantables, also Technik und Sensoren, die man nicht nur implantierte, sondern später auch an Nervenzellen anschloss oder – im Falle von Querschnittslähmungen – gleich als Nervenstränge nutzte. 2054 gelang es der Medizin, erstmals Nervenleitungen von Querschnittgelähmten wieder miteinander zu verbinden. Zwei Nervenenden wurden quasi in einen Chip gesteckt, in dem sich die Nervenfasern wieder vereinigen konnten und die Synapsentätigkeit wieder aufgenommen wurde.

Die Technik revolutionierte auch die Transplantationsmedizin, denn kranke Organe wurden entnommen – auch hier wusste der Mensch aufgrund seines DNA-Profils, bei welchem oder welchen die Leistungsfähigkeit sinken könnte – und in Bioreaktoren revitalisiert. Die ersten Versuche am Menschen gelangen am Massachusetts General Hospital in Boston bereits Anfang der 40er Jahre. Der Organhandel, der Anfang des 21. Jahrtausends zu einem großen Problem in Indien, Mittel- und Südamerika geworden war, konnte dadurch erfolgreich eingedämmt werden. Die Wartezeit für eine neue Niere betrug damals im Laboratory for Organ Engineering and Regeneration, wo heute noch die Weltzentrale der Bioreaktoren steht, zwei Wochen. Herzpatienten wurden 14 Tage an ein Kunstherz angeschlossen, ehe ihnen wieder ihr eigenes, repariertes Herz implantiert werden konnte. 2114 kann nun dank der neuesten Generation an Turbo-Bioreaktoren die Wartezeit auf wenige Stunden gesenkt werden, der Eingriff selbst schaffen die Operationsroboter in exakt 14 Minuten.

Ein Medikament gegen Krebs wurde 2062 erfunden, wodurch das Lebensalter sukzessive zunahm. Im Jahr 2114 ist das Durchschnittsalter auf 102 Jahre bei Frauen und 98 bei Männern gestiegen, bereits 2111 feierte die Welt den ältesten Menschen – die Französin Cecil Drummond wurde am 7. Januar 138 Jahre alt.

Von Implantables zu Replaceables

Parallel zu den Fortschritten der Medizin war aber ein weiterer Markt entstanden, jener der Replaceables – Menschen ersetzten ganz bewusst Teile ihres Körpers durch technische Geräte, um etwa besser sehen oder besser hören zu können oder um Multimedia-Komponenten bei sich zu tragen. Zähne wurden durch Hightech-Zähne ersetzt – ausgestattet mit Acceleratoren und einer Vielzahl von Sensoren ersetzten sie nicht nur herkömmliche Sportuhren, sondern überwachten den Körper in Echtzeit, die Energie erzeugten sie aus dem menschlichen Speichel.

Augen wurden bewusst durch Hightech-Ocularien ersetzt – um noch schärfer, noch weiter sehen zu können. Mit Google Glass hatte der damalige Technologie-Gigant 2012 gestartet – so nannte man einst das Brillengestell, auf dem ein kleiner Bildschirm montiert war und mit dem man per Sprachsteuerung Fotos und Videos aufnehmen, im Internet suchen und sich per Augmented Reality Zusatzinfos zum Gesehenen einblenden lassen konnte. Doch es war damals schon lange klar, dass Google Glass eine Vorstufe war, dass Smartness auch ins Auge gehen

Zwei nicht unwahrscheinliche Zukunftsszenarien: Die Mensch-Maschine-Schnittstellen, die Anteile des Androiden, nehmen zu, und der Zugang zu Internet wird weltweit flächendeckend ermöglicht.
Oben: Künstliche Hand mit Kabeln.
Unten: Ballon des Projekts „Loon", mit dem die Firma Google von großer Höhe aus wenig erschlossenen Gebieten Internetzugang ermöglichen will, im Air Force Museum, Christchurch, Neuseeland, 2013.

sollte und eine Miniaturisierung und Modularisierung das Ziel war. Der erste Versuch war die elektronische Kontaktlinse für Diabetiker, die Blutzuckerwerte messen und den Träger bei Schwankungen warnen konnte. Die Linse konnte jede Sekunde die Glucosewerte in der Tränenflüssigkeit messen und an ein Smartphone schicken – das wurde damals als große Sensation gefeiert. Heute, hundert Jahre später, sind Chip und Sensor so winzig wie Glitzerpartikel, die Antenne ist dünner als ein menschliches Haar und die Mikro-LEDs in der Linse informieren den Besitzer auf optische Art und Weise, wenn die Werte eine Grenze überschritten haben. An der Hightech-Kontaktlinse arbeiteten aber auch die Europäer. Am Centre of Microsystems Technology (CMST) an der Universität Gent, Belgien, wurde erstmals ein sphärisches, gebogenes LCD-Display von der Form und der Größe einer Kontaktlinse entwickelt, die als Vorstufe der heutigen „Lense" gilt, die jedes Display ersetzt hat.

Doch der Trend zum Replacen war – obwohl Ärzte davor warnten und in den 2090er Jahren eine moralische und ethische Diskussion eingesetzt hatte – unaufhaltsam.

Wenn ein gesundes Auge durch ein Hightech-Oculus ersetzt wurde, weil dieses dann Foto- wie Videokamera in einem ist und eine noch schärfere Wahrnehmung der Umgebung ermöglicht, befürchteten viele die Aufhebung der Grenze Mensch-Maschine. Die Diskussion, wie viel Prozent eines Menschen noch menschlich sein müssen, um ihn tatsächlich als Mensch zu bezeichnen, setzte 2094 mit dem Tod des amerikanischen Chemikers und Mediziners Adam Evans ein – 60 Prozent seines Körpers bestanden aus Replaceables. Evans starb beim Versuch, auch das menschliche Blut durch eine von ihm entwickelte Flüssigkeit, die mit blutähnlichen Inhaltsstoffen bestand, auszutauschen. Nach diesem Zwischenfall hatten die Vereinten Nationen in Abstimmung mit der WHO entschieden, dass der „Maschinenanteil" eines Menschen maximal 30 Prozent betragen darf. Bei Überschreitung dieses Anteils – wer in der Cyborg-Datenbank stand, wurde regelmäßig überprüft – wurde das Wahlrecht entzogen. 2114 gibt es weltweit exakt 122 dokumentierte Fälle, bei denen der Maschinenanteil überschritten wurde, der Rekordwert liegt bei 46 Prozent.

Die 777isierung Afrikas

4,9 Milliarden Menschen hatten das Endspiel der Worlds-of-the-Worlds-Championship zwischen den Brasilianern und den englischen Cyborgs verfolgt, im Sport-Web wurde es live gestreamed. Die meisten Zuseher gab es laut Real-Time-Monitor Globewatch in Afrika, das seit 2045 flächendeckend mit solarbetriebenen Web-Loons aus der Luft mit Internet versorgt wird. 2013 hatte Google mit seinem Projekt Loon – Balloon-powered Internet for Everyone – gestartet. Die ersten solarbetriebenen Prototypen stiegen nach Testläufen in Neuseeland 2015 in Afrika auf, die Kooperation mit lokalen Webbetreibern startete im Jahr darauf.

Das Projekt wurde schließlich „777" genannt, weil die Sieben als mystische Zahl gesehen wurde und der gesamte Kontinent Afrika mit exakt 777 Ballonen versorgt werden konnte, die mit Mobilfunkmodulen der siebenten Generation (7G) ausgerüstet waren und ein einziger Loon ein Gebiet von fast 320 Quadratkilometern versorgen konnte. So einfach die Lösung auch war, es dauerte Jahrzehnte, bis sich Geldgeber fanden, die die Ballone und den Betrieb finanzierten. Die Loons waren mit einer Live-Tracking-Funktion ausgestattet und erkannten, wo zusätzliche Bandbreite benötigt wurde, und setzten sich selbständig in Bewegung. Unbewohnte Gebiete wurden von Satelliten im geostationären Orbit versorgt und garantieren immerhin noch eine Übertragungsrate von 20 Gigabit pro Sekunde. Jene der 777-Ballons betrug 1,2 Terabit pro Sekunde, womit praktisch die gesamte afrikanische Bevölkerung – 2050 bereits 1.987.352.122 Menschen – mit Internet versorgt werden konnte.

Die Welt der Sensoren

Afrika war neben Asien der große Gewinner im 21. und 22. Jahrhundert. In Shanghai findet seit 2044 im Zwei-Jahres-Rhythmus die Connected-Life-Konferenz statt, in der die neuesten Innovationen auf dem Machine2Machine-Sektor präsentiert werden. Die technische und biologische Welt sind seit 2028 miteinander verschmolzen. Obwohl Anfang des Jahrtausends die Internet-Ära als große Revolution bezeichnet wurde, waren damals erst 0,6 Prozent der physischen Welt mit dem Web verbunden. 2020 waren 50 Milliarden Geräte/Gegenstände connected, 2060 1,5 Billionen, 2114 sind es gar 24 Billionen Dinge – Kühe, Bäume, Felder und Pflanzen. Praktisch jeder Gegenstand in der Umwelt ist mit Sensoren und Chips ausgerüstet.

Technologiekonzerne, die Wissenschaften, aber auch die Vereinten Nationen erkannten, dass die Probleme der Welt, wie etwa der Mehrbedarf an Lebensmitteln, nur durch den noch stärkeren Einsatz von IT gelöst werden kann. Auf Feldern wurde das Wachstum und die Ernte von Weizen, Mais und Reis kontrolliert – dort, wo es nicht möglich war, Sensoren einzusetzen, wurden die Felder mit Spezialsatelliten überwacht. Da die Bauern älter wurden und deshalb weniger arbeiten konnten sowie die Zahl derer, die in der Landwirtschaft tätig sein wollten, sank, konnte nur durch IT ein Ersatz bzw. zusätzliche Hilfe geschaffen werden.

Fujitsu hatte für japanische Bauern eine Systemlösung für Rinderfarmen entwickelt, die weltweit eingesetzt wurde: An die Füße der Kühe wurden Sensoren angebracht, die das Gangverhalten überwachten. Sobald die Sensoren feststellten, dass sich das Gangverhalten änderte – was vor dem idealen Paarungszeitpunkt typisch ist –, informierten sie das System des Bauern, der wiederum den Tierarzt verständigte, der die künstliche Befruchtung vornahm. Die Zahl der Rinder konnten aufgrund dieser Kontrolle um 35 Prozent gesteigert werden.

DNA-Testing

Seit 2068 wurden im Zuge der von der WHO seit 2062 vorgeschriebenen DNA-Untersuchungen (in wenigen Sekunden steht das Ergebnis fest), die entweder in Arztpraxen oder von mobilen Ärzten vorgenommen wurden, auch Weltbevölkerungszählungen durchgeführt.

Jeder Mensch besaß seine eigene DNA-ID, in der Krankheitsdispositionen erhoben und in der Datenbank World-Health gespeichert wurden – auf diese Datenbank hatten sämtliche Gesundheitsbehörden, Innenministerien und das neu gegründete Pharmakonsortium Zugriff, die maßgeschneiderte Medikamente erstellen konnten. Durch die neue DNA-Kategorisierung konnten nicht nur Unfälle oder Kriminalfälle schneller aufgeklärt werden, sondern sie hat auch die Kosten der Gesundheitsversorgung drastisch gesenkt.

Die Optogenetik

Mit der DNA-ID wurde die Welt auch sicherer, weil dies die Basis der Optogenetik war, die vier Jahrzehnte später marktreif wurde. Die Optogenetik wurde als die Revolution Ende des 21. Jahrhunderts bezeichnet, weil mit ihr eindeutige Identifizierung möglich war und sämtliche Passwörter, Codes und auch die Ausweispflicht obsolet wurden. Bei der Optogenetik trifft der Lichtstrahl eines Scanners auf die Zelle, scannt mit einem kleinen Lichtblitz im Infrarotbereich den DNA-Strang und vergleicht diesen mit einem in einer Online-Datenbank gespeicherten. Die Industrie hatte den Scanner bereits in einer Vielzahl von Geräten eingebaut, mit Hilfe der Optogenetik wurden nicht nur Bitcoin-Zahlungen in Supermarkt-Kassen oder Online-Shops freigegeben, Türen geöffnet, Autos gestartet oder Buchungen autorisiert, die Optogenetik war auch der Personalausweis des 21. Jahrhunderts und wurde 2114 von den meisten Ländern als Reisepass anerkannt. Mit dem optogenetischen Scan konnten Grenzbeamte sofort die Identität eines Menschen überprüfen. Selbst Autos waren mit optogenetischen Scannern ausgestattet und ließen sich nur dann öffnen bzw. starten, wenn die DNA-ID abgeglichen und vom System grünes Licht gegeben wurde.

Die Autos der Gegenwart sind Rechenzentren auf vier Rädern, mit der Rechenleistung, die in einem Fahrzeug im Jahr 2114 steckt, könnte die Mars-One-Mission gesteuert werden, die 2035 die ersten Menschen auf den Roten Planeten befördert hatte. Seit 2028 wurde von den Vereinten Nationen gesetzlich vorgeschrieben, dass in jedem Land jeder zugelassene Neuwagen mit einer Self-Driving-Funktion ausgestattet und völlig emissionsfrei sein musste. Das bedeutete damals, dass im Verkehr erneuerbare Energien vorgeschrieben wurden, weil nach den Industrialisierungswellen der Entwicklungsländer der Autobestand regelrecht explodiert war. Der eMobility war letztendlich der Durchbruch gelungen, auch deshalb, weil in den neuen Megacities der Energieverbrauch um 80 Prozent gestiegen war.

eCars, Energy-Turbos und Induktionsladungen

Neue Akku-Technologie auf der einen, bessere Energie-Management-Systeme auf der anderen Seite sowie Solar-Paneele hatten zu einem weltweiten Umdenken geführt. Die Reichweite von eCars konnte – abhängig vom Land und dem entsprechenden Wetter – auf durchschnittlich 3000 Kilometer pro Akkuladung gesteigert werden, eine Strombetankung war mit Energy-Turbos mittlerweile in weniger als fünf Minuten abgeschlossen.

eParadecity war Singapur, dort wurden eigene Charge-Streets gebaut, Straßen, die mit Induktionsschleifen ausgestattet waren und wo eCars während der Fahrt drahtlos aufgeladen werden. Das Wireless Power Consortium hat ihren 2008 erstmals entwickelten Qi-Standard, mit dem zu Beginn damalige Geräte wie Handys, Küchengeräte oder auch Laptops ausgestattet wurden, um diese über Induktion drahtlos zu laden, 2026 erstmals auch in Fahrzeuge der Tesla-W-Serie integriert. Zu Beginn als komfortable Ladestationen für Garagenbesitzer zu Hause entwickelt, deren Autos während des Parkvorgangs geladen wurden, starteten 2054 einige Städte damit, Qi-Induktionsschleifen in Straßen einzubauen, damit die eCars während der Fahrt geladen werden konnten. Vom ursprünglichen Plan, Autobahnen damit auszustatten, ließ man ab, da das Tempo ein Effektivitätsindikator wurde – je schneller das Auto unterwegs war, desto länger dauert der Ladevorgang. Bei Tempo 100 hätte das Fahrzeug theoretisch 1000 Kilometer fahren müssen, damit der Akku den 60-Prozent-Status erreicht. Aus diesem Grund wurde – auch weil gleichzeitig damit auch das Self-Driver-Car-System in den urbanen Gebieten angeschlossen werden konnten – wichtige Straßenzüge in Städten mit Induktionsschleifen ausgerüstet.

Der Stop-and-go-Verkehr, den es trotz intelligenter Traffic-Systeme auch im Jahr 2114 nach wie vor noch gibt, hatte sich als beste Ladesituation ergeben. 30 Minuten bei einem Durchschnittstempo von 22 Stundenkilometern laden den Akku zu 60 Prozent auf. Dieser Wert gilt für private Individualfahrzeuge.

Die Technologie, über spezielle Solarlackierungen das Auto per Sonnenergie aufzuladen, ist zwar bereits seit 2090 markttauglich, allerdings hat man auch 24 Jahre später noch lange nicht den Plafond erreicht. Die Wissenschaft ist nach wie vor mit der Energieausbeute und dem Transfer in den eMotor nicht gänzlich zufrieden.

Die Akkus der innerstädtischen öffentlichen Self-Driver sind jedenfalls ständig voll, weil ihre Routenführung vom automatischen Verkehrsleitsystem so gewählt wird, dass sie meist über Induktionsschleifen fahren müssen. Als beste Induktionsstädte Europas haben sich übrigens jene entwickelt, in denen Straßenbahnen fahren/fuhren – Teile des Schienensystems wurden nämlich durch Induktionsschleifen ersetzt, die Energie aus den Oberleitungen wurden an den Remisen in das Induktionssystem eingeleitet.

Der Verkehr in den meisten Großstädten läuft seit gut zwei Jahrzehnten praktisch störungslos, weil in den Innenstädten nur öffentliche Verkehrsmittel oder Self-Driver erlaubt sind, Letztere steuert das Verkehrsleitsystem, das nicht nur mit Informationen sämtlicher Verkehrsteilnehmer gespeist wird und auch auf Wetter- und Event-Daten sowie Jahresstatistiken zugreift. Die Software Traffic-Prognose führt laufend Simulationen durch und steuert den gesamten Verkehr, der bereits an der Stadtgrenze abgefangen und entsprechend verteilt wird. Die Zahl der Unfälle mit Personenschaden ist in Städten praktisch auf null gesunken – lediglich beim zweirädrigen Individualverkehr, bei dem die menschliche Komponente noch größer ist als jene der IT, sind noch Verletzte und Todesopfer zu beklagen. Bei den selten, aber doch vorkommenden Systemausfällen, Softwarebugs und bei Hackerattacken stellen sich die Autos automatisch an einer sicheren Stelle auf den Straßen ab. Die meisten Self-Driver können nach einem Over-the-Air-Reboot wieder weiterfahren, nur eines von 1000 Autos muss abgeschleppt werden.

Die Verkehrsrevolution

Das Self-Driving-System revolutionierte das Verkehrssystem. Was 2004 mit der DARPA Grand Challenge begann – die Forschungsabteilung des Pentagon schrieb auf der Suche nach einem Roboter-Auto einen Wettbewerb aus –, wurde 2022 zum Marktprodukt. Neben Audi, BMW und Toyota forschte auch Google in seinem damaligen Labor Google X am Self-Driving Car – Audi und Google, die damals auf Toyota und Lexus setzten, schafften es als Erste, Fahrzeuge auf die Straße zu bringen, die alleine fahren konnten. Da praktisch jeder Mensch Technik bei und in sich trug – ob in Form von Wearables, Replaceables, Implantables oder anderen Geräten wie Phones oder integrierten Gesundheits-Chips –, waren diese detektierbar und konnten als Objekte in das System Verkehr eingebaut werden. Daher konnte auch auf unvorhergesehene Situationen sofort reagiert werden. Auch im nicht städtischen Verkehr waren die Unfälle drastisch zurückgegangen, weil die Autohersteller seit 2032 Self-Driving verpflichtend in ihre Modelle integrieren und diese auch aktivieren müssen. Basis dieses internationalen Gesetzes war die Tatsache, dass 95 Prozent aller Unfälle auf menschliches Versagen zurückzuführen waren. Zu Unfällen kommt es 2114 meist nur in den Free-Zones, dort, wo das Verbot aufgehoben wird.

Self-Driver haben auch das Transportwesen auf den Kopf gestellt. Nutzfahrzeughersteller wie MAN, Daimler, Volvo, Dongfeng oder DATA haben Self-Driver-LKWs auf den Markt gebracht haben, in denen der Fahrer praktisch nur noch eine Kontrollfunktion auszuüben hatte – Unfälle wegen Übermüdung gibt es praktisch nicht mehr. Abgesehen davon sind in Fahrzeugen Anti-Sleep-Systeme vorgeschrieben, die die Fahrer warnen, sollten sie müde werden. Wird nicht auf die Anforderung des Systems reagiert, übernimmt der Bordcomputer und stellt das Fahrzeug bei nächster Gelegenheit ab.

Für die Revolution im Lastenverkehr sind die Lieferservices verantwortlich, die erstmals Roboterautos eingesetzt haben. 2018 hatte der damalige Internet-Gigant Google bei seinem Service Google Shopping Express Self-Driver eingesetzt – die Autos lieferten Einkäufe aus, die die Kunden in den Online-Stores bestellten. Zu Beginn war noch ein Fahrer an Bord, der die Waren aus dem Laderaum nehmen und den Käufern überreichen bzw. vor die Tür stellen musste. Drei Jahre später wurde erstmals getestet, Roboter einzusetzen: Asimo-ähnlich gebaut, konnten sie Lasten bis zu zwölf Kilogramm tragen – ein Limit, das praktisch von europäischen Kunden gesetzt wurde, die Getränke in Kisten kaufen. Zwölf Kilogramm schaffen theoretisch zwar auch die Drohnen, allerdings durften sie in urbanen Gebieten nur mit maximal fünf Kilogramm beladen werden – und hierfür waren spezielle Routen vorgesehen. Pakete der Online-Versandhändler, die schwerer waren, mussten auf dem konventionellen Weg – über Self-Driver-Lieferservices – zum Kunden transportiert werden. Die Postal Services, anfangs die größten Drohnen-Gegner, weil sie um ihr Kerngeschäft fürchteten, setzten später schließlich ebenfalls auf Drohnen bei der Brief- und Paketzustellung.

Das Umdenken kam mit dem neuen Zustellservice Direct Delivery: Briefe werden seit 2114 nicht mehr an eine Adresse, sondern direkt der Person zugestellt – das System erkennt automatisch, wo sich jemand aufhält und stellt das Poststück per Drohne zu. Möglich ist dies durch die DNA-ID. Wer sich für das Direct Delivery entscheidet, erhält – entweder in seine Smartwatch oder in sein Phone – die DNA-ID-Funktion, die wiederum mit dem Zustellsystem kommuniziert. Die in der Smartwatch abgespeicherte DNA-ID wird laufend via Optogenetik mit der echten DNA abgeglichen – stimmt sie überein, landet die Drohne dort, wo sich der Empfänger aufhält. Verdächtig ist im Jahr 2114 übrigens nur derjenige, dessen DNA-ID nicht existent ist. Aber ohne diese geht 2114 ohnedies so gut wie nichts.

Hannes Androsch

◆

Und die Welt von morgen?
Epilog

◆

Die Fertigstellung dieses Buchs, Ende Juli 2014, fällt mit dem Gedenken an jenen Tag vor 100 Jahren zusammen, an dem der Erste Weltkrieg begann. Die aktuellen Ereignisse – schwere Kämpfe in der Ostukraine, ein Wiederaufflammen des Nahostkonflikts, ein andauernder blutiger Bürgerkrieg in Syrien, der Vormarsch von Islamisten im Irak, Konflikte mit unabsehbaren Folgen in Nordafrika, Westafrika sowie im Südsudan – machen deutlich, dass es kein „Ende der Geschichte" gibt, wie Francis Fukuyama nach 1989 postuliert hat. Der Fall der Berliner Mauer, die Beseitigung des Eisernen Vorhangs und somit der Abschied von der weltpolitischen Bipolarität ist ein Vierteljahrhundert her, doch Demokratie und Marktwirtschaft haben sich beileibe nicht überall durchgesetzt. Und auch Samuel Huntingtons 1996 aufgestellte These vom „Kampf der Kulturen" griff zu kurz: Die kriegerischen Konflikte, mit denen wir seitdem zu tun haben, sind meist Kämpfe innerhalb der jeweiligen „Kulturen". Es gibt heute keine Bipolarität mehr, aber es gibt auch nicht die vorhergesagte Multipolarität der Welt – es fehlt ein Ordnungsprinzip für die unterschiedlichen Interessen in der Welt. In diesem Vakuum flammen alte Konflikte wieder auf und werden neue geschürt.

Viele der in den Beiträgen zu diesem Band skizzierten Entwicklungen der letzten 200 Jahre regen zum Nachdenken darüber an, wie es weitergeht. Wie könnte die Welt 2114 aussehen? Und welche Schlussfolgerungen für die politisch Verantwortlichen lässt dies zu?

Wir wollen hier nicht das Orakel von Delphi 2.0 spielen, die römische Tradition der Eingeweideschau durch Haruspices aufleben lassen oder gar durch Astrologen in die Kristallkugel schauen lassen, so wie das westliche Regierungschefs noch in der zweiten Hälfte des 20. Jahrhunderts gemacht haben sollen. Sich über große Trends und mögliche Entwicklungen im nächsten Jahrhundert Gedanken zu machen, ist jedoch sinnvoll und notwendig. Nur auf dieser Basis können auch politische Ziele formuliert und ihre Umsetzung geplant werden. Für die Zukunftsorientierung und Zukunftsgestaltung ist es entscheidend, eine Ahnung davon zu haben, wohin sich die Welt entwickeln wird. Denn zwischen einer Idee und ihrer Umsetzung liegen oft Jahrzehnte. Wer antizipieren kann, was sich in der Zwischenzeit verändern wird, kann auch diese langen Vorlauf- und Entwicklungszeiten besser managen.

Genauso wie viele der spektakulären Ideen und technischen Fantasien in den Utopien von Jules Verne wahr geworden sind, ist die im 14. Beitrag dieses Buches skizzierte Entwicklung hin zu einer Welt, in der künstliche Intelligenz mehr und mehr die „brain power" des Menschen ersetzt oder jedenfalls beträchtlich erhöht, etwa aus heutiger Sicht mehr als nur eine kühne Vision. Vieles von dem, was einmal gedanklich präzise formuliert worden ist, wird irgendwann auch technisch machbar. Vieles von dem, was technisch machbar geworden ist, wird auch gemacht.

Am schwierigsten ist dabei, das Tempo der Veränderung zu erahnen. Denn obwohl es im Lauf der Geschichte periodisch immer wieder bedeutende Neuerungen gegeben hat, vom Feuer über die Schrift bis zum Rad – bis zur ersten industriellen Revolution ist nicht so viel passiert wie in den 200 Jahren danach.

Voraussagen, die weit in die Zukunft reichen, sind seit jeher fehlerbehaftet. Die Schlachtfelder der Zukunftsforscher sind übersät mit Prognoseleichen. Vieles in Jules Vernes Welten ist Utopie geblieben. Mit diesem Verständnis können dennoch folgende Trends skizziert werden:

- Gegen Mitte des 21. Jahrhunderts wird die Welt neun Milliarden Bewohner haben. Im Jahr 2114 könnten es über zehn Milliarden sein (obwohl es Zweifel daran gibt, ob die Zehn-Milliarden-Grenze jemals übersprungen werden wird). Angesichts dieser Bevölkerungsprognose ist die Frage nach den *Grenzen des Wachstums*, die der Club of Rome bereits Anfang der 1970er Jahre gestellt hat, aktueller denn je. Wie kann man das Zusammenleben von neun Milliarden Menschen organisieren, sie ernähren und ihre Grundbedürfnisse erfüllen, ohne die Balance des Planeten zu stören? Plastikmüllberge im Ozean, Bodenerosion, Verringerung der Artenvielfalt und großflächige Deforestierung sind schon heute sichtbare Alarmzeichen dafür, dass die rasante Entwicklung der letzten Jahrzehnte auf Kosten der Umwelt geht. Das Kennzeichen des Anthropozäns ist ja, dass wir nicht mehr bloß Teil der Natur sind, sondern wir selbst die Natur beeinflussen. Auf globale Klimaveränderungen muss sich die Menschheit in jedem Fall einstellen. Zwar hat es sie in der Geschichte immer wieder gegeben, dass sie maßgeblich vom Menschen ausgelöst oder verstärkt werden, ist jedoch neu. Daraus kann man aber auch den optimistischen Schluss ziehen, dass die Menschheit sich gleichsam selbst aus dem Sumpf ziehen kann. Ebenso wie ab Mitte der 1970er erstmals auf die Gefährlichkeit von Fluorchlorkohlenwasserstoffen (FCKW) hingewiesen wurde, was 1990 auf der Londoner Konferenz zum Schutz der Ozonschicht das Verbot dieser Treibgase ab 2000 bewirkte, so kann der Mensch auf den von ihm selbst verursachten Klimawandel reagieren. Die Hauptverursacher sind bekannt: die Emissionen im Straßenverkehr und Methangas, wie es von Kühen bei ihrer Verdauung ausgestoßen wird.

- Die Bevölkerungsexplosion, der Klimawandel, die Herausbildung neuer Wirtschaftszentren und der immer schnellere Technologiewandel werden – neben den kaum berechenbaren kriegerischen Konflikten – die *Migrationsströme* der Zukunft neu definieren. Zusätzlich zur gezielten und politisch koordinierten Zuwanderung der Hochqualifizierten auf die globalisierten Arbeitsmärkte wird es zwar weiterhin eine starke Zuwanderung von Armuts- und Wirtschaftsflüchtlingen geben wie derzeit nach Europa und von Süd- und Mittelamerika in die USA. Die Migration von Osten nach Westen und von Süden nach Norden wird jedoch allmählich abgelöst von einer Migration der jungen und stark wachsenden Bevölkerungen aus den Ländern Südasiens, des Mittleren Ostens sowie Nordafrikas und der Länder südlich der Sahara in die neuen Wirtschaftszentren der Welt, die sich zunehmend auch in Asien und Afrika befinden werden. Die

Zieldestinationen der Wanderungsbewegungen ändern sich also Hand in Hand mit den globalen Bedeutungsverschiebungen politischer und ökonomischer Art. Unklar ist, inwieweit es der Westen – insbesondere Europa, das sich auf ethnisch unterschiedlichere Gesellschaften vorbereiten muss – schafft, durch eine erfolgreiche Integration der Migranten seinen relativen Bedeutungsverlust aufzuhalten, wenn nicht sogar diesen Trend umzukehren.

◆   Die *Urbanisierung* wird sich weiter fortsetzen. Zu den 23 Megacities, die von der UNO 2010 aufgelistet wurden, werden bis 2025 weitere 14 kommen, darunter Kairo und Kinshasa auf dem afrikanischen Kontinent, Wuhan und Tianjin in China, Bangalore und Hyderabad in Indien, das kolumbianische Bogotá in Südamerika etc. Die neuen Metropolen werden alles in den Schatten stellen, was wir heute kennen. Geht der Plan der chinesischen Regierung auf, im Perlfluss-Delta neun Städte zu einer zu verschmelzen, wird dort eine Megalopolis von rund 65 Millionen Einwohnern entstehen. In den urbanen Zentren, prognostiziert das National Intelligence Council der USA, werden 80 Prozent des Wirtschaftswachstums generiert werden; Afrika wird allmählich Asien als Region mit der höchsten Urbanisierungswachstumsrate ablösen. Die Herausforderungen für den Städtebau, die Verkehrsplanung, die Ver- und Entsorgungssysteme, die Verbrechensbekämpfung etc. sind evident. Auf der anderen Seite bewirkt diese Entwicklung, dass mehr landwirtschaftlich nutzbarer Raum entsteht, was es ermöglicht, mehr Menschen zu ernähren. Die Malthusianische Falle, wie wir sie im Prolog skizziert haben, wird auch im 21. Jahrhundert nicht zuschnappen.

◆   Allein seit 1990 hat die weltweite Lebenserwartung um sechs Jahre zugenommen – dank des medizinischen Fortschritts wird sie weiter steigen. Die Zahl der Hundertjährigen wird sich bis 2050 auf 3,2 Millionen weltweit verzehnfachen. Die alternde Gesellschaft hat andere Wohnbedürfnisse, ein geändertes Freizeit- und Konsumverhalten – aber auch andere Krankheiten. Die Massenkrankheiten des 19. Jahrhunderts wie Cholera und Kindbettfieber wurden erfolgreich bekämpft, die Greying Society kämpft mit *neuen Massenkrankheiten* wie Alzheimer, Demenz, Parkinson. Auf der anderen Seite haben die Arbeits-, Ernährungs- und Bewegungsgewohnheiten der Industriegesellschaft neue gesundheitspolitische Herausforderungen gebracht: Bereits ein Drittel der Weltbevölkerung gilt heute als adipös. Diabetes, Krebs und kardiovaskuläre Krankheiten zählen zu den Zivilisationskrankheiten, die sich in manchen Entwicklungsländern auszubreiten drohen, noch bevor das Wohlstandsniveau auch nur annähernd westliche Standards erreicht hat. Zuletzt ist auch nicht ausgeschlossen, dass infolge von Globalisierung und Klimawandel für besiegt gehaltene Krankheiten wie Tuberkulose oder Malaria im Westen breitflächig wieder auftauchen. Alle diese Krankheiten sind enorm zuwendungsintensiv und stellen das Gesundheits- und Pflegesystem vor große Belastungen.

◆   Mehr denn je wird die *Energie- und Rohstofffrage* in Zukunft auch über die Machtfrage bestimmen. Der Ersatz von Muskelkraft durch Maschinenkraft hat den sprunghaften Anstieg der Weltbevölkerung im 19. und 20. Jahrhundert überhaupt erst möglich gemacht – und auch deren Ernährung. Allerdings ist diese Entwicklung auf Basis fossiler Energieträger erfolgt. Öl und Gas gehen jedoch zu Ende. Trotz neuer, verbesserter Fördermethoden ist davon auszugehen, dass sie bis Ende des 21. Jahrhunderts von neuen Energieträgern und Technologien abgelöst worden sind. Die potenziell vorhandene Sonnenenergie reicht zwar aus, um den Energiebedarf zu decken – doch es ist unklar, wer wo mit welchen Mitteln und welchen Verteilungsstrategien diese Energiewende bewerkstelligen soll. Eine der größten Herausforderungen der Menschheit wird angesichts des erwarteten Anwachsens des globalen Mittelstandes von heute zwei Milliarden auf fünf Milliarden Menschen in der Mitte des Jahrhunderts die Versorgung der Menschheit mit sauberem Trinkwasser sein. Das World Economic Forum zählt Wasserversorgungskrisen zu den fünf größten Risiken der Zukunft; bis 2030 könnte die Nachfrage das Angebot um über 40 Prozent übersteigen.

◆   Die Arbeitswelt wird sich im Zuge der Digitalisierung, aber auch der nano- und biotechnologischen Revolution derart schnell wandeln, dass ganze Berufsgruppen innerhalb einer einzigen Generation verschwinden werden. Ob die Lese- und Schreibfähigkeit künftiger Generationen noch ähnlich breit gestreut sein wird wie in heutigen westlichen Gesellschaften, ist zu bezweifeln. Sicher ist: Die heutigen *Bildungssysteme* des Westens, deren Inhalte, Rhythmen und Unterrichtsmethoden teilweise im 18. Jahrhundert konzipiert worden sind, werden sich radikal ändern müssen, um eine möglichst große Anzahl von Menschen an den Chancen des digitalen Zeitalters partizipieren zu lassen. Die Lösung von Problemstellungen der Zukunft erfordert fundamental andere Herangehensweisen. Komplexitäts- und Interdependenztheorie haben aufgezeigt, dass die Antworten von gestern auf die Fragestellungen von morgen nicht anwendbar sind. Mit der Emergenztheorie ist die Erkenntnis, dass das Ganze mehr als die Summe seiner Teile ist, und das Verständnis für kollektive Intelligenz auch wissenschaftlich fundiert worden. Es braucht große und systematische Anstrengungen in Forschung und Wissenschaften, um all diese Herausforderungen zu meistern. Ziel des Bildungswesens muss es sein, möglichst vielen Menschen lebenslanges Lernen und Anpassungsfähigkeit an die sich rasch wandelnden Verhältnisse zu ermöglichen. Ergebnisgleichheit wird hingegen weiterhin eine Fiktion bleiben.

◆   Die industrielle Produktion wird revolutioniert, der 3-D-Druck mit seinen Möglichkeiten der Individualisierung ist erst der Anfang. Von einer *vierten industriellen Revolution* ist in diesem Zusammenhang die Rede: Nach der Dampfmaschine, dem Fließband und der Elektronik steht nun die Vernetzung der Dinge im Mittelpunkt. In der Produktion beginnen Maschinen nicht nur den Verschleiß von Teilen selbsttätig zu erkennen – sie lösen auch gleich den notwendigen Bestellvorgang für das Ersatzteil aus. In der Landwirtschaft gibt es Bauernhofromantik allenfalls noch im Kinderbuch – in der Praxis sind längst satellitengeleitete Erntemaschinen und Melkroboter der Normalfall. Somit kommen auch traditionelle Wirtschaftszweige unter Druck. Neue Anbieter fordern scheinbar unsinkbare Schwergewichte der Industrie und des Handels heraus. Die Rankings der größten Unternehmen im Jahr 2114 haben nicht mehr viel gemeinsam mit jenen des Jahres 2014, in denen Energie- und Handelskonzerne dominieren. Der Aufstieg und Niedergang und Wiederaufstieg von Unternehmen wird schneller vonstatten gehen als die Transformation von Nationalstaaten.

• Schon heute zeichnet sich ab, dass eine Ökonomie entsteht, in der Daten eine zentrale Währung sind. Die digitalen Giganten wie Google, Facebook und Amazon sitzen auf einem Schatz von Wissen über die Nutzer, die über das Internet einkaufen, diskutieren, sich informieren – und dabei mit Informationen über sich selbst bezahlen. Mit dem NSA-Skandal, der vom ehemaligen NSA-Mitarbeiter Edward Snowden ans Licht gebracht wurde, sind auch die mit dieser Entwicklung verbundenen Überwachungs- und Missbrauchsmöglichkeiten bekannt geworden. Die Gefahren der *Machtkonzentration* und Manipulation sind offensichtlich. George Orwells Befürchtungen in 1984 schauen im Vergleich dazu harmlos aus. Die Korrelation von Daten ist im Zeitalter von Big Data zusehends wichtiger als die Kausalität. Das Verständnis für diese Vorgänge bei den Bürgern stärken, die Verfügungsgewalt über die Daten transparent machen, keine Datenmonopole entstehen lassen – die Aufgaben der Politik in diesem Bereich sind im nächsten Jahrhundert ebenso evident wie komplex.

• Der Vormarsch der neuen Zahlungsmittel – vom Plastikgeld bis zum elektronischen Geld – wird das Wirtschafts- und Finanzleben weiterhin sowohl beschleunigen als auch verändern. Das *Finanzsystem* wird, wie schon im Prolog skizziert, fragil bleiben. Es ist aus den Fugen geraten und wird nach wie vor vom Dollar dominiert, der sein „exorbitant privilege" noch immer ausschöpft. Als Folge riesiger Liquidität, ungehemmter Kapitalbewegungen und großer Verschuldung sind vielfach Blasen entstanden, nicht alle sind schon geplatzt. Die Folge ist Stagnation, vielleicht sogar Deflation, jedenfalls aber geringeres Wachstum. All das erschwert die Armutsbekämpfung und schafft zusätzlich neue, die Gefahr steigender Arbeitslosigkeit ist hoch. In vielen Ländern droht Altersarmut, weil die Finanzierung der Alters- und Gesundheitssysteme an Wirtschaftswachstum geknüpft ist. Viele Gesellschaften werden alt geworden sein, ohne dass sie wohlhabend geworden sind. Die nächsten Jahre und Jahrzehnte werden deshalb unter dem Versuch einer Neuordnung des Weltfinanzsystems stehen, wie das der ehemalige US-Notenbankpräsident Paul Volcker vorgeschlagen hat (*A New Bretton Woods???* in Anlehnung an die Nachkriegsordnung von Bretton Woods).

◆ Immer *gefährlichere Waffen* in den Händen von Terroristen – das wird im kommenden Jahrhundert eine der Hauptbedrohungen für den Weltfrieden. Was früher ein Monopol des Staates war, wird vermehrt in die Hände von kleinen Gruppen geraten: präzisionsgesteuerte Geschosse, ferngesteuerte Tarnkappengeräte, Cyberwaffen, bioterroristische Kampfmittel. Einzelne werden in der Lage sein, unverhältnismäßig großflächige Schäden anzurichten. Asymmetrische Kriegsführung wird ein Charakteristikum der kriegerischen Konflikte in der Zukunft sein. Der Abschuss eines zivilen Flugzeugs der Malaysian Airlines über der Ostukraine im Juli 2014 mit fast 300 Toten ist nur ein besonders extremer Beleg dafür, dass diese Entwicklung bereits begonnen hat. Auch das Verschwinden eines Flugzeugs derselben Fluglinie (MH 370) wenige Monate davor bleibt in jeder Hinsicht mysteriös.

Über all diesen Fragen steht die zentrale Frage, wie der Zugang zu den Rohstoffen, zum Arbeitsmarkt, zum Gesundheitssystem, zum Sozialstaat, zur Mobilität, zur digitalen Infrastruktur, ja auch zur Kultur möglichst fair gestaltet werden kann, und das in einem globalen Maßstab. Sowohl innerhalb von Staaten als auch im Vergleich zwischen Weltregionen gibt es provokante Ungleichheiten, was die Chancen betrifft. Die größten Ungleichheiten entstehen aber durch unterschiedliche Zugangsmöglichkeiten zur Bildung. Stabile Gesellschaften brauchen ein Mindestmaß an fairer Ausgewogenheit, an Solidarität und Teilhabe, das gilt für das Materielle wie auch für das Immaterielle. Dieses Mindestmaß herzustellen, ist die größte politische Aufgabe des nächsten Jahrhunderts.

Literatur und Quellen

Manfried Rauchensteiner:
Die Neuordnung Europas

150 Jahre Wiener Kongreß, Ausst.-Kat.,
   Wien 1965

Winfried Baumgart, *Europäisches
   Konzert und nationale Bewegung.
   Internationale Beziehungen
   1830–1878*, Paderborn/München/
   Wien/Zürich 1999

Heinz Duchhardt, *Der Wiener Kongress.
   Die Neugestaltung Europas 1814/15*,
   München 2013

Philip Mansel, *Der Prinz Europas.
   Prince Charles-Joseph de Ligne
   1735–1814*, Stuttgart 2006

Richard Metternich-Winneburg (Hg.),
   *Aus Metternich's nachgelassenen
   Papieren*, 8 Bde., Wien 1880–1884

H. G. Schenk, *The Aftermath Of The
   Napoleonic Wars. The Concert of
   Europe – an Experiment*, London 1947

Bernhard Ecker:
Niedergang und Wiederaufstieg Chinas

Jung Chang, *Empress Dowager Cixi.
   The Concubine Who Launched
   Modern China*, New York 2013

Diary of Thomas Henry Lyon, 1842,
   J. Burns Library, Boston College
   (http://johnjburnslibrary.wordpress.
   com/2013/07/01/henrylyon)

Jonathan Fenby, *The Penguin history
   of modern China. The Fall and Rise
   of a Great Power 1850–2009*,
   London 2009

Rudyard Griffiths, Patrick Luciani,
   *Wird China das 21. Jahrhundert
   beherrschen? Eine Debatte*,
   München 2012

Frank H. H. King, *A concise Economic
   History of Modern China
   (1840–1961)*, London 1969

Henry Kissinger, *China. Zwischen
   Tradition und Herausforderung*,
   München 2011

Angus Maddison, *Countours of the
   World Economy 1-2030 AD.
   Essays in Macroeconomic History*,
   Oxford 2007

Stephen Roach, *Unbalanced:
   The Codependency of America
   and China*, New Haven 2014

Helmut Schmidt, *Die aufsteigende Weltmacht China*, in: ders. (Hg.), *Vertie-
   fungen. Neue Beiträge zum Verständnis unserer Welt. Protokolle der
   Freitagsgesellschaft*, München 2010

Helmut Schmidt, *Ein letzter Besuch.
   Begegnungen mit der Weltmacht
   China*, München 2013

Frank Sieren, *Angst vor China –
   Wie die neue Weltmacht unsere
   Krise nutzt*, Berlin 2011

Waltraut Urban, *China als wirtschaftliche Weltmacht*, in:
   Gerd Kaminski (Hg.), *China als
   internationaler Player in der
   Weltpolitik*, Wien 2012

Ezra F. Vogel, *Deng Xiaoping and
   the Transformation of China*,
   Cambridge/London 2011

Manfred Matzka:
Konjunkturen der Nationalstaaten

Eric Hobsbawm, *Nationen und
   Nationalismus. Mythos und Realität
   seit 1780*, Frankfurt am Main/
   New York 1991

Frank Möller, Sibylle Schüler (Hg.),
Als Demokrat in der Paulskirche.
Die Briefe und Berichte des Jenaer
Abgeordneten Gottlieb Christian
Schüler 1848/49, Köln 2007

Emil Adolf Roßmäßler, *Die deutsche*
Nationalversammlung in Stuttgart.
Ein Tagebuch von einem Mitgliede
derselben, Hechingen 1849

Theodor Schieder, *Handbuch der*
europäischen Geschichte,
Stuttgart 1968

Hagen Schulze, *Staat und Nation in*
der europäischen Geschichte,
2. Auflage, München 2004

 Wolfgang Pell:
Von Big Oil zu Peak Oil
BP Statistical Review of World Energy 2013

Günther Brauner, *47. OGE-Fachtagung*,
Wien 2007

Bundesministerium für Wirtschaft,
Familie und Wissenschaft (Hg.),
Energiestatus 2014

EURELECTRIC (Hg.), *Powerhouse of*
Innovation, Brüssel 2013

EUROSTAT (Hg.), *Handbuch Energie-*
statistik, Luxemburg 2005

Jean-Pierre Favennec (Hg.), *Refinery*
Operation and Management,
Paris 2001

John T. Flynn, *God's Gold. The Story*
of Rockefeller and His Time,
Westport 1932

Martin Graf, Patrick Horvath, Wolfgang
Ruttensdorfer (Hg.), *Powerlines.*
Energiepolitische Entwicklungs-
linien Europas, Wien 2013

Eric Hobsbawm, *The Age of Revolution*,
London 1962

Carola Hoyos, *The new Seven Sisters:*
oil and gas giants dwarf western

rivals, in: *Financial Times*, 12. 3. 2007
(www.ft.com/cms/s/2/471ae1b8-
d001-11db-94cb-000b5df10621.html)

International Energy Agency (Hg.),
Key World Statistics 2013

Karin Kneissl, *Der Energiepoker*,
München 2006

Organization of the Petroleum Export-
ing Countries (OPEC) (Hg.),
World Oil Outlook 2012

Anthony Sampson, *The Seven Sisters:*
The Great Oil Companies and the
World They Shaped, New York 1975

Vaclav Smil, *Energy transition.*
History, Requirements, Prospects,
Westport 2010

Ida M. Tarbell, *The History of the Stan-*
dard Oil Company, New York 1905

US Energy Information Agency (Hg.),
Annual Energy Outlook 2013

World Energy Council (Hg.), *World*
Energy Resources 2013

 Martin Kugler:
Die Revolutionierung der
Geburtshilfe

Helmut Denk, Helmut Rumpler (Hg.),
Carl Freiherr von Rokitansky
1804–1878. Pathologe, Politiker,
Philosoph, Gründer der Wiener
Medizinischen Schule des
19. Jahrhunderts, Wien 2005

Donald Gilles, *Hempelian and Kuhnian*
Approaches in the Philosophy of
Medicine: the Semelweis Case, in:
Studies in History and Philosophy
of Science, Part C: Studies in History
and Philosophy of Biological and Bio-
medical Sciences, 36/2005, 159–181

Alfred Hegar, *Ignaz Philipp Semmelweis.*
Sein Leben und seine Lehre,
Freiburg im Breisgau 1882

Sherwin B. Nuland, *Ignaz Semmelweis. Arzt und großer Entdecker*, München/Zürich 2006

Roy Porter, *Die Kunst des Heilens. Eine medizinische Geschichte der Menschheit von der Antike bis heute*, Heidelberg/Berlin 2000

Ignaz Semmelweis, *Die Aetiologie, der Begriff und die Prophylaxis des Kindbettfiebers*, Pest/Wien/Leipzig 1861 (www.deutschestextarchiv.de/book/show/semmelweis_kindbettfieber_1861)

Armin Strohmeyr, *Verkannte Pioniere. Abenteurer. Erfinder. Visionäre*, Wien 2013, 24–37

6 Käthe Springer-Dissmann: Am Schlaf der Welt rühren – Der Aufbruch der Psychoanalyse

Wystan H. Auden, *In Memory of Sigmund Freud*, in: ders., *Collected Poems*, New York 1991, 273–276

Siegfried Bernfeld, *„Neuer Geist" contra „Nihilismus". Die Psychologie und ihr Publikum*, in: *Die Psychoanalytische Bewegung*, Jg. II, März/April 1930, Heft 2

Hermann Broch, *Hugo von Hofmannsthal und seine Zeit. Eine Studie*, Frankfurt am Main 2001

Sigmund Freud, *Die Traumdeutung (1900)*, Studienausgabe, Bd. 2, Frankfurt am Main 1972

Sigmund Freud, *Briefe an Wilhelm Fließ 1887–1904*, Frankfurt am Main 1985

Sigmund Freud, *Zur Geschichte der psychoanalytischen Bewegung (1914)*, in: ders., *Gesammelte Werke*, Bd. 10, Frankfurt am Main 1999a

Sigmund Freud, *Kurzer Abriss der Psychoanalyse (1924)*, in: ders., *Gesammelte Werke*, Bd. 13, Frankfurt am Main 1999b

Sigmund Freud: *Die Zukunft einer Illusion (1927)*, in: ders., *Gesammelte Werke*, Bd. 14, Frankfurt am Main 1999c

Egon Friedell, *Kulturgeschichte der Neuzeit*, London/Oxford 1947

Hugo von Hofmannsthal, *Gabriele d'Anunzio*, in: ders., *Essays, Reden und Vorträge*, Berlin 2013, 38–47

Karl Kraus: *Die Fackel*, Nr. 254–255, 1908; Nr. 381–383, 1913; Nr. 402, 1914

Cornelia Meyer, *Ein Traum, was sonst? Die Literatur und die Träume*, Ausst.-Kat., Zürich 2010

Johannes Reichmayr, *Spurensuche in der Geschichte der Psychoanalyse*, Frankfurt am Main 1994

Arthur Schnitzler, *Buch der Sprüche und Bedenken. Aphorismen und Fragmente*, Wien 1927

Arthur Schnitzler, *Tagebuch 1909–1912*, Wien 1981

Ernst Stein, *Mit Schiele hat sich die Nachwelt blamiert*, in: *Die Zeit*, Nr. 15, 16. 4. 1968

Stefan Zweig, *Worte am Sarge Sigmund Freuds. Gesprochen am 26. September 1939 im Krematorium London*, in: ders., *Gesammelte Aufsätze und Vorträge 1904–1940*, Stockholm 1946, 49–54

7 Trautl Brandstaller: Frauen im öffentlichen Leben – Realitäten, Klischees, Utopien

Simone de Beauvoir, *Das andere Geschlecht*, Hamburg 1968

August Bebel, *Die Frau und der Sozialismus*, Berlin 1973

Trautl Brandstaller, *Die neue Macht der Frauen*, Wien/Graz 2007

Judith Butler, *Das Unbehagen der Geschlechter*, Frankfurt am Main 1991

Susan Faludi, *Die Männer schlagen zurück*, Hamburg 1993

Betty Friedan, *Der Weiblichkeitswahn*, Hamburg 1970

Ute Gerhard, *Frauenbewegung und Feminismus*, München 2009

Germaine Greer, *Der weibliche Eunuch*, Frankfurt am Main 1971

Brigitte Hamann, *Bertha von Suttner. Ein Leben für den Frieden*, München 1986

Agnes Heller, *Das Leben ändern*, Hamburg 1981

Eric Hobsbawm, *Gefährliche Zeiten*, München/Wien 2003

Necla Kelek, *Hurrya heißt Freiheit*, Köln 2012

Nicholas D. Kristof, Sheryl WuDunn, *Die Hälfte des Himmels*, München 2010

John Stuart Mill, *Die Hörigkeit der Frau*, Frankfurt am Main 1976

Kate Millett, *Sexus und Herrschaft*, München 1971

Martha C. Nussbaum, *Gerechtigkeit oder Das gute Leben*, Frankfurt am Main 1999

Alice Schwarzer, *So fing es an*, München 1983

Süddeutsche Zeitung Magazin, 04/2014

Flora Tristan, *Die Arbeiterunion. Sozialismus und Feminismus im 19. Jahrhundert*, Frankfurt am Main 1988

Clara Zetkin, *Die Arbeiterinnen- und Frauenfrage der Gegenwart*, Berlin 1889

8 Rainer Metzger:
Auch ein Jahrhundertereignis –
Die Entwicklung des Readymade

Edwin A. Abbott, *Flächenland. Ein mehrdimensionaler Roman*, Stuttgart 1982

Mario Andreose (Hg.), *Marcel Duchamp. Opera*, Ausst.-Kat., Mailand 1993

Gregory Battcock (Hg.), *The New Art. A Critical Anthology*, New York 1973

Marcel Duchamp, *Duchamp du signe*, Paris 1994

Thierry de Duve, *Kant nach Duchamp*, München 1993

Alfred M. Fischer, Dieter Daniels (Hg.), *Übrigens sterben immer die anderen. Marcel Duchamp und die Avantgarde seit 1950*, Ausst.-Kat., Köln 1988

Erich Kästner, *Der 35. Mai oder Konrad reitet in die Südsee*, Zürich 1931

Robert Lebel, *Sur Marcel Duchamp*, Paris 1959

Ariane Mensger (Hg.), *Déjà-vu? Die Kunst der Wiederholung von Dürer bis YouTube*, Ausst.-Kat., Bielefeld 2012

Rainer Metzger, *Buchstäblichkeit. Bild und Kunst in der Moderne*, Köln 2004

Herbert Molderings, *Marcel Duchamp. Parawissenschaft, das Ephemere und der Skeptizismus*, Düsseldorf 1997

Octavio Paz, *Nackte Erscheinung. Das Werk von Marcel Duchamp*, Frankfurt am Main 1987

Calvin Tomkins, *Marcel Duchamp. Eine Biografie*, München/Wien 1999

Natalie Lettner:

Der Tonfilm und das Prinzip Hollywood

Elisabeth Bronfen, Norbert Grob (Hg.),
    Classical Hollywood, Stuttgart 2013

Color and Sound on Film, in:
    Fortune Magazine, Bd. 2, Nr. 4,
    Oktober 1930, 33–35

Scott Eyman, *The Speed of Sound.*
    Hollywood and the Talkie Revolution,
    1926–1930, Baltimore 1997

Neal Gabler, *Ein eigenes Reich. Wie*
    jüdische Emigranten „Hollywood"
    erfanden, Berlin 2004

Werner Hanak-Lettner (Hg.), *Bigger*
    Than Life. 100 Jahre Hollywood.
    Eine jüdische Erfahrung,
    Wien/Berlin 2011

Stephan Kurz, Michael Rohrwasser,
    „A. ist manchmal wie ein kleines
    Kind". Clara Katharina Pollaczek
    und Arthur Schnitzler gehen ins
    Kino, Wien/Köln/Wismar 2012

Geoffrey Novell-Smith (Hg.),
    Geschichte des internationalen
    Films, Stuttgart 2006

 Rudolf Taschner:

**Die Erschütterung der exakten
Wissenschaften**

Emil du Bois-Reymond, *Über die*
    Grenzen des Naturerkennens.
    In der zweiten allgemeinen Sitzung
    der 45.Versammlung Deutscher
    Naturforscher und Ärzte zu Leipzig
    am 14. August 1872 gehaltener
    Vortrag, in: Estelle du Bois-
    Reymond (Hg.), *Reden von Emil du*
    Bois-Reymond in zwei Bänden,
    Bd. 1, 2., vervollständigte Auflage,
    Leipzig 1912, 441–473

Nicolaus Copernicus, *De revolutionibus*
    orbium cœlestium, Norimbergæ 1543

Sigmund Freud, *Eine Schwierigkeit*
    der Psychoanalyse, in: *Imago.*
    Zeitschrift für Anwendung der
    Psychoanalyse auf die Geistes-
    wissenschaften, Bd. 5, 1917, 1–7

Kurt Gödel, *Über formal unentscheid-*
    bare Sätze der Principia Mathe-
    matica und verwandter Systeme 1,
    in: *Monatshefte für Mathematik und*
    Physik, 38, 1931, 173–198

David Hilbert, *Grundlagen der Geo-*
    metrie, Leipzig 1899

David Hilbert, *Neubegründung der Mathe-*
    matik, in: *Abhandlungen aus dem*
    Mathematischen Seminar der Ham-
    burger Universität, 1, 1922, 157–177

David Hilbert, Über *das Unendliche,*
    in: *Mathematische Annalen*, 95,
    1926, 161–190

Radiorede David Hilberts, 1930 (http://
    math.sfsu.edu/smith/Documents/
    HilbertRadio/HilbertRadio.mp3)

Pierre-Simon Laplace, *Essai philoso-*
    phiques sur les probabilités,
    Paris 1814

Claude-Henri Saint-Simon, *Lettres*
    D'Un Habitant de Geneve a Ses
    Contemporains, Ausgabe 1803,
    Paris 2012

Hermann Weyl, *Das Kontinuum. Kriti-*
    sche Untersuchungen über die Grund-
    lagen der Analysis, Leipzig 1918

Hermann Weyl, *Über die neue*
    Grundlagenkrise der Mathematik,
    in: *Mathematische Zeitschrift*, 10,
    1921, 39–79

 Karl-Heinz Leitner:

**Der Theoretiker der Innovation und
der Untergang des Kapitalismus**

Daniel Bell, *Die nachindustrielle*
    Gesellschaft, Reinbek 1979

Anthony Downs, *An Economic Theory of Democracy*, New York 1957

Peter Drucker, *Innovation and Entrepreneurship: Practice and Principles*, New York 1985

Gottfried Eisermann, *Max Weber und Vilfredo Pareto. Dialog und Konfrontation*, Tübingen 1989

Chris Freeman, *The 'National System of Innovation' in historical perspective*, in: *Cambridge Journal of Economics*, 19, 1, 2005, 5–24

Peter Hall, David Soskice, *Varieties of Capitalism. The Institutional Foundations of Comparative Advantage*, Oxford 2001

Arnold Heertje (Hg.), *Schumpeter's Capitalism, Socialism and Democracy*, New York 1981

Albert Hirschman, *Rival Interpretations of Market Society: Civilizing, Destructive or Feeble*, in: *Journal of Economic Literatures*, 20, 1982, 1463–1684

John M. Keynes, *Treatise on Money*, London 1930

Heinz D. Kurz, *Joseph A. Schumpeter. Ein Sozialökonom zwischen Marx und Walras*, Marburg 2005

Michael Landesmann, *Kapitalismus, Korporatismus und Demokratie*, in: Herbert Matis, Dieter Stiefel (Hg.), *Ist der Kapitalismus noch zu retten? 50 Jahre Joseph A. Schumpeter: „Kapitalismus, Sozialismus und Demokratie"*, Wien 1993, 89–98

Fritz Machlup, *Capitalism and Ist Future Appraised by Two Liberal Economists [Review of Joseph Schumpeter, Capitalism, Socialism and Democracy]*, in: *American Economic Review*, 33, 1943, 301–320

Franco Malerba, Liugi Orsenigo, *Schumpeterian patterns of innovation are technology-specific*, in: *Research Policy*, 25, 3, 1996, 451–478

James March, *Exploration and Exploitation in Organizational Learning*, in: *Organizations Science*, 1, 1991, 71–87

Richard Nelson, Sidney Winter, *An Evolutionary Theory of Economic Change*, Cambridge/London 1982

Carlota Perez, *Technological Revolutions and Financial Capital: The Dynamics of Bubbles and Golden Ages*, London 2002

Thomas Piketty, *Capital in the Twenty-First Century*, Cambridge 2014

Joan Robinson, *Review of Joseph Schumpeter, Capitalism, Socialism and Democracy*, in: *The Economic Journal*, 53, 1943, 381–383

Paul Michael Romer, *Endogenous Technological Change*, in: *Journal of Political Economy*, 98, 5, 1990, 71–102

Joseph A. Schumpeter, *Theorie der wirtschaftlichen Entwicklung*, Berlin 1911

Joseph A. Schumpeter, *Sozialistische Moeglichkeiten von heute*, in: *Archiv fuer Sozialwissenschaft und Sozialpolitik*, 48, 1921, 305–360

Joseph A. Schumpeter, *Can capitalism survive? Lectures in Current Economic Problems*, U.S. Dept. of Agriculture (Washington, November 1936), in: Richard Swedberg, *The Economics and Sociology of Capitalism*, Princeton/New York 1991, 298–315

Joseph A. Schumpeter, *Business Cycles. A Theoretical, Historical and Statistical Analysis of the Capitalist Process*, 2 Bde., New York 1939

Joseph A. Schumpeter, *Kapitalismus, Sozialismus und Demokratie*, 7. Auflage, Tübingen 1993

Dieter Stiefel, *Die Ästhetik des Untergangs: Schumpeter und das Ende des Kapitalismus*, in: Herbert Matis, Dieter Stiefel (Hg.), *Ist der Kapitalismus noch zu retten? 50 Jahre Joseph A. Schumpeter: „Kapitalismus, Sozialismus und Demokratie"*, Wien 1993, 125–148

Richard Swedberg, *Kann der Kapitalismus weiterleben?*, in: Herbert Matis, Dieter Stiefel (Hg.), *Ist der Kapitalismus noch zu retten? 50 Jahre Joseph A. Schumpeter: „Kapitalismus, Sozialismus und Demokratie"*, Wien 1993, 53–88

12 **Alexandra Föderl-Schmid: Von der Aufklärung zur Datendiktatur**

APA, *Bill Gates erwartet künftig noch stärkere Spezialisierung der Firmen*, 2. 2. 1998, 15:12 Uhr

APA, *Software soll Verbraucher vom Info-Müll befreien*, 31. 1. 2000, 14:48 Uhr

Erik Brynjolfsson, Andrew McAfee, *The Second Machine Age. Work, Progress, and Prosperity in a Time of Brilliant Technologies*, New York 2014

Mercedes Bunz, *Die stille Revolution. Wie Algorithmen Wissen, Arbeit, Öffentlichkeit und Politik verändern, ohne dabei viel Lärm zu machen*, Berlin 2012

Kate Connolly, *Right to erasure protects people's freedom to forget the past, says expert* (www.guardian.co.uk/technology/2013/apr/04/right-erasure-protects-freedom-forget-past)

Elizabeth Eisenstein, *The Printing Press as an Agent of Change*, 2 Bde., Cambridge 1982

Europäischer Gerichtshof 2014 (http://curia.europa.eu/jcms/upload/docs/application/pdf/2014-05/cp140070de.pdf)

Harald Fidler, *Die Qualität des Katzenbildes*, in: *Der Standard*, 30. 4. 2014

Alexandra Föderl-Schmid, *Journalisten müssen supersauber sein. Anspruch und Wirklichkeit in der Medienwelt*, Wien 2013

Alexandra Föderl-Schmid, *Wir kratzen an der Oberfläche dessen, was das Web könnte*, in: *Der Standard*, 8. 3. 2014

Forum Mobilkommunikation (http://www.fmk.at/Medien/Zahlen-und-Fakten/Handy-Verbreitung?page=3)

Jörg Friedrich, *Aufs Paket kommt es an. Was macht die Zeitung im Online-Zeitalter wertvoll?*, in: *Süddeutsche Zeitung*, 1. 12. 2012

Bill Gates' Grundsatzrede (www.youtube.com/watch?v=efPwChPPJXI)

Hannes Haas, *Voreilige Nachrufe. Warum Journalismus unverzichtbar bleiben wird*, in: Hans Bohrmann, Gabriele Bardelt-Kircher u. a., *Krise der Printmedien: Eine Krise des Journalismus?*, Dortmunder Beiträge zur Zeitungsforschung, Bd. 64, Berlin 2010

Hannes Haas, *Evaluierung der Presseförderung in Österreich.*

Status, Bewertung, internationaler
Vergleich und Innovationspotenziale.
Eine Studie im Auftrag des Bundes-
kanzleramtes Österreich, Wien 2012

Jürgen Habermas, *Keine Demokratie
kann sich das leisten*, in: *Süddeutsche Zeitung*, 20. 5. 2010

Byung-Chul Han, *Digitale Rationalität
und das Ende des kommunikativen
Handelns*, Berlin 2013

Jeff Jarvis, *Transparenz wagen!
Wie Facebook, Twitter & Co die Welt
erneuern*, Köln 2012

Viktor Mayer-Schönberger, Kenneth
Cukier, *Big Data. Die Revolution,
die unser Leben verändern wird*,
München 2013

Immanuel Kant, *Beantwortung der
Frage: Was ist Aufklärung?*, in:
Berlinische Monatszeitschrift,
Dezember 1784

Marshall McLuhan, *The Gutenberg
Galaxy: The Making of Typografic
Man*, Toronto 1962

Mathias Mertens, *Erster öffentlicher
WWW-Server – der Klick, der die
Welt veränderte*, 21. 7. 2011
(http://www.spiegel.de/netzwelt/
web/0,1518,771664,00.html)

Philip Meyer, *The Vanishing Newspaper. Saving Journalism in the
Information Age*, Missouri 2004

Tobias Moorstedt, *Jeffersons Erben.
Wie die digitalen Medien die Politik
verändern*, Frankfurt am Main 2008

Florian Opitz, *Speed. Auf der Suche nach
der verlorenen Zeit*, München 2012

Heribert Prantl, *Die Welt als Leitartikel.
Zur Zukunft des Journalismus*,
Wien 2012

Carsten Schlenk, *Tim Berners-Lee gilt
als Vater des Internets*, in:
Süddeutsche Zeitung, 22. 8. 2012

Sinus-Studie (www.integral.co.at/
downloads/Pressetext/2013/04/
Pressetext_Sinus_Milieu_
Jugendstudie_2013_-_Apr_2013.pdf)

Markus Spillmann, *Die Zeitung spürt
den Herbst*, in: *Neue Zürcher
Zeitung*, 2. 4. 2010

Statistik Austria 2014
(http://www.statistik.at/web_de/
statistiken/informationsgesellschaft/
ikt-einsatz_in_haushalten/)

Anton Pelinka:
Die Chancen einer supranationalen
Staatengemeinschaft

Herwig Büchele, Anton Pelinka (Hg.),
*Friedensmacht Europa:
Dynamische Kraft für Global
Governance?*, Innsbruck 2011

Jeffrey T. Checkel, Peter J. Katzenstein
(Hg.), *European Identity*,
Cambridge, 2010

Michelle Cini, Nieves Pérez-Solórzano
Borragán, *European Union Politics*,
3. Auflage, Oxford 2010

Margaret MacMillan, *Paris 1919.
Six Months that Changed the World*,
New York 2009

Margaret MacMillan, *The War That
Ended Peace. How Europe
Abandoned Peace for the
First World War*, London 2013

John van Oudenaren, *Uniting Europe.
An Introduction to the European
Union*, 2. Auflage, Lanham 2005

Anton Pelinka, *Europa. Ein Plädoyer*,
Wien 2011

Anthony Teasdale, Timothy Bain-
bridge, *The Penguin Companion to
the European Union*, 4. Auflage,
London 2012

Die Autorinnen und Autoren

HANNES ANDROSCH Beeideter Wirtschaftsprüfer und Steuerberater, Industrieller. Bundesminister für Finanzen (1970–1981), Vizekanzler (1976–1981), anschließend Generaldirektor der CA Creditanstalt Bankverein (bis 1988). In seinem Selbstverständnis als Citoyen wirtschafts-, wissenschafts- und gesellschaftspolitisch vielfältig engagiert. Zahlreiche Publikationen, zuletzt auch in englischen Ausgaben erschienen: *Österreich. Geschichte. Gegenwart. Zukunft* (2010); *Das Ende der Bequemlichkeit. 7 Thesen zur Zukunft Österreichs* (2013).

TRAUTL BRANDSTALLER Juristin und Politologin, akademische Übersetzerprüfung für Französisch, Beginn der journalistischen Tätigkeit bei *Furche, Neuem Forum* und *profil*. Ab 1975 Redakteurin beim ORF, Leitung des Magazins *Prisma* (dessen Aufgabe die Förderung der Frauenemanzipation war), anschließend Leitung der Hauptabteilung „Gesellschaft, Jugend und Familie", Gestalterin zahlreicher TV-Dokumentationen, zuletzt des Dreiteilers *Donauabwärts – eine Reise ins unbekannte EUropa*, sowie Buchautorin, u. a. *Die neue Macht der Frauen* (2007). Derzeit freie Publizistin.

BERNHARD ECKER Journalist, Ghostwriter, lebt und arbeitet im oberösterreichischen Hausruckviertel und in Wien. Lehrt Printjournalismus an der Universität Wien. Zahlreiche Osteuropa- und China-Reportagen im Wirtschaftsmagazin *trend*.

ALEXANDRA FÖDERL-SCHMID Chefredakteurin und Co-Herausgeberin der Tageszeitung *Der Standard* und derstandard.at in Wien. Studium der Publizistik, Politikwissenschaft und Geschichte, seit 1990 beim *Standard*, davon 14 Jahre als Korrespondentin in Berlin und Brüssel. Letzte Buchveröffentlichung: *Journalisten müssen supersauber sein. Anspruch und Wirklichkeit in der Medienwelt* (2013).

MARTIN KUGLER Wissenschaftsjournalist, lebt in Wien. Studium der Lebensmittel- und Biotechnologie an der Universität für Bodenkultur, 16 Jahre lang Redakteur bei der Tageszeitung *Die Presse*, seit März 2014 Chefredakteur des *Universum*-Magazins.

KARL-HEINZ LEITNER Innovations- und Wirtschaftsforscher am Austrian Institute of Technology und Dozent für Innovationsmanagement an der TU Wien. Zahlreiche Publikationen, u. a. *Von der Idee zum Markt: Die 50 besten Innovationen Österreichs* (2003). Zuletzt Koordinator eines EU-geförderten Forschungsprojekts zur Zukunft der Innovation.

NATALIE LETTNER Kultur- und Kunstwissenschaftlerin, lebt in Wien. Arbeitet seit 2000 im Kunsthistorischen Museum Wien, Lehraufträge in Salzburg, Wien und New York sowie Forum Alpbach. Forscht an den Schnittstellen zwischen prämoderner und zeitgenössischer Kunst sowie zwischen sogenannter Hoch- und Populärkultur. Publikationen zu Hollywood sowie zeitgenössischer Kunst, demnächst: *Bilder des Bösen?* (2015).

MANFRED MATZKA Jurist, Präsidialchef im Bundeskanzleramt. Nach beruflichen Tätigkeiten als Universitätsassistent für Verfassungsrecht, Referatsleiter im Verfassungsdienst, Kabinettschef und Sektionschef im Innenministerium (Migration), seit 1999 im Bundeskanzleramt u. a. für die zentrale Verwaltung, e-Government, Verwaltungsreform und Ausgliederungen zuständig. Zahlreiche Publikationen zu juristischen Fachbereichen, Verfassungsgeschichte und Kulturthemen. Lehrtätigkeit an Universitäten und Fachhochschulen in Verwaltungsfächern.

RAINER METZGER Kunsthistoriker, Autor, Kurator, Kritiker, lebt in Karlsruhe und Wien, lehrt Kunstgeschichte an der Akademie der bildenden Künste in Karlsruhe. Zahlreiche Buchpublikationen, zuletzt: *Christian Ludwig Attersee. Sein Leben – seine Kunst – seine Zeit* (mit Daniela Gregori, 2010); *Swinging London* (2012).

ANTON PELINKA Professor of Nationalism Studies and Political Science, Central European University, Budapest. Zahlreiche Buchpublikationen, zuletzt: *Wir sind alle Amerikaner* (2013); *Unsere Zeit* (mit Erhard Busek, 2014); *Die unheilige Allianz* (erscheint 2015).

WOLFGANG PELL Informatiker und Betriebswirt, Innovationsmanager. Geschäftsführungs- und Aufsichtsfunktionen bei Verbund, Smatrics und Austrian Institute of Technology mit Schwerpunkt Energielösungen für Effizienz und Komfort für Privat- und Industriekunden, wie Elektromobilität, Demand Response und smart grids. Vertretung von Interessen der österreichischen Energiewirtschaft in nationalen und internationalen Gremien.

MANFRIED RAUCHENSTEINER Historiker, Univ.-Prof. für Österreichische Geschichte an der Universität Wien, Lehrbeauftragter an der Diplomatischen Akademie sowie der Landesverteidigungsakademie, 1992–2005 Direktor des Heeresgeschichtlichen Museums in Wien. Zahlreiche Buchpublikationen, zuletzt: *Der Erste Weltkrieg und das Ende der Habsburgermonarchie*, Wien 2013.

GERALD REISCHL Journalist, Autor, Trendscout, Visionär. Ressortleiter in der Tageszeit *Kurier*, seit 2010 Chefredakteur der „Futurezone", dem führenden österreichischen Technologie-Nachrichtenportal. Letzte Buchveröffentlichung: *Die Google-Falle* (2008).

KÄTHE SPRINGER-DISSMANN Pädagogin, Verlagslektorin, Autorin. Seit 1999 Projektleiterin der „Redaktion Tagbau" in Wien, seit 2004 freie Mitarbeiterin des Don-Juan-Archivs Wien. Zahlreiche Buchpublikationen, u. a.: *Wien. City Guide* (1998); *Wien – Reise in eine Traumstadt* (1998); *Wien. Vienna* (2001).

RUDOLF TASCHNER Professor am Institut für Analysis und Scientific Computing der Technischen Universität Wien; mit seiner Frau Bianca Begründer und Betreiber des Projekts math.space im Wiener MuseumsQuartier, das die Mathematik einer breiten Öffentlichkeit als kulturelle Errungenschaft ersten Ranges vorstellt. Letzte Buchveröffentlichung: *Die Zahl, die aus der Kälte kam. Wenn Mathematik zum Abenteuer wird* (2013).

6,50.-

Bibliografische Information der Deutschen Nationalbibliothek
Die Deutsche Nationalbibliothek verzeichnet diese Publikation in der Deutschen Nationalbibliografie;
detaillierte bibliografische Daten sind im Internet über http://dnb.d-nb.de abrufbar.

1. Auflage

KONZEPT: Bernhard Ecker
REDAKTION: Bernhard Ecker, Wolfgang Straub
PROJEKTLEITUNG CHRISTIAN BRANDSTÄTTER VERLAG: Stefanie Neuhart
COVERGESTALTUNG, GRAFIK & SATZ: Christine Link
LEKTORAT: Andreas Deppe
BILDNACHWEIS: bpk/CNAC-MNAM/Christian Bahier/Philippe Migeat: S. 133; Cinetext: S. 149
(20th CenturyFox/Allstar), 153; express.co.uk., 24. 4. 2013: S. 140; getty images: S. 46, 83, 93, 119
(Chesnot), 137, 176, 186, 198 o. (AFP), 206 (Bloomberg), 211 (AFP); IMAGNO: S. 29 (Austrian Archives),
33 (Wien Museum), 101 (Sigmund Freud Privatstiftung), 109 l. o. (ÖNB); 164 (Wienbibliothek im Rathaus),
171 (Austrian Archives); Istock/James Pruitt, Qingwa, LLC: S. 215 o.; picturedesk: S. 64 (Dimitar Dilkoff/
AFP), 69 l. (Science Photo Library), 69 r. (United Archives), 76 (Caro), 102 (Marion Kalter/akg-images),
109 r. o. (Richard Dumas/Agence Vu), 120 (Panos Pictures/Visum), 127 (akg-images), 143 (Howard
Mandelbaum/Everett Collection), 151 (Everett Collection); 185 (AFP), 198 u. (Michael Kappeler/dpa);
203 (Olivier Hoslet/EPA), 215 u. (Marty Melville/AFP); Roger-Viollet: S. 109 u. (Jack Nisberg), 117 o.
(Jacques Boyer); ullstein bild: S. 44 (AP), 117 u. (Haeckel Archiv); Wikipedia: S. 42/43, 57, 165
DRUCK: GRASL FairPrint, Bad Vöslau
SCHRIFTEN: Caponi Text, Neutraface
PAPIER: Munken Print

ISBN 978-3-85033-807-3

Christian Brandstätter Verlag
GmbH & Co KG
A-1080 Wien, Wickenburggasse 26
Telefon (+43-1) 512 15 43-0
Telefax (+43-1) 512 15 43-231
E-Mail: info@cbv.at
www.cbv.at

Designed and printed in Austria

Für unsere Umwelt
Klimaneutrale Produktion
Erneuerbare Energie
Nachhaltiges Papier
Pflanzenölfarben

Dieses Produkt entspricht dem Österreichischen Umweltzeichen
für schadstoffarme Druckprodukte (UZ 24), UW-Nr. 715
Grasl FairPrint, Bad Vöslau, www.grasl.eu

Mit freundlicher Unterstützung

WIENER STÄDTISCHE
VERSICHERUNGSVEREIN

35. 5. 1914
Marcel Duchamp
geht einkaufen

6. 10. 1927
Premiere
„The Jazz Singer"

7. 9. 1930
Kurt Gödels Auftritt bei der
Königsberger Tagung

18. 1. 1936
Jose

8   9   10   11